GABRIELA
MISTRAL

SELECTED PROSE

AND PROSE-POEMS

Texas Pan American Literature in Translation Series
Danny Anderson, Editor

Joe R. and Teresa Lozano Long Series
in Latin American and Latino Art and Culture

GABRIELA
MISTRAL

SELECTED PROSE

AND PROSE-POEMS

EDITED AND

TRANSLATED BY

STEPHEN TAPSCOTT

UNIVERSITY OF TEXAS PRESS

Austin

First paperback printing, 2004

Requests for permission to reproduce material
from this work should be sent to Permissions,
University of Texas Press, Box 7819, Austin, TX
78713-7819.

∞ The paper used in this book meets the mini-
mum requirements of ANSI/NISO Z39.48-1992
(R1997) (Permanence of Paper).

Library of Congress Cataloging-in-Publication
Data

Mistral, Gabriela, 1889–1957.
[Selections. English & Spanish. 2002]
Selected prose and prose-poems / Gabriela Mistral ;
edited and translated by Stephen Tapscott. —
1st ed.
p.   cm. — (Texas Pan American literature
in translation series)
(Joe R. and Teresa Lozano Long series in Latin
American and Latino art and culture)
Includes index.
ISBN 0-292-75260-1 (hardcover : alk. paper)
ISBN 0-292-75266-0 (pbk.)
1. Mistral, Gabriela, 1889–1957—Translations into
English.   I. Tapscott, Stephen, 1948–   II. Title.
III. Series.   IV. Series: Joe R. and Teresa Lozano
Long series in Latin American and Latino
art and culture
PQ8097.G6 A28   2002
861'.62—dc21
2002003306

CONTENTS

Biographical Data, ix
Principal Publications, xi

I. FABLES, ELEGIES, AND THINGS OF THE EARTH, 1

II. PROSE AND PROSE-POEMS FROM DESOLACIÓN / DESOLATION (1922), 31

III. LYRICAL BIOGRAPHIES, 119

BIOGRAPHICAL DATA

1889   Born Lucila Godoy Alcayaga in Vicuña, Chile, in the agricultural/mining Equil Valley, on April 7. Parents: Jerónimo Godoy Villanueva and Petronila Alcayaga.

Through her paternal grandmother, Mistral later claimed Jewish lineage; through her mother, Basque, Indian, and mestizo.

1892   Her father, an itinerant musician, abandons the family.

1898   Enters public school at Vicuña, where she is unjustly accused of stealing, reprimanded by the instructor, and taunted by fellow students.

1904–1909   Applies for admission to study at the secondary school at La Serena, but is rejected for her "socialist" ideals. Largely self-taught, she becomes a teacher in the school at La Compañía and works also at the La Serena school.

1909   Suicide of Romelio Ureta, for whom Mistral professed a "profound spiritual affection"; his death resulted from causes apparently unrelated to their relationship.

Begins to sign letters with the pseudonym "Gabriela Mistral." (The choice of these names comes from various sources, including the archangel Gabriel, the warm "mistral" wind of the Mediterranean, and apparently Frédéric Mistral, the Provençal writer who chronicled French rural life.)

1911   Professor (teaching primary-level students) and inspector of schools in Traiguén, Los Andes, and Antofagasta.

While in Antofagasta (1912–1918), she becomes involved with the Theosophic Lodge and absorbs some "Asian" influences; in Los Andes, she writes the "Sonetos de la muerte" (Sonnets of Death).

1914   Wins the National Flower Award in a prestigious poetry contest. Adopts "Gabriela Mistral" as a literary pseudonym.

1913–1920   Holds various positions as professor and educational administrator, including that of principal in Temuco, where she meets the young Pablo Neruda.

Publishes widely in literary magazines, including fifty-five pieces in the textbook series Libros de Lectura.

1922	Largely because of her wide reputation in South American circles, her first book, *Desolación*, is published in New York, through the advocacy of Professor Federico de Onís, of Columbia University.
1922–1925	Invited by the president of Mexico to serve as a consultant to national programs of literacy and educational reform; serves under José Vasconcelos, then the Mexican secretary of Public Education.
1923	Publishes *Lecturas para mujeres* (Readings for Women).
1924	Publishes her second book, *Ternura* (Tenderness), chiefly readings for children. Travels in the United States and in Europe.
1925	Returns to Chile, where she is awarded a life pension by the Chilean government. Named Chilean delegate to the League of Nations (Geneva) and member of the Institute of Educational Cinematography (Rome).
1926	While living in Marseilles, she adopts her half brother's infant son, Juan Miguel Godoy (nicknamed "Yin-Yin"), after the death of his birth mother.
1927–1935	Consular service in France, Italy, Spain, Portugal, and Guatemala. Named Consul for Life in 1935.
1938	Visits Uruguay and Argentina, where the periodical *Sur* (edited by Victoria Ocampo) sponsors the publication of *Tala*. Donates her proceeds from this book to a hostel for orphans of the Spanish Civil War. In Paris, works with Marie Curie and Henri Bergson in the League of Nations.
1943	Juan Miguel (Yin-Yin) dies in Petropolis, Brazil.
1945	While living in Brazil, she learns she's won the Nobel Prize in literature, the first Latin American writer to win.
1945	Lives in San Francisco as a delegate to the United Nations; serves as a founding member of UNICEF. Consular service in Los Angeles. The president of Mexico awards her 250 acres of land in Sonora; she builds a house in Veracruz.
1953	Consular service in Miami and then in Roslyn Harbor, Long Island; also represents Chile in the General Assembly of the United Nations.

Has triumphant visit to Chile, then returns to Roslyn Harbor with Doris Dana.

1954   Publishes *Lagar,* a collection of poems.

1957   Dies in Hempstead, New York, January 10.

After a large public funeral, she is buried in Montegrande, Chile. *Recados: contando a Chile* (Messages Describing Chile), a collection of prose, is published.

1967   *Poema de Chile* (Poem of Chile) published posthumously, incorporating materials Mistral had not finished editing at the time of her death.

PRINCIPAL PUBLICATIONS

Desolación
(New York, 1922).

Lecturas para mujeres
(Mexico, 1923).

Ternura
(Madrid, 1924).

Tala
(Buenos Aires, 1938).

Antología, selections by G. M.
(Santiago, 1941).

Lagar
(Santiago, 1954).

Recados: contando a Chile
(Santiago, 1957).

Poema de Chile
(Madrid, 1967; posthumous).

GABRIELA
MISTRAL

SELECTED PROSE
AND PROSE-POEMS

I.

Fables, Elegies, and Things
of the Earth

El mar

De nuevo el mar, el mar cantado y eternamente inédito, otra vez su luz grande en mis ojos y su don de olvido.

El mar lava del pasado como la comunión lava de su miseria al creyente; el mar de la única libertad perfecta. Viene de él un verdadero estado de gracia, es decir, de inocencia y de alegría.

Olvida el hombre su oficio y sus limitaciones; deja caer el dolor y la alegría que le dio la tierra como cosas vergonzantes que se destiñen en el mar, que tienen existencia solamente sobre las costras de la tierra. Cuanto hay en él de circunstancial, cuanta cosa es producto de la hora y del lugar, todo eso se desbarata sobre el agua maravillosa. Somos solamente el ser desnudo, hombre o mujer, sin otro nombre ni contingencia. Somos el cuerpo que ama los yodos y las sales, y nació para ellos; el ojo que goza sobre el horizonte y el oído que recibe ritmos y ritmos. Nada más.

Es una redención que vuelve a perderse —como la otra— en un puerto, redención de las ciudades viles y de las acciones torpes, del sucio tejido de la vida que, por misericordia, podemos a veces cortar en un tajo, dejándolo caer como túnica vieja que se desgarra en los hombros.

Después de un año, yo siento ahora en la tierra que la vida se pudre en mí, se ablanda y se afloja como el higo caído de la rama, como si, entre los frutos humanos, yo fuera un fruto marino que chupa savia amarga y ha de ser devorado por el pico de los albatroces. Me parece ahora la montaña la criatura deshumanizada por excelencia, que nada tiene de común con la carne, que la rechaza y no le entrega respuesta ni confidencia. Baja de sus faldas la locura hacia el que la ama, allá abajo. El mar simula palabras y parece, en los buenos días, que hiciese su fiesta para nosotros . . .

Pero el viaje, el verdadero, no es éste; ni el que hace aquel viajero, dueño de vacadas (que no le vuelven dueño de su vida) ni el del marinero que ansía costa y mujer, ni el mío. El viaje es aquel sin puerto deliberado de destino, sin día. Viaje por el mar y para él, sin más objeto que el horizonte desnudo y las olas en eterno abotonamiento.

Pero ese viaje no es para los forzados, corresponde a hombres libres que existen en no sé qué planeta y que no tienen más objeto de vida que la vida: conocer y gozar sin prisa los elementos con sus pulmones y sus ojos amantes.

[1926]

3

The Sea

The sea again, the singing, eternally new sea, its great light in my eye once more, and its gift of forgetfulness.

The sea washes away the past, as Holy Communion washes the believer's misery; the sea of the only perfect freedom. From it comes a true state of grace, that is, a state of innocence and joy.

Human beings forget their occupations and their limits; they let the sorrow and the joy the earth gave them drop away like shameful things melting into the water, things that exist only on the earth's crust. Whatever part is circumstantial, whatever is a product of time and place, spreads open over the marvelous sea. We are only naked essence, man or woman, with no other name or contingency. We are the body that loves iodines and salts, and was born for them; the eye that takes pleasure across the horizon, and the ear that takes in rhythms, rhythms. Nothing more.

This is a redemption that returns only to be lost again —like the other redemption— in a port, a redemption of the sordid cities and the crude behaviors, of the filthy fabric of life, which, mercifully, can sometimes be cut in one stroke, letting it fall off like an old tunic frayed at the shoulders.

After a year on land, I feel vitality rotting inside me, softening and growing pulpy like a fig fallen from a branch, as if, among human fruits, I were a sea fruit thirsty for bitter juice, destined to have the beaks of albatrosses peck at me. Now the mountain seems to me the dehumanized creature par excellence; it has nothing in common with the flesh, which rejects it, offering neither replenishment nor confidence. For one who loves the sunken world, under the folds of its skirts a wild abandon beckons. The sea simulates talk, and it seems, on good days, as if its fiesta were created for us . . .

But the journey, the true journey, is not this one; neither is it the one that the traveler, master of the crows, undertakes (for mastery of his own life never returns to him): nor is it the journey of the sailor who misses both dry land and woman; nor is it mine. The true journey is the one with no predetermined port or destination, with no schedule: a trip across the sea and for the sea, with no greater purpose than the naked horizon and the eternally budding waves.

This journey cannot be coerced, however, for it's an attribute of those free spirits who live on an uncharted planet and who have no greater purpose in life than to experience life itself: gradually coming to know and to savor the elements, with breathing lungs and loving eyes.

La cebra

Se echó a mediodía debajo de un juncal y se levantó rayada. Le costó mucho acostumbrarse. Los asnos la repudiaron. Ella explicó que era solamente un asno de domingo. La mula la ofendió comparándola con la cretona de las ventanas, y ella alegó en su defensa las pintaduras del leopardo, que a nadie escandalizan.

"Son redondas —le contestan— y frutas y animales se pintan así, pero no en tu manera".

La desesperaron en un principio y fue a restregarse el lomo rayado en unos troncos como había visto hacer a los ciervos con los cuernos viejos. ¡Nada! Que aquella tela le llega hasta los huesos. Regresando, dolorido el costado, se miró en un estanque. Caía entera sobre el agua y las grandes rayas hacían unos hermosos pliegues negros.

Ahora lo que la tiene preocupada es no desteñirse. Se guarda de la lluvia, pensando en el descalabro que sería quedarse sin color como el asno. Cuando debe atravesar un torrente, pasa al trote y se mira las patas cuando llega al otro lado.

Ella comprende el valor de su dibujo desde que la han sacado del establo, a ella sola, y la han llevado al gran parque.

Un día ha visto una cosa extraordinaria.

Había sobre el parque un gran cielo blanco. Fueron de pronto, con el viento, haciéndose zonas y zonas, y zonas grises que se volvieron negras. Había caído el crepúsculo y el cielo se volvió amarillo. Aquella era una cebra, otra cebra . . .

—¿Qué será la cebra, que será ella, sobre este mundo, Dios mío?, me digo.

La cebra es —me contesta un pícaro— que es un asno al que ha azotado su amo toda una noche . . . y nada más.

[1926]

The Zebra

At midday she lay down in a stand of bulrushes, and when she got up she was striped. It took a long while for her to get used to this. The donkeys disdained her. She explained that she was only a donkey in her Sunday best. The mule insulted her, comparing her to venetian blinds. She argued in her own defense that no one is offended by the decorations on a leopard.

"Those spots are round," they replied. "Fruits and animals decorate themselves like that, but not the way you do."

At first, the stripes bothered her, and she went to scuff her striped back against some tree trunks, as she had seen deer do with their old antlers. Nope! That pattern reached clear through to her bones. Returning, with aching sides, she looked at herself in a pond. She lay down in the water, and her long stripes turned into beautiful dark pleats.

Now what concerns her is how not to lose this color. She avoids the rain, thinking what a loss it would be to have no color at all, like the donkey. When she has to cross a running stream, she goes at a trot and checks her legs when she reaches the other side.

Since they have taken her from the stable, her alone, and moved her to a great park, she understands how valuable her pattern is.

One day she saw something extraordinary.

There was a great white sky stretching above the park. Some things passed quickly, with the wind, making striped bands and more striped bands, and gray bands that turned dark. Twilight had fallen, and the sky turned yellow. Something there turned into a zebra, then another . . .

What is a zebra, for heaven's sake, what in this world is she? I ask myself.

The zebra —some smart-ass responds— is only a donkey whose master has whipped it all night . . . that's all.

El faisán dorado

Está hecho a pedazos, de fuego y de oro, en zonas como las gredas. Se sacude en vano para mezclar las franjas ardientes y hacer la llama.

Gracias al blanco y al negro no hace arder el arrayán sobre el que se coloca.

—Un pájaro en piezas, le dice la paloma toda ella unidad. "Si tú no tuvieras —le contesta él— un poco de rosa en las patas serías un bostezo blanco. ¡Qué aburrimiento!"

Un día contaron unos niños cerca de él la historia de las salamandras, hijas del fuego. Se interesó mucho por ellas, pero todavía no ha podido verlas.

Mira a la faisana, anodina. ¡Qué esposa morganática le dieron! Si un día llega al parque su igual, la nacida del fuego, la desposará en una gran llamarada. Pero la salamandra no llega y él envejece al lado de la faisana descolorida.

Lo que ha visto digno de él es la tarde, que cae herida detrás de los últimos árboles del parque rompiendo un huevo rojo en el horizonte. La odiaba porque entrega su plumón sin protesta cada día, hasta que se le ocurrió pensar que fuese su madre.

Desde entonces la ama y espía entre los castaños su caída. Grita como para recoger la llamarada que salta de los castaños a los estanques.

Aquella faisana que no conoce la realeza del color, no sabrá nunca darle un huevo semejante, dejándolo caer como una brasa en el centro del nido.

La faisana, cuando le oye el reproche de su pardez, suele decirle:

"¿Y qué hacemos los dos, dime, si nos ponemos a arder juntos? Para bermejeces basta con tu pechuga, que anda buscando dónde aliviarse. Sin mí las gallinas te verían como un embrujado. Gracias a mí pueden emparentarse contigo y tolerarte cerca".

¿Qué será, Dios mío, el faisán?

Hubo un tiempo en que el mundo fue más color que forma y contemplarlo era más gozo: se quebraba por todas partes en luces como el mar. Era la juventud del mundo. Dio vueltas y vueltas y vueltas hasta enfriarse. Sólo le quedan hoy algunos viejos rescoldos perdidos: las faisanes, el pavo real, los granadas.

Pero podría ocurrir que Quien sopló la primera vez volviera a soplar y estos rescoldos ardiesen de nuevo. Entonces las palomas, los cisnes, el águila blanca, se encenderían y el mundo entero volvería a ser un faisán con pechuga de fuego.

[1926]

The Golden Pheasant

It's made from pieces of fire and gold, layered like clay. It shakes itself in vain, trying to blend the burning fringes to make a flame.

Thanks to the white part and the dark part, it doesn't scorch the myrtle tree where it perches.

"A bird in pieces!" says the dove, which is all of one color. The pheasant answers: "If you didn't have a little bit of pink on your feet, you'd be a blank white yawn. What a bore!"

One day some children told the pheasant a story about salamanders, daughters of fire. He was interested in them, but he still hasn't seen any.

Look at the hen pheasant: how dull she is. What a morganatic consort you have! If one day your true counterpart came to the park —the fire-born salamander— you'd join with her in one great conflagration. But the salamander never does come, and the pheasant grows old beside the lackluster hen pheasant.

What he *has* seen that is his equal is the afternoon, dropping wounded behind the trees at the edge of the park, breaking a red egg at the horizon. He hated it for yielding its downy feathers unprotestingly each day, till he thought the sunset might be his mother.

Since then he loves it, and he watches as it drops through the chestnut trees. He shouts, as if to gather up the sudden flame that leaps from the chestnuts onto the pools.

The hen pheasant who knows nothing of the magnificence of color will never know how to lay an egg like that, letting it drop like an ember into the center of the nest.

When she hears her drabness criticized, the hen pheasant says to him:

"What would happen to us both, then, tell me, if we set to burning together? Turning red, feeding the fire with your breast, which goes yearning for some relief. Without me around, the hens would look at you like a necromancer. Thanks to me they can carry on with you and tolerate having you around."

What will become, dear Lord, of the pheasant?

There was once a time when the world was more color than form and when looking at it was more joyous. Color broke into lights everywhere, like the sea. That was the infancy of the world. It turned and turned and turned, until it cooled. Today all that's left are some lingering lost embers: pheasants, the peacock, pomegranates.

But it could happen that the One who fanned the flames the first time could return to fan them again, and the embers that flicker could flare up anew. Then the doves, the swans, the bald eagle would blaze, and the whole world would once again be a pheasant with a breast of fire.

La harina

La harina es luminosa, suave y grávida.

La harina clara del arroz, que cruje como la buena seda; la que llaman almidón, fresca como agua de nieve y que alivia la quemadura. La harina resbaladiza como la plata, de la patata pobre. ¡Las muy suaves harinas!

La harina grave, que hace la pesadumbre de la espiga del arroz o del centeno, tan grave como la tierra, tierra ella misma que podría hacer caminos lácteos para criaturas sin pecado original.

La harina suave, que resbala con más silencio que el agua y puede caer sobre un niño desnudo y no lo despierta.

La harina es clara, suave y grávida.

La harina materna, hermana verdadera de la leche, casi mujer, madre burguesa con cofia blanca y pecho grande, sentada en un umbral con sol: la que hace la carne de los niños. Ella es bien mujer, tan mujer como la goma y la tiza; ella entiende una canción de cuna, si se la cantáis y entiende en todas las cosas de mujer.

Y si la dejáis solita con el mundo, ella lo alimentará con su pecho redondo.

Ella puede también hacerse una sola montaña de leche, una montaña lisa por donde los niños rueden y rueden.

Harina-madre y también niña eterna, mecida en el arrozal de pliegues grandes, hijita con la que los vientos juegan sin verla, tocándole el rostro sin conocérselo.

La clara harina. Se la puede espolvorear sobre la pobre tierra envejecida y negra, y ella le dará unos campos grandes de margaritas o la decorará como la helada.

La harina es clara, suave y grávida.

Si caminara, nadie le oiría los pies de algodón, que se sumen, de pesados, en la tierra; si quisiera bailar, se le caerían los brazos graves; si cantara, el canto se le apagaría en la gruesa garganta. Pero no camina, ni baila, ni canta. Si quiere tener nombre, hay que hacerle nombre con tres B o tres M blandas.

[1926]

Flour

Flour is luminous, smooth, and weighty.

Clear rice flour, which rustles like fine silk; the one that's called corn-starch, as fresh as sleet and that eases burns. From the humble potato, flour as slippery as silver. Such smooth flours!

Heavy flour, made from the grief of the grains of rice or rye, is as heavy as the earth, the earth itself that can make Milky Ways for guiltless creatures.

Smooth flour, sliding more silently than water, can sift across a naked child without waking him.

Flour is clear, smooth, and weighty.

Maternal flour, milk's true sister, almost a woman, a middle-class domestic mother with white hair and full breast, seated in a sunny doorway. She is the one who creates the flesh of children. She is completely womanly, as female as rubber or chalk; she recognizes a lullaby if you hum it to her; she understands all womanly things.

Left alone with the world, she would feed the planet with her round breasts.

She can also turn herself into a mountain of milk, a gentle mountain down which all the children tumble and tumble.

The mother-flour is also an eternal girl, rocked in the great folds of the rice paddies, a little girl with whom the invisible winds play without seeing her, stroking her face without her realizing it.

Clear flour. One could dust it over the poor, dark, ancient earth, and she would yield back wide fields of daisies, or she'd dress it in frost.

Flour is clear, smooth, and weighty.

If she walked, no one would hear her cottony feet as they sank, weightily, into the earth; if she were to dance, her heavy arms would fall; if she wanted to sing, the song would lodge in her thick throat. But she doesn't walk, or dance, or sing. If she wanted a name, we'd have to invent a name for her containing three B's or three gentle M's.

Elogio de la sal

La sal que, en los mojones de la playa de Eva del año 3000, parece frente cuadrada y hombros cuadrados, sin paloma tibia ni rosa viva en la mano y de la roca que brilla más que la foca de encima, capaz de volver toda joya.

La sal que blanquea, vientre de gaviota y cruje en la pechuga del pingüino y que en la madreperla juega con los colores que no son suyos.

La sal es absoluta y pura como la muerte.

La sal que clavetea en el corazón de los buenos y hasta el de N.S.J. hará que no se disuelvan en la piedad.

[1926]

In Praise of Salt

The salt, in great mounds on the beach of Eve in the year 3,000, seems squared off in front and squared off in back, holding no warm dove nor living rose in its hand, and the salt of the rock salt that gleams, even more than the seal on its peak, capable of turning everything into a jewel.

The salt that bleaches the seagull's belly and crackles in the penguin's breast, and that in mother-of-pearl plays with colors that are not its own.

The salt is absolute and pure as death.

The salt nailed through the hearts of good people, even the heart of our Lord Jesus Christ, keeps them from dissolving in piety.

El higo

Tocadme: es la suavidad del buen satín, y cuando me abrís, qué rosa inespe-
rada. ¿No te acuerdas de algún manto negro de rey que debajo ardía de rojo?

Florezco hacia adentro para gozarme en una mirada, a mí mismo, siquiera
una semana.

Después, el satín se abre, generosamente en un gran pliegue de larga risa
congolesa.

Los poetas no han sabido ni el color de la noche ni el del higo de Pales-
tina. Ambos somos el mayor azul, un azul apasionado que, de su pasión, se
adensa.

Si derramo mis flores apretadas en tu mano, te hago una pradera enana y
te cubro con ella hasta los pies . . . No, las dejo atadas, y me dan el hormiguero
de estambres que también se siente la rosa en reposo.

Yo soy también una pasta de rosas de Sarón, magulladas.

Deja que haga mi elogio: los griegos se alimentaban de mí y me han ala-
bado menos que a Juno que no les dio nada.

[1926]

The Fig

Touch me: it's the softness of fine satin, and when you open me, what an un-
expected rose! Doesn't it remind you of a king's dark cloak that blazed fiery
red underneath?

I bloom within myself, inwardly, enjoying a look at myself at least once
a week.

Then the satin opens, generously, in a great crease of Congolese laughter.

Poets have understood neither the color of the night nor that of the fig of
Palestine. We are both an ur-ancient blue, a passionate blue that grows richly
denser through its passion.

If I spill my clenched flowers into your hand, I'd make a dwarf meadow
and cover you with it down to your feet . . . No, I hold the flowers tight, and
they tingle antlike in the stamens. The rose at rest also knows this feeling.

I am also a crème of the rose of Sharon, crushed.

Let my praise be sung! After all, the Greeks nourished themselves on
me, though they honored me even less than they honored Juno, who offered
them nothing at all.

La piña

Estaba asentada como una dueña en la tierra. Ella no conoce la debilidad del pedúnculo en la pera de oro; bien posada en la tierra estuvo seis semanas, y la sentía suave y poderosa.

Penacho más recio que el suyo, ni el de la crin de los cascos de guerra. Una fruta guerrera ella toda cubierta de cicatrices como el pecho de la amazona. Y bajo esa cápsula breve, la exhalación contenida del aroma que puede embalsamar un campo.

—Es que yo soy hecha —dice ella— a semejanza de la Ilíada, que está llena de duras articulaciones, y que de pronto, se abre con dulzura en la estrofa de Helena.

[1926]

The Pineapple

She has always been rooted, an inhabiter of the earth. She does not know the fragility of a dangling golden pear; she settled into the ground for six weeks, feeling the earth gentle and strong.

Not even battle helmets carry plumage as powerful as hers. A warrior fruit scarred like the chest of an Amazon. And contained in this concise capsule, the whiff of a scent that can perfume a field.

"I'm made that way," she says, "like the *Iliad,* covered with hard mail plates, then suddenly opening, sweetly, in lines about Helen of Troy."

La tortuga

Los tontos la ponen en cada discurso sobre el progreso para ofender las lindas lentitudes.

Ella ha vivido cuarenta años en este patio cuadrado, que tiene solamente un jazmín y un pilón de agua que está ciego. No conoce más de este mundo de Dios que recorren los salmones en ocho días.

Han echado en su sitio una arena pulida y ella la palpa y palpa con el pecho. La arena cruje dulcemente y resbala como un agua lenta.

Ella camina desde la arenilla hacia un cuadro de hierba menuda que le es familiar como la arena, y estas dos criaturas, arena y hierba rasada, se lo ocurren dos dioses dulces.

Bebe sin rumor en el charco. Mira el cielo caído al agua y el cielo le parece quieto como ella. Oye el viento en el jazmín. Caen unas hojas amarillas, que le tocan la espalda y se le entra una cosa fría por lo bajo de la caparazón. Se recoge entonces.

Una mano vieja le trae alimento; otra nuevecita tañe en la caparazón con piedrecillas . . . La mano cuerda aparta entonces a la loca.

Brilla mucho la arena a cierta hora y el agua resplandece. Después el suelo es de su color y ella entonces se adormece. La parada conoce el mundo, muy bien que se lo sabe.

Todas las demás cosas hacen algo; el pilón gotea y la hierba sube; en ella parece no mudar nada. ¿No muda? Aunque ella no lo sepa, su caparazón engruesa; se azoraría si lo supiese.

Al fin ha muerto. Un día entero no se supo nada: parecía sólo más lenta . . . La cabeza entró en su estuche; las patas en su funda. La arena se dio cuenta de que se encogía un poquito más.

Le dejaron orearse; después la han vaciado. Ahora hay sobre la mesa una concha espaciosa, urna de hierro viejo, llena de silencio.

[1926]

The Tortoise

Fools allude to her in every conversation about progress, critiquing that lovely slowness.

She has lived for forty years in this square patio, which has only one jasmine tree and one dry water basin. She knows no more of God's world than the distance a salmon can swim in eight days.

Throughout her place they have spread a polished sand; she touches it and touches it with her breast. The sand creaks sweetly and slides like slow water.

She walks from the little beach to a square of insignificant short grass that is as familiar to her as the sand is. These two creatures, sand and short grass, seem to her like two sweet gods.

Soundlessly, she drinks from the puddle. She looks at the sky, which seems fallen in the water. The sky seems tranquil, like her. She hears the wind in the jasmine. Some yellow leaves fall; they touch her back, and something cool enters her, under her shell. Then she draws back.

An old hand brings her food; another new one hits her on the shell with pebbles . . . The intelligent hand takes the foolish one away.

The sand shines intensely at a certain time, and the water glitters. Then the ground is the same color as she is, and so she falls asleep. The still one knows the world, knows it very well.

All the other things do something; the basin drips, and the grass rises. In her, it seems, nothing changes. Doesn't change? Even though she doesn't know it, her shell thickens; she would be astounded if she knew this.

At last she has died. For a whole day no one noticed anything; she only seemed slower . . . Her head entered her little casket; her feet went into her case. The sand realized she had shrunk a little more.

They let her dry out in the air. Later they emptied her. Now on the table there is a spacious shell, an urn of old iron, filled with silence.

Pan

Vicio de la costumbre. Maravilla de la infancia, sentido mágico de las materias y los elementos: harina, sal, aceite, agua, fuego. Momentos de visión pura, de audición pura, de palpación pura.

La conciencia de la vida en un momento. Todos los recuerdos en torno de un pan.

Una sensación muy fuerte de vida trae consigo por no sé qué aproximación interior, un pensamiento igualmente poderoso de la muerte. El pensamiento de la vida se banaliza desde el momento en que no se mezcla al de la muerte. Los vitales puros son grandes superficiales o pequeños paganos. El pagano se ocupó de las dos cosas.

[1926]

Bread

Vice of habituation. Wonder of childhood, magical feeling of raw materials and elements: flour, salt, oil, water, fire. Moments of pure vision, pure hearing, pure touch.

Consciousness of life at one moment. All the memories revolve around bread.

It carries an intense sense of life, and also, through I don't know what internal association, an equally strong sense of death. The thought of life turns banal from the moment it isn't blended with the thought of death. The pure essentials are superficial giants or little pagans. The pagan paid attention to both.

La jirafa

La ven pasar y se preguntan los demás animales qué cosa ha alcanzado que valiera ese levantamiento del cuello.

—Tendrá mejores datos que nosotras —dicen las liebres— sobre las tempestades.

—Qué hambre estúpida de horizontes —comenta la cebra— su prima en jaspeadura. Aconseja que se le devuelva la línea, aunque sea deslomándola.

Este desnivel tiene asustadas a sus propias patas traseras. Piensan que hay dos jirafas, una parienta de los asnos y que tiene la altura que quiso la voluntad de Dios y la otra embrujada, que sube a cuarta por noche.

—¡Deténgala —dicen las patas traseras— deténgala que se va!

Sale de paseo por el bosque y va gritando a los grandes árboles: ¡Abrirse, abrirse!

Los árboles, con su noble pereza, no levantan el follaje, y ella pasa haciéndoles unas grandes rasgaduras, y deja el bosque partido en naves como una catedral.

Se anda ofreciendo para las grandes comisiones, una ante el elefante que debe dar su sombra a un campo de cultivo que se abrasa, otra ante el molino que no deja dormir a una mancha de musgo. Pero el elefante y el molino han desconfiado de ella y les parece de mal agüero escucharla.

—Tiene —dicen— dos creaciones, una buena y otra torcida.

Oficio no se le conoce y solamente una banda de beduinos la empleó una vez para levantar lo alto de su tienda remendada, a la que se le había roto la armazón. Desde entonces, anda llena de unas grandes flores negras, porque los beduinos borrachos dibujaron sobre ella toda la noche.

—¿Qué será, Dios mío, la jirafa?

Y ella me contesta que sólo es fea, porque se parece a la quebradura de mi propio anhelo.

[1926]

The Giraffe

Seeing her walk by, the other animals ask themselves what she has done to deserve the distinction of that arching neck.

"She must get better weather forecasts than we do," the rabbits say.

"What a stupid hunger for horizons," remarks the zebra, the giraffe's cousin in stripes. The zebra advises her to change the shape of her body, even though that might break her back.

Her asymmetry frightens even her own hind legs. They believe there are two giraffes: one (related to the donkey) who is exactly as tall as God wanted her to be, and the other (bewitched) who grows a quarter taller each night.

"Stop her!" the back legs say. "Stop her! She's getting away!"

She strolls through the forest and shouts at the tall trees: Open! Open!

The trees, in their noble indolence, do not lift their leaves. She passes through, tearing open great passageways, and she leaves the forest spread open in naves like a cathedral.

She travels about offering herself for great commissions: one to the elephant that can shade a cultivated field burning in the sun, another to the mill that allows not even one spot of moss to sleep. But the elephant and the mill do not trust the giraffe, and it seems like bad luck even to listen to her.

"She has," they say, "two characters: one good and one malign."

She has no real function. Only once, a tribe of Bedouins used her to hold up the top of their shabby tent when its pole was broken. Since then the giraffe continues her journey covered all over with big black flowers, because the drunken Bedouins scribbled on her all night.

"For heaven's sake, what is the giraffe?"

And she answers me that she is simply ugly, because she resembles the failure of my own longing.

La alpaca

Está aparejada para un largo viaje; lleva encima toda una tienda de lanas.

Camina inquieta y mira con unos ojos llenos de extrañeza. El comerciante en lanas se ha olvidado de venir a buscarla, y ella está pronta.

No hay cosa más aparejada que ella en este mundo; una gualdrapa, otra gualdrapa y otra gualdrapa. Es tal la mullidura en lo alto, que si le ponen allí a un recién nacido, él no le sentirá un hueso del lomo.

Hace calor: la misericordia para ella fuese en este día una gran tijera que cortase y cortase.

Cuando se pierde algo en el parque, ¿a quién han de mirar todos sino a ésta del alto aparejo, que parece llevar escondidas en él todas las cosas? Y cuando los niños piensan en que los objetos que han perdido, muñecos, osos, ratas que vuelan, árboles que hablan con siete voces, pudiesen estar escondidos en una sola parte, es de ella de quien se acuerden, de la muy aparejada.

Pero mírenla a los ojos, los ojos asombrados que no saben nada de nada y que solamente preguntan por qué la aviaron para un largo viaje y no vienen por ella.

La culpa de su tragedia la tiene una montaña del Altiplano, hacia donde su madre miraba y miraba. La montaña echaba también aparejos y aparejos que se aclaraban hacia arriba y se le entró por los ojos a la alpaca madre.

La bajaron de la meseta, la han puesto en un horizonte estúpido, y cuando vuelva el cuello es que sigue buscando a la alpaca mayor, a aquella que aclara sus aparejos en lo alto, donde se le vuelven resplandor.

¿Qué hemos hecho tú y yo, le digo, de nuestra Cordillera de los Andes?

[1932]

The Alpaca

She is equipped for a long journey. On her back she carries a full load of wool.

She walks on restlessly, watching with eyes full of strangeness. The wool merchant has forgotten to come to fetch her, and she is ready.

There is nothing in this world more burdened than she is: one raggedy bundle, and another, and another. Her cushion is so soft on the top that if you set a newborn baby there, it wouldn't feel a single bone in her back.

It's hot: for her, the definition of mercy right now would be a giant scissors, shearing and shaving.

When something gets lost in the park, whom should you look for but her, the tall one with the huge burden, which seems to carry so many things hidden in it? And when children think that the things they have lost —dolls, teddy bears, flying mice, trees that speak with seven voices— could all be hidden in just one place, why, she's the one they think of, the one who bears so very much.

But look into her eyes, her astonished eyes that know nothing about anything. They ask only why she has been sent on such a long journey, and why no one comes for her.

The source of her tragedy is a high Altiplano plateau: her mother used to gaze and gaze toward it. The mountain, too, would cast off burden after burden from itself, growing lighter as it rose; so it filled the eyes of the mother alpaca.

They brought her down from the high plateau, they placed her on this absurd horizon, and when she cranes her neck backward, it is to look for the older alpaca, for the one who sheds her burdens on high, where they gleam for her.

What have we done, you and I, I ask the alpaca, to our mountain chain, our Andes?

El girasol

"Ya sé que es el de arriba. Pero las hierbas enanas no lo ven y creen que soy yo quien las calienta y les da la lamedura de la tarde".

Yo —ya véis que mi tallo es duro— no les he contestado ni con una inclinación de cabeza.

Nada de engaño mío, pero las dejo engañarse porque nunca alcanzarán a aquel que, por otra parte, las quemaría, y a mí en cambio hasta me tocan los pies.

Es bastante esclavitud hacer el sol. Este volverse al Oriente y al ocaso y estar terriblemente atento a la posición de aquél, cansa mi nuca, que no es ágil.

Ellas, las hierbas, siguen cantando allá abajo:

"El sol tiene cuatrocientas hojas de oro, un gran disco oscuro al centro y un tallo soberano".

Las oigo; pero no les doy señal de afirmación con mi cabeza. Me callo; pero sé, para mí, que es el de arriba.

[1932]

The Sunflower

"I know for certain it is he, the one up above. But the little plants don't see him, and they believe it is I who warms them and licks them all afternoon."

I —whose stem is hard, as you can see— I never answer them, not even with a nod of the head.

It's no deception on my part, but I let them deceive themselves, because they will never reach him, who would burn them in any case. As for me, on the other hand, they hardly even reach my feet.

It's a form of great servitude to be the sun. This turning toward the East and toward the sunset, constantly attending to his position, tires my neck, which is not so limber.

And they, the little grasses, they continue to sing down there:

"The sun has four hundred golden leaves, a great dark disc at the center, and a sovereign stem."

I hear them, but I offer them no confirming sign with my head. I keep quiet, but as for me, I know for certain it is he, the one up above.

Elogio del cristal

El cristal, el cristal búdico, lleno de imágenes y sin imagen suya; el que toma mi rostro y me lo devuelve y que recibe los crepúsculos desenfrenados y no se queda con su sangre; el que lava la lluvia —la lluvia eterna y la tierra sensual— y se queda maravillosamente enjuto.

El cristal que recoge las formas y que entrega las formas; el cristal con marina, el cristal con el bosque entero en las ventanas, por él suntuosas, de los pobres; el cristal de los vasos en que el vino se cree solo, enderezado en la atmósfera por maravilla, y el agua se piensa en una fuente sin contorno. El cristal que guarda la llama de la lámpara y cuya mejilla no se pone a arder. El cristal siempre alegre como el justo, sin mancha suya, sin lágrimas suyas, cuanto más cargado de la lágrima ajena, inocente como un Abel de la tierra.

El cristal sin venas para sangre ni anudado de muñecas; el cristal unánime; el cristal que no engruesa ni soporta añadidura suficiente como lo perfecto.

El cristal, única envidia de mi alma.

El cristal que sirvió al agua en su deseo de permanecer, de quedar en el cuenco de la mano sin traición, de ser leal al ojo que la mira y la amó, como la mujer más leal, y que dio al agua un segundo cuerpo que no se le escape como la saeta, loco de su propio pudor.

El cristal de nuestras ventanas, donde la noche apoya sus manos como una gran hiedra, para ser vista y que no la olvidemos completamente.

El cristal de mi deseo, el cristal que está sentado en medio del fermento de las criaturas y que no hervirá nunca, y nunca será de nadie sino de sí mismo.

El cristal, fresco como una sien siempre fresca, guardado de la vejez desde su primer día, con infancia durable y sin madurez bella y sin madurez fea.

El cristal, descubierto con gozo como un Cristo, por los hombres que después de él no han logrado hallazgo mejor que ese hallazgo.

El cristal que sale siempre imprevisto e inesperado de la mano de los obreros, que sienten un poco de vergüenza de que les salga así de parecido al alma, desde las manos suyas, negras y anudadas.

Los obreros que hicieron toda su vida cristales, llegaron al cielo y encontraron que era eso mismo que ellos hacían sobre la tierra: un cristal limpio anulado de las distancias, de la grande y de la pequeña y en el que Dios estaba tan lejos y tan cerca que asustaba; ellos, sin saberlo, habían sido atrapados en un cristal tomados con su rostro, sus hombros y sus pies y vieron sus segundos hombros y pies liberados de corrupción. Ellos viven todavía su asombro de aprender que ellos también eran materia de cristal cuando se movían en el taller echando sombras duras hacia los lados. Los obreros de los cristales recompensados por su mano, que anduvo en el fuego como la salamandra enderezando y acostando crisoles.

Los obreros de los metales llegaron a un cielo violento de cobre y están contentos de su dicha violenta; los obreros de la madera llegaron a un cielo con olor de pino marítimo, sin resonancia, sordo y enjuto y como envejecido. Los obreros de los cristales están mirando desde su cielo los demás: el cielo de cobre, el de pino y todavía los otros.

[1933]

In Praise of Glass

Glass, Buddhistic glass, full of images yet lacking one of its own: the one that receives my profile and returns it: that takes in reckless sunsets but doesn't absorb them into its blood: the one the rain washes —the eternal rain and the sensual earth— and yet that remains marvelously dry.

The glass that gathers and relinquishes forms: glass with a coastline, glass with the whole forest refracted through its gorgeousness, in the windows of the poor; glass of the goblets where the wine believes it is alone, rising straight up in the air like a miracle, in which the water thinks of itself as a brimless fountain. Glass that holds the lamp's flame and whose cheek doesn't burn. The glass, always as happy as the righteous, without stains of its own, without tears of its own, though burdened by others' tears, innocent as an Abel of the earth.

The glass without veins for blood or joints like wrists; the unanimous glass: the glass that doesn't thicken or endure anything superfluous: sufficient, like something perfect.

The glass, my soul's only envy.

The glass that helped water in its desire to remain, to lie in the hollow of the hand without treachery, to be loyal to the eye that watches and loved it, like a loyal woman: that gave the water a second body, one that doesn't escape like an arrow, crazed with its own modest restraint.

The glass of our windows, where night rests its hands like a great ivy, so that it can to be seen and so that we don't completely forget it.

The glass of my desire: the glass that sits still in the midst of the ferment of creatures; that will never boil; that will never belong to anyone but itself.

The glass, fresh as a temple is always fresh, preserved from old age since its earliest day, with its enduring childhood, with no pretty growth and no ugly growth.

The glass discovered with joy, like a Christ, by men who have never since been able to find anything better than that discovery.

The glass that always emerges as something of a surprise, something un-expected, from the hands of the workers, who always feel a bit abashed that it comes out resembling the soul, as it leaves their black and knotted hands.

The workers who made glass all their lives arrived in heaven and found that it resembled what they had made on earth: a glass purified of distance, of large and small dimensions: in which God was so far away and so close that it frightened them. Without knowing it, they had been trapped in a glass reproduced with their faces, their shoulders, their feet, and they saw their sec-ond shoulders and their feet freed from corruption. They still experience the shock of learning that they too were made of glass material as they moved through their workshop casting hard shadows against the walls. The glass-workers compensated with their hands, which went through the fire like the salamander straightening and calming the crucibles.

The metalworkers came to a violent copper heaven; they are happy in their violent joy. The woodworkers came to a heaven that smelled of mari-time pines, a heaven echoless, still, and dry as old age. The glassworkers in their heaven watch the others: the copper heaven, the pine heaven, and the others too.

Elogio de la arena

La arena. La arena que ha perdido nuestros pasos, aun aquellos que no queríamos perder. ¿Dónde están los míos alegres? ¿Y los que eran lentos y los veloces? ¿Dónde? Porque a veces quería acarrear a todos desde los cuatro puntos cardinales y pararme en medio de ellos para que me danzaran en torno, ahora que estoy como el eje estropeado de la rueda. La arena los ha perdido; no se acuerda de ninguno y no puede devolvérmelos.

La arena infiel por pura, como es infiel el viento y lo es la nieve y también el agua.

La arena estéril que le dijo a la hierba: "No quiero". Y a la banalidad de las flores, parecida a la de los amantes: "No quiero"; y a los árboles, excepto al pino de Mahoma: "No quiero".

La arena que está tibia a la tarde, cuando pasan vagabundos por la orilla del mar y suelen acostarse en ella. Ella es quien les da el pequeño calor del lecho que dejaron detrás, la misteriosa arena que nadie sabe decir.

La arena que hace suave la espalda del mundo, con lo que engaña a los que caminan, sólo la orilla del mar, bebiendo resuello salino. Los vagabundos se echan en las dunas y silban canciones en las que hablan del planeta como de un hombre, sólo porque la duna se parece al lomo de un padre.

La arena de los niños, que se queda con sus juguetes en azul loco y en rojo loco, y en amarillo loco, y los esconde hasta que se queda sola. Entonces los saca todos (yo la he visto) y juega con ellos como una solterona senil, a la luz vaga de las estrellas.

En arena les fue dada a los pobres la porción de dicha que los otros reciben en cubos de metales, de piedra. Ellos hacen con arena la casa que se les tumba y los sueños que se les deshacen y por eso no tiene coyuntura la dicha de los pobres.

En arena también escribió Jesucristo su único juicio, con el fin de que se deshiciese antes de ser acabado y no fuesen a trocarle el sentido los jueces y ellos también, lo llamasen su patrono . . .

La arena enjuta no tiene imaginación, de no tener tampoco apetito de mentira. Cerca de ella está el mar, gran embustero, y ella le mira con sorna el juego de espejos y espumajes. No sabe ella, la arena, más forma que un pliegue de sonrisa grande y con él se ríe de todas las cosas que no son arena.

La arena de fuente y pies rotos, que no siente ninguna gana de juntarlos. Rota camina; sin saltar pasa las cercas, y vuela en la noche; entra en las iglesias o en las casas, cae en los párpados y no importuna el cuerpo nuestro sino en sus lagrimales tiernos.

La arena salomónica y kempiana, que sabe las tres palabras del Rey, pero que no tiene deseo ni manos con qué escribirlas para que le aprovechen a la mar, que le está dando siempre hazañas empingorotadas en sus olas ebrias.

[1941]

In Praise of Sand

The sand. The sand that has lost our footsteps, even those we didn't want to lose. Where are my happy steps? And the slow ones, and the fast ones, where? Because sometimes I wanted to gather all my footsteps from the four points of the compass, to stand in the middle among them so that they would dance around me, now that I'm like the broken axle of a wheel. The sand has lost my footprints; it doesn't remember any of them and can't return them to me.

The sand, unfaithful because pure, as the wind is unfaithful and the snow and the water too.

The sterile sand that said to the grass: "I don't want to." And said to the triviality of the flowers (resembling that of lovers): "I don't want to"; and said to the trees (except to Mohammed's pine): "I don't want to."

The sand that is half-warm in the afternoon, when drifters wander along the edge of the sea and usually lie down on it. The sand is what gives them the small bed-warmth they leave behind, the mysterious sand that no one knows how to describe.

The sand that softens the world's back, with which it tricks those who walk alone at the edge of the sea, drinking in salty breaths. The wanderers stretch out on the dunes and whistle songs in which they speak of the planet as a man, only because the dunes look like a father's back.

The children's sand, which snatches their toys (crazy blue, and crazy red, and crazy yellow toys) and hides them till it's alone. Then the sand takes them all out (I've watched her) and plays with them like a senile old lady, by the dim light of the stars.

In sand, the poor received that portion of happiness that others receive in containers of metal, of stone. With sand they built the house that crumbles and the dreams that melt away, and that's why the happiness of the poor doesn't stand a chance.

In sand, too, Jesus wrote His only judgment so that it would dissolve before it was finished and the judges could not alter its meaning, nor those who call themselves His advocates. . . .

The dry sand has no imagination, for it has no desire to lie. The sea, the great deceiver, lies beside her, and the sand watches with distaste its game of mirrors and foam. The sand knows no other shapes than the crease of a great smile, and with a smile like that the sand laughs at all things that are not sand.

The sand of fountains and of broken feet, which feels no impulse to put them together again. The sand walks brokenly; without jumping, it passes through fences and flies through the night; it enters into churches or houses, drops on the eyelids and doesn't trouble the body except for our tender tear ducts.

Sand like Solomon and like Kempis,[1] sand that knows the three passwords of the King, but has no desire nor hands with which to write them for the benefit of the sea, whose drunken waves are always bragging about their achievements.

---

1. Thomas à Kempis, medieval mystic, author of the *Imitatio Christi* (1441).

Segundo elogio de la arena

La arena de las playas del mundo.

La arena de espalda suave como el pez, de espalda ofrecida de foca, de femenina espalda. La arena de leales espejos donde el amor de las gaviotas deja caer sus ángulos rápidos y las nubes arrojan su pasión de grandes gestos.

La arena de las playas que roba las huellas de los vagabundos y que odia la pasión de fábulas de los caminos.

La arena de las playas del mundo, que no ama talones nómades. La arena que conoció a Cristo en que no le dejó cicatrices oscuras.

La arena de las dunas, que se pone a hacer gibas para empinarse a las nubes y tronos anchos de reinas que no llegan, de las que se ríen las nubes, grandes insensatas.

[1941]

Second Praise-Song for the Sand

The sand of the world's beaches.

The sand of smooth shoulders like those of the fish, of broad shoulders like those of the seal, of feminine shoulders. Sand of loyal mirrors, where the love of the seagulls lets their quick angles fall, and where the clouds abandon their passion for the grandiloquent gesture.

The sand of the beaches that steals the wanderers' footprints and despises the road's passion for stories.

The sand of the world's beaches, which does not love nomadic heels. The sand that knew Christ, sand in which He left no dark scars.

The sand of the dunes, which begins to make mounds to rise toward the clouds and broad thrones of queens who never arrive there, about whom the clouds, those great obtuse fools, laugh.

II.

Prose and Prose-Poems
from *Desolación/Desolation*

La oración de la maestra

A César Duayen

¡Señor! Tú que enseñaste, perdona que yo enseñe; que lleve el nombre de maestra, que tú llevaste por la Tierra.

Dame el amor único de mi escuela; que ni la quemadura de la belleza sea capaz de robarle mi ternura de todos los instantes.

Maestro, hazme perdurable el fervor y pasajero el desencanto. Arranca de mí este impuro deseo de justicia que aún me turba, la mezquina insinuación de protesta que sube de mí cuando me hieren. No me duela la incomprehensión ni me entristezca el olvido de las que enseñé.

Dame el ser más madre que las madres, para poder amar y defender como ellas lo que no es carne de mis carnes. Dame que alcance a hacer de una de mis niñas mi verso perfecto y a dejarte en ella clavada mi más penetrante melodía, para cuando mis labios no canten más.

Muéstrame posible tu Evangelio en mi tiempo, para que no renuncie a la batalla de cada día y de cada hora por él.

Pon en mi escuela democrática el resplandor que se cernía sobre tu corro de niños descalzos.

Hazme fuerte, aun en mi desvalimiento de mujer, y de mujer pobre; hazme despreciadora de todo poder que no sea puro, de toda presión que no sea la de tu voluntad ardiente sobre mi vida.

¡Amigo, acompáñame! ¡sosténme! Muchas veces no tendré sino a Ti a mi lado. Cuando mi doctrina sea más casta y más quemante mi verdad, me quedaré sin los mundanos; pero Tú me oprimirás entonces contra tu corazón, el que supo harto de soledad y desamparo. Yo no buscaré sino en tu mirada la dulzura de las aprobaciones.

Dame sencillez y dame profundidad; líbrame de ser complicada o banal, en mi lección cotidiana.

Dame el levantar los ojos de mi pecho con heridas, al entrar cada mañana a mi escuela. Que no lleve a mi mesa de trabajo mis pequeños afanes materiales, mis mezquinos dolores de cada hora.

Aligérame la mano en el castigo y suavízamela más en la caricia. ¡Reprenda con dolor, para saber que he corregido amando!

Haz que haga de espíritu mi escuela de ladrillos. Le envuelva la llamarada de mi entusiasmo su atrio pobre, su sala desnuda. Mi corazón le sea más columna y mi buena voluntad más oro que las columnas y el oro de las escuelas ricas.

Y, por fin, recuérdame desde la palidez del lienzo de Velázquez, que enseñar y amar intensamente sobre la Tierra es llegar al último día con el lanzazo de Longinos en el costado ardiente de amor.

The Teacher's Prayer

To César Duayen

Lord, You who were a teacher, forgive that I teach, that I bear the name of teacher, which You bore on Earth.

Grant me such a devoted love for my school that not even the flame of beauty could ever distract me from that tenderness.

Teacher, make my eagerness long-lasting and my disappointment brief. Take from me this impure desire for justification that still troubles me, this petty whiff of complaint that arises in me when they hurt me. Let me not be hurt by the incomprehension or saddened by the forgetfulness of the girls I have taught.

Let me be more maternal than the mothers themselves, so that I may be capable of loving and defending like a mother the child who is not flesh of my flesh. Grant that I may succeed in shaping one of my girls to be my perfect poem, and let me leave You my deepest melody inside her, to sing when my own lips no longer sing.

Show me that Your Gospel can be possible in my time, so that I may not falter in my daily and hourly struggle on its behalf.

Instill in my democratic school that radiance that You shone on the barefoot little children who surrounded You.

Make me strong, even in my weakness as a woman, and as a poor woman; make me disdain all impure power and all pressure that is not Your ardent will upon my life.

Be with me, Friend, uphold me! Often I will have only You by my side. When my convictions become purer and my truth more burning, the worldly will forsake me, but You will press me then to Your heart, which knew so much loneliness and abandonment. I will not seek the sweetness of approval except in Your face.

Give me simplicity and give me depth; free me from being too complex or banal in my daily lesson.

Each morning when I enter my school, let my vision rise above the hurt in my own heart. Let me not bring to my desk my own petty material concerns, my paltry immediate sorrows.

Lighten my hand in punishment, and let my caresses be ever more gentle. May I reprimand in sorrow, so that I know I have given correction lovingly!

Let me make my brick schoolhouse into a temple of the spirit. Let the radiance of my enthusiasm encircle the humble playground and the bare classroom. Let my heart be a stronger column and my goodwill a purer gold than the strong columns and finest gold of the wealthy schools.

And, finally, let me always be reminded by the dimness of the canvas by Velázquez, that to teach and to love intensely on this earth is to arrive on the final day with the spear of Longinus thrust into the chest that burns with love.

Los cabellos de los niños

Cabellos suaves, cabellos que son toda la suavidad del mundo, ¿qué seda gozaría yo si no os tuviera sobre el regazo? Dulce por ella el día que pasa, dulce el sustento, dulce el antiguo dolor, sólo por unas horas que ellos resbalan entre mis manos.

Ponedlos en mi mejilla; revolvedlos en mi regazo como las flores; dejadme trenzar con ellos, para suavizarlo, mi dolor; aumentar la luz con ellos, ahora que es moribunda.

Cuando ya sea con Dios, que no me dé el ala de un ángel, para refrescar la magulladura de mi corazón; extienda sobre el azul las cabelleras de los niños que amé, y pasen ellas en el viento sobre mi rostro eternamente!

Children's Hair

Soft hair, hair that is all the softness of the world: without you lying in my lap, what silk would I enjoy? Sweet the passing day because of that silk, sweet the sustenance, sweet the ancient sadness, at least for the few hours it slips between my hands.

Touch it to my cheek; wind it in my lap like flowers; let me braid it, to soften my pain, to magnify the light with it, now that it is dying.

When I am with God someday, I do not want an angel's wing to cool my heart's bruises; I want, stretched against the sky, the hair of the children I loved, to let it blow in the wind against my face eternally!

Poemas de las madres

A doña Luisa F. de García-Huidobro

I. POEMAS DE LAS MADRES

Me ha besado

Me ha besado y yo soy otra: otra, por el latido que duplica el de mis venas; otra, por el aliento que se percibe entre mi aliento.

Mi vientre ya es noble como mi corazón . . .

Y hasta encuentro en mi hálito una exhalación de flores: ¡todo por aquél que descansa en mis entrañas blandamente, como el rocío sobre la hierba!

Poems of the Mothers

To doña Luisa F. de García-Huidobro

I. POEMS OF THE MOTHERS

I was kissed

I was kissed, and I am othered: another, because of the pulse that echoes the pulse in my veins; another, because of the breath I feel within my breath.

My belly, now, is as noble as my heart . . .

And now I feel in my own breathing an exhalation of flowers: all because of the one who rests inside me gently, as the dew on the grass!

¿Cómo será?

¿Cómo será? Yo he mirado largamente los pétalos de una rosa, y los palpé con delectación: querría esa suavidad para sus mejillas. Y he jugado en un enredo de zarzas, porque me gustarían sus cabellos así, oscuros y retorcidos. Pero no importa si es tostado, con ese rico color de las gredas rojas que aman los alfareros, y si sus cabellos lisos tienen la simplicidad de mi vida entera.

Miro las quiebras de las sierras, cuando se van poblando de niebla, y hago con la niebla una silueta de niña, de niña dulcísima: que pudiera ser eso también.

Pero, por sobre todo, yo quiero que mire con el dulzor que él tiene en la mirada, y que tenga el temblor leve de su voz cuando me habla, pues en el que viene quiero amar a aquél que me besara.

What Will He Be Like?

What will he be like? I gazed for a long time at the petals of a rose, and I touched them delightedly: I would want that softness for his cheeks. And I played in a tangle of brambles, because I would want his hair to be like that, dark and curling. But it won't matter if it is bronze colored, with the rich color of red clay that potters love, or if his smooth hair is as simple as my whole life.

I watch the hollows in the mountains as they fill with fog, and I sketch with the fog the silhouette of a girl, a very sweet little girl: my child could be like that too . . .

But, above all, I want that face to share the sweetness he has in his face, and that voice to share the timbre of his voice when he speaks to me: for in the one who is to come, I want to love the one who kissed me.

Sabiduría

Ahora sé para qué he recibido viente veranos la luz sobre mí y me ha sido dado cortar las flores por los campos. ¿Por qué, me decía en los días más bellos, este don maravilloso del sol cálido y de la yerba fresca?

Como al racimo azulado, me traspasó la luz para la dulzura que entregaría. Este que en el fondo de mí está haciéndose gota a gota de mis venas, éste era mi vino.

Para éste yo recé, por traspasar del nombre de Dios mi barro, con el que se haría. Y cuando leí un verso con pulsos trémulos, para él me quemó como una brasa la belleza, por que recoja de mi carne su ardor inextinguible.

Wisdom

Now I understand why for these twenty summers I have felt the sunshine on me and why I was given to gathering flowers in the fields. Why, I'd ask myself on the most beautiful days, this wonderful gift of the warm sun and the fresh grass?

As if I were a cluster of blue-tinged grapes, the light passed through me for the sweetness I might yield. This that is making itself in the depths of me, drop by drop, from my veins: this was my wine.

For this I prayed, the name of God passing through my human clay, with which it would be made. And when with a fluttering pulse I'd read a poem, I'd be scorched by its beauty, that he could absorb his inextinguishable warmth from my flesh.

———

La dulzura

Por el niño dormido que llevo, mi paso se ha vuelto sigiloso. Y es religioso todo mi corazón, desde que lleva el misterio.

Mi voz es suave, como por una sordina de amor, y es que temo despertarlo.

Con mis ojos busco ahora en los rostros el dolor de las entrañas, para que los demás miren y comprendan la causa de mi mejilla empalidecida.

Hurgo con miedo de ternura en las yerbas donde anidan codornices. Y voy por el campo silenciosa, cautelosamente. Creo que árboles y cosas tienen hijos dormidos, sobre los que velan inclinados.

The Sweetness

Because of the sleeping child I carry, my footstep has turned cautious. And my whole heart is religious, since it carries this mystery.

My voice is soft, as if quieted by love, and it's just that I fear awakening it.

In the faces I see I search for signs of an inner pain, so that others might see and understand why my cheek has turned pale.

In tender fear, I pick my way through the grasses where the quails nest. And I pass through the quiet countryside, heedfully. I believe that the trees and material things hold sleeping children, over whom they keep watch.

––––––

La hermana

Hoy he visto una mujer abriendo un surco. Sus caderas están henchidas, como las mías, por el amor, y hacía su faena curvada sobre el suelo.

He acariciado su cintura; la he traído conmigo. Beberá la leche espesa de mi mismo vaso y gozará de la sombra de mis corredores, que va grávida de gravidez de amor. Y si mi seno no es generoso, mi hijo allegará al suyo, rico, sus labios.

The Sister

Today I watched a woman plow a furrow. Her hips are swollen, like mine, by love, and her work made her bend toward the ground.

I put my arm around her waist; I brought her home with me. She will drink rich milk from the same glass I do, and she'll make herself at home in the shade of my verandah, gravid in the heaviness of love. And if my breast is not plentiful enough, my child will reach his lips toward hers, which is rich.

––––––

El ruego

¡Pero no! ¿Cómo Dios dejaría enjuta la yema de mi seno, si El mismo amplió mi cintura? Siento crecer mi pecho, subir como el agua en un ancho estanque, calladamente. Y su esponjadura echa sombra como de promesa sobre mi vientre.

¿Quién sería más pobre que yo en el valle si mi seno no se humedeciera?

Como los vasos que las mujeres ponen para recoger el rocío de la noche, pongo yo mi pecho ante Dios; le doy un nombre nuevo, le llamo el Henchidor, y le pido el licor de la vida, abundoso. Aquél llegará buscándolo con sed.

The Prayer

But no! Would God let the buds of my breasts dry up, when He Himself widened my waist? I feel my breasts grow, swelling like water in a wide pool, silently. And their softness casts a shadow like a promise across my belly.

Who in all the valley would be poorer than I, if my breasts never did moisten?

Like the vessels that women set out at night to catch the dew, I place my breasts before God; I give Him a new name, He Who Fills, and I ask Him for the fluid of life, in abundance. My child will come thirstily, searching for it.

———

Sensitiva

Ya no juego en las praderas y temo columpiarme con las mozas. Soy como la rama con fruto.

Estoy débil, tan débil que el olor de las rosas me hizo desvanecer esta siesta, cuando bajé al jardín, y un simple canto que viene en el viento o la gota de sangre que tiene la tarde en su último latido sobre el cielo, me turban, me anegan de dolor. De la sola mirada de mi dueño, si fuera dura para mí esta noche, podría morir.

Sensitive

I don't play in the meadows any more, and I am afraid, now, to swing back and forth with the young country girls. I am like a branch full of fruit.

I am weak, so weak the smell of the roses made me faint during the siesta, when I went down to the garden, and a simple song carried on the wind, or the afternoon's last pulsing drop of blood in the sky, disturbs me, flooding me with sadness. If even one glance from my master were harsh toward me tonight, I might die.

———

El dolor eterno

Palidezco si él sufre dentro de mí: dolorida voy de su presión recóndita, y podría morir a un solo movimiento de éste que está en mí y a quien no veo.

Pero no creáis que únicamente me traspasará y estará trenzado con mis entrañas mientras lo guarde. Cuando vaya libre por los caminos, aunque esté lejos, el viento que lo azote me rasgará las carnes y su grito pasará también por mi garganta. ¡Mi llanto y mi sonrisa comenzarán en tu rostro, hijo mío!

The Eternal Grief

I go pale if he feels pain inside me; a feeling of brokenheartedness presses in on me, and I could die from a single movement of the one who is within me, whom I don't see.

Don't think he'll occupy me so and be interwoven with me, only while I carry him. When someday he roams free on the roads, even though far away, the wind that lashes him will slash at my flesh too, and his cry will pass through my throat too. My weeping and my laughter will begin in your face, my child!

———

Por él

Por él, por el que está adormecido, como hilo de agua bajo la hierba, no me dañéis, no me deis trabajos. Perdonádmelo todo: mi descontento de la mesa preparada y mi odio al ruido.

Me diréis los dolores de la casa, la pobreza y los afanes, cuando lo haya puesto en unos pañales.

En la frente, en el pecho, donde me toquéis, está él y lanzaría un gemido respondiendo a la herida.

For Him

For him, for the sake of the one who is drowsy now, like a thread of water under the grass, don't hurt me, don't give me more chores. Pardon me everything: how the table full of food bothers me, how loud noises annoy me.

You can tell me all about the household problems, about the poverty and the worry —but after I've put him in diapers.

On the forehead, the breast, wherever you touch me, it is he, and he'd let out an echoing cry if I were hurt.

———

La quietud

Ya no puedo ir por los caminos: tengo el rubor de mi ancha cintura y de la ojera profunda de mis ojos. Pero traedme aquí, poned aquí a mi lado las macetas con flores, y tocad la cítara largamente: quiero, para él, anegarme de hermosura.

Pongo rosas sobre mi vientre, digo sobre el que duerme estrofas eternas. Recojo en el corredor hora tras hora el sol acre. Quiero destilar, como la fruta, miel, hacia mis entrañas. Recibo en el rostro el viento de los pinares. La luz y los vientos coloreen y laven mi sangre. Para lavarla también, yo no odio, no murmuro, ¡solamente amo! Que estoy tejiendo en este silencio, en esta quietud, un cuerpo, un milagroso cuerpo, con venas, y rostro, y mirada, y depurado corazón.

The Hush

I can't go out in public anymore: I feel shy about my bulky waist and the puffy bags under my eyes. So bring things to me here, set a vase of flowers beside me, play the zither for a while: for his sake, I want to surround myself with beauty.

I lay roses across my belly, I recite ageless poems above the sleeper. On the verandah, hour after hour, I take in the tang of the sun. I want to distill, as the fruit does, honey, in my core. May I feel the wind from the pine groves across my face. The light and the breezes ripen and clean my blood. To cleanse it even more, I feel no hatred, I make no complaint: I love, only that! Because, in this silence, in this hush, I am knitting a body, a miraculous body, with veins, and a face, and a gaze, and a purified heart.

———

Ropitas blancas

Tejo los escarpines minúsculos, corto el pañal suave: todo quiero hacerlo por mis manos.

Vendrá de mis entrañas, reconocerá mi perfume.

Suave vellón de la oveja: en este verano te cortaron para él. Lo esponjó la oveja ocho meses y lo emblanqueció la luna de Enero. No tiene agujillas de cardo ni espinas de zarza. Así de suave ha sido el vellón de mis carnes, donde ha dormido.

¡Ropitas blancas! El las mira por mis ojos y se sonríe, dichoso, adivinándolas suavísimas . . .

Little White Clothes

I knit the little slippers, I cut soft diapers: I want to make everything with my own hands.

He will come from my insides; he will recognize my scent.

Soft fleece of the ewe: this summer they sheared you for him. The ewe grew it fluffy for eight months, and the January moon bleached it white. It has no thistle needles or blackberry thorns in it. The fleece of my flesh is just that soft, where he has been sleeping.

Little white clothes! He sees them through my eyes, and he smiles, happy, sensing in advance how very soft . . .

———

Imagen de la tierra

No había visto antes la verdadura imagen de la Tierra. La Tierra tiene la actitud de una mujer con un hijo en los brazos (con sus criaturas en los anchos brazos).

Voy conociendo el sentido maternal de las cosas. La montaña que me mira, también es madre, y por las tardes la neblina juega como un niño por sus hombros y sus rodillas.

Recuerdo ahora una quebrada del valle. Por su lecho profundo iba cantando una corriente que las breñas hacen todavía invisible. Ya soy como la quebrada; siento cantar en mi hondura este pequeño arroyo, y le he dado mi carne por breña, hasta que suba hacia la luz.

Image of the Earth

I had never seen, before now, the true image of the Earth. The Earth has the bearing of a woman with a child in her arms—with her creatures in her broad arms.

I'm learning a maternal awareness of things. The mountain that watches me: it, too, is a mother, and at evening the fog plays like a child across her shoulders and her lap.

Now I remember a ravine in the valley. Through its deep bed ran a singing current, wholly hidden by the weedy terrain. I am like that ravine now; I feel this little brook singing inside me, and I have given him my flesh for terrain, till he rises toward the light.

———

Al esposo

Esposo, no me estreches. Lo hiciste subir del fondo de mi ser como un lirio de aguas. Déjame ser como un agua en reposo.

¡Amame, ámame ahora un poco más! Yo ¡tan pequeña! te duplicaré por los caminos. Yo ¡tan pobre! te daré otros ojos, otros labios, con los cuales gozarás el mundo; yo ¡tan tierna! me hendiré como un ánfora por el amor, para que este vino de la vida se vierta de mí.

¡Perdóname! Estoy torpe al andar, torpe al servir tu copa; pero tú me henchiste así y me diste esta extrañeza con que me muevo entre las cosas.

Séme más que nunca dulce. No remuevas ansiosamente mi sangre; no agites mi aliento.

¡Ahora soy sólo un velo; todo mi cuerpo es un velo bajo el cual hay un niño dormido!

To the Husband

Husband, don't embrace me. You made him rise from the depths of my being like a water lily. Leave me be, like water at rest.

Love me, love me now a little more! I —so small— will send a copy of you into the streets. I —so poor— will give you other eyes, other lips, with which you'll have and hold the world; I —so fragile— will crack apart like an amphora for love's sake, so that this wine of life will spill from me.

Forgive me! I walk so clumsily, I serve your cup so clumsily; but you filled me like this, you gave me this strangeness with which I move among things.

Be sweeter than ever with me. Don't roil my blood with worries; don't make my breath shiver.

Now I am only a veil! My whole body is a veil across a sleeping child!

———

La madre

Vino mi madre a verme; estuvo sentada aquí a mi lado, y, por primera vez en nuestra vida, fuimos dos hermanas que hablaron del tremendo trance.

Palpó con temblor mi vientre y descubrió delicadamente mi pecho. Y al contacto de sus manos me pareció que se entreabrían con suavidad de hojas mis entrañas y que a mi seno subía la honda láctea.

Enrojecida, llena de confusión, le hablé de mis dolores y del miedo de mi carne; caí sobre su pecho; ¡y volví a ser de nuevo una niña pequeña que sollozó en sus brazos del terror de la vida!

The Mother

My mother came to see me; she was sitting here beside me, and, for the first time in our lives, we were two sisters, talking about the tremendous event.

Tremblingly, she felt my belly, and she gently uncovered my breast. At the touch of her hand it seemed to me my insides were half opening with the gentleness of leaves, and a milky wave was rising through my breast.

Flushed, full of confusion, I told her about my worries and about how I feared my own flesh; I dropped onto her breast, and once again I was the little girl who sobbed in her arms, terrified of life!

———

Cuéntame, madre . . .

Madre, cuéntame todo lo que sabes por tus viejos dolores. Cuéntame cómo nace y cómo viene su cuerpecillo, entrabado con mis vísceras.

Dime si buscará solo mi pecho o si se lo debo ofrecer, incitándolo.

Dame tu ciencia de amor, ahora, madre. Enséñame las nuevas caricias, delicadas, más delicadas que las del esposo.

¿Cómo limpiaré su cabecita, en los días sucesivos? ¿Y cómo lo liaré para no dañarlo?

Enséñame, madre, la canción de cuna con que me meciste. Esa lo hará dormir mejor que otras canciones.

Tell Me, Mother . . .

Mother, tell me everything you learned from your old pains. Tell me about childbirth, how his little body will come out, webbed in the threads of my womb.

Tell me whether he'll search on his own for my breast, or whether I should offer it to him, urging him.

Impart what you know about love to me, now, Mother. Teach me new caresses, gentle ones, gentler than a husband's.

How will I wash his little head, in the days to come? And how will I wrap him without hurting him?

Teach me, Mother, the lullaby you rocked me with. Better than other songs, that one will soothe him to sleep.

———

El amanecer

Toda la noche he padecido, toda la noche se ha estremecido mi carne por entregar su don. Hay el sudor de la muerte sobre mis sienes; pero no es la muerte, ¡es la vida!

Y te llamo ahora Dulzura Infinita a Ti, Señor, para que lo desprendas blandamente.

Nazca ya, y mi grito de dolor suba en el amanecer, trenzado con el canto de los pájaros!

The Dawn

All night I suffered; all night my flesh trembled to yield its gift. The sweat of death is on my temples, but it isn't death, it's life!

And now I call out an Infinite Sweetness to You, Lord, that you may loosen him from me gently.

Let him be born, and let my cry of pain rise in the dawn, woven with the song of birds!

———

La sagrada ley

Dicen que la vida ha menguado en mi cuerpo, que mis venas se vertieron como las lagares: ¡yo sólo siento el alivio del pecho después de un gran suspiro!

—¿Quién soy yo, me digo, para tener un hijo en mis rodillas?

Y yo misma me respondo:

—Una que amó, y cuyo amor pidió, al recibir el beso, la eternidad.

Me mire la Tierra con este hijo en los brazos, y me bendiga, pues ya estoy fecunda y sagrada, como las palmas y los surcos.

———

The Sacred Law

They say the life has flowed from my body, that my veins have drained themselves like winepresses, but I feel only a relief in my chest, as after a long sigh.

"Who am I," I ask myself, "to have a child on my lap?"

And I answer:

"I am a woman who loved, and whose love reached, when I was kissed, toward eternity."

May the Earth see me with this child in my arms; may it bless me, for I am fruitful and sacred, like the palm trees and the furrows of the field.

II. POEMAS DE LA MADRE MÁS TRISTE

Arrojada

Mi padre dijo que me echaría, gritó a mi madre que me arrojaría esta misma noche.

La noche es tibia; a la claridad de las estrellas, yo podría caminar hasta la aldea más próxima; pero, ¿y si nace en estas horas? Mis sollozos le han llamado tal vez; tal vez quiera salir por ver mi cara con lágrimas. Y tiritaría bajo el aire crudo, aunque yo lo cubriera.

II. POEMS OF THE SADDEST MOTHER

Thrown Out

My father said he'd kick me out, he shouted at my mother that he'd throw me out this very night.

The night is mild; by the clear light of the stars, I could walk as far as the nearest village, but, what if he's born while I do? My crying has called to him, maybe; maybe he wants to come out to see my face full of tears. And he'd shiver in the raw air, though I would cover him.

¿Para qué viniste?

¿Para qué viniste? Nadie te amará aunque eres hermoso, hijo mío. Aunque sonríes graciosamente, como los demás niños, como el menor de mis hermanitos, no te besaré sino yo, hijo mío. Y aunque tus manitas se agiten buscando juguetes, no tendrás para tus juegos sino mi seno y la hebra de mis lágrimas, hijo mío.

¿Para qué viniste, si el que te trajo te odió al sentirte en mi vientre?

¡Pero no! Para mí viniste; para mí que estaba sola, sola hasta cuando me oprimía él entre sus brazos, hijo mío!

Why Did You Come?

Why did you come? No one will love you, although you are beautiful, my child. Though you smile happily, like the other children, like the youngest of my little brothers, no one will kiss you but me, my child. And though your little hands might reach out for toys, you'll have nothing for your games but my breasts and the strings of my tears, my child.

Why did you come, if the one who brought you hated you when he felt you in my belly?

But no! You came for me; for me because I was alone, alone even when he held me close in his arms, my child!

NOTA:

Una tarde, paseando por una calle miserable de Temuco, vi a una mujer del pueblo, sentada a la puerta de su *rancho*. Estaba próxima a la maternidad, y su rostro revelaba una profunda amargura.

Pasó delante de ella un hombre, y le dijo una frase brutal, que la hizo enrojecer.

Yo sentí en ese momento toda la solidaridad del sexo, la infinita piedad de la mujer para la mujer, y me alejé pensando:

—Es una de nosotras quien debe decir (ya que los hombres no lo han dicho) la santidad de este estado doloroso y divino. Si la misión del arte es embellecerlo todo, en una inmensa misericordia, ¿por qué no hemos purificado, a los ojos de los impuros, *esto*?

Y escribí los poemas que preceden, con intención casi religiosa.

Algunas de esas mujeres que para ser castas necesitan cerrar los ojos sobre la realidad cruel, pero fatal, hicieron de estos poemas un comentario ruin, que me entristeció, por ellas mismas. Hasta me insinuaron que los eliminase de un libro.

En esta obra egotista, empequeñecida a mis propios ojos por ese egotismo, tales prosas humanas tal vez sean lo único en que se canta la Vida total. ¿Había de eliminarlas?

¡No! Aquí quedan, dedicadas a las mujeres capaces de ver que la santidad de la vida comienza en la maternidad, la cual es, por lo tanto, sagrada. Sientan ellas la honda ternura con que una mujer que apacienta por la Tierra los hijos ajenos, mira a las madres de todos los niños del mundo!

NOTE:

One afternoon, while I was walking down a poor street in Temuco, I saw a village woman sitting in the doorway of her shack. She was heavily pregnant, her face full of deep affliction.

A man passed by and flung some crude remark at her, which made her blush.

At that moment I felt all the solidarity of my sex, the vast compassion of women for women, and it set me to thinking:

"It's up to one of us women (since men haven't said anything about it) to tell about the holiness of this condition, which is both painful and divine. If the mission of art is to show the beauty of everything, with an immense compassion, why have we not shown, for the eyes of those who are impure, the purity of *this?*"

So I wrote the preceding poems, with an almost religious purpose.

Some of those women who feel they have to shut their eyes to cruel but fatal reality in order to maintain their own purity have aimed small-minded criticism at these poems, which saddened me, for their sakes. They even intimated that I should drop the poems from the book.

In this self-involved work, work that feels diminished to me because of that self-involvement, it may very well be that this human prose is the only part in which the fullness of Life sings. Should I drop them?

No! Here they stay, dedicated to those women who can see that the sanctity of life begins with motherhood, which is, accordingly, sacred. I want them to feel the tenderness with which a woman who cares for the children of others looks upon the mothers of all the children of the world!

Canciones de cuna

A mi madre

1. Apegado a mí

Velloncito de mi carne—que en mi entraña yo tejí,—velloncito friolento,—
duérmete apegado a mí!—La perdiz duerme en el trébol—escuchándole latir:
—no te turbes por mi aliento,—duérmete apegado a mí!

Hierbecita temblorosa—asombrada de vivir,—no te sueltes de mi pecho,
—duérmete apegado a mí!

Yo que todo lo he perdido—ahora tiemblo hasta al dormir.—No resbales
de mi brazo:—duérmete apegado a mí!

Lullabies

To my mother

1. Connected to Me

Little fleece of my flesh—that I wove in my womb,—little shivering fleece,—
sleep connected to me!—The partridge sleeps in the clover—listening to its
pulsing:—don't let my breathing disturb you,—sleep connected to me!

Little quaking leaf of grass—surprised to be alive,—don't let go of my
breast,—sleep connected to me.

I who have lost everything—hesitate now to fall asleep.—Don't slip from
my arm:—sleep connected to me!

———

2. *Yo no tengo soledad*

Es la noche desamparo—de las sierras hasta el mar.—Pero yo, la que te mece, —¡yo no tengo soledad!

Es el cielo desamparo—pues la luna cae al mar.—Pero yo, la que te estre- cha,—¡yo no tengo soledad!

Es el mundo desamparo.—Toda carne triste va.—Pero yo, la que te oprime—¡yo no tengo soledad!

2. *I Don't Feel Lonely*

The night, forsaken—from the mountains to the sea.—But I, the one who rocks you,—I don't feel lonely!

The sky, forsaken—for the moon falls into the sea.—But I, the one who holds you tight,—I don't feel lonely!

The world, forsaken.—Everything of flesh turns sad.—But I, the one who squeezes you—I don't feel lonely!

———

3. *Meciendo*

El mar sus millares de olas—mece divino.—Oyendo a los mares amantes— mezo a mi niño.

El viento errabundo en la noche—mece los trigos.—Oyendo a los vientos amantes—mezo a mi niño.

Dios Padre sus miles de mundos—mece sin ruido.—Sintiendo su mano en la sombra—mezo a mi niño.

3. *Rocking*

The sea is rocking—its millions of waves, divinely.—Listening to the loving seas—I rock my child.

Drifting through the night, the wind is rocking—the fields of wheat.— Listening to the loving winds—I rock my child.

God the Father is rocking—His thousands of worlds, soundlessly.—Feel- ing His hand in the shadow—I rock my child.

———

4. Canción amarga

¡Ay! Juguemos, hijo mío,—a la reina con el rey!

Este verde campo es tuyo.—¿De quién más podría ser?—Las alfalfas temblorosas—para tí se han de mercer.

Este valle es todo tuyo.—¿De quién más podría ser?—Para que los disfrutemos—los pomares se hacen miel.

(¡Ay! No es cierto que tiritas—como el Niño de Belén—y que el seno de tu madre—se secó de padecer!)

El cordero está espesando—el vellón que he de tejer.—Y son tuyas las majadas.—¿De quién más podrían ser?

Y la leche del establo—que en la ubre ha de correr—y el manojo de las mieses—¿de quién más podría ser?

(¡Ay! No es cierto que tiritas—como el Niño de Belén—y que el seno de tu madre—se secó de padecer!)

¡Sí! Juguemos, hijo mío,—a la reina con el rey!

4. Afflicted Song

¡Ay! Let's play, my child,—we'll be the queen with the king!

This green field is yours.—Whom else could it belong to?—The fluttering alfalfa—it must have waved for you.

This valley is all yours—Whom else could it belong to?—So that we can enjoy them—the orchards turn to honey.

(And no, it's not true that you shiver—like the Babe of Bethlehem—and that your mother's breasts—go dry from suffering!)

The lamb is growing a lush coat—of fleece that I will weave.—All the flocks are yours.—Whom else would they belong to?

And the milk that runs—through the udders in the barn—and the harvest bundle of the grain—Whom else would it belong to?

(And no, it's not true that you shiver—like the Babe of Bethlehem—and that your mother's breasts—go dry from suffering!)

¡Ay! Let's play, my child,—we'll be the queen with the king!

Motivos del barro

A Eduardo Barrios

1. El polvo sagrado

Tengo ojos, tengo mirada; los ojos, y las miradas derramadas en mí por los tuyos que quebró la muerte, y te miro con todas ellas.

No soy ciego como me llamas.

Y amo; tampoco soy muerto. Tengo los amores, las pasiones de tus gentes derramadas en mí como rescoldo tremendo; el anhelo de sus labios me hace gemir.

Motifs of Clay

To Eduardo Barrios

1. The Sacred Dust

I have eyes, I have vision; eyes and visions spread throughout me by visions of you, which death shattered. Through all of them, I see you.

And I am not blind, as you call me.

And I do love; nor am I dead. I have loves: in me, the passions of your scattered peoples are like terrible embers. The longing on their lips makes me moan.

———

2. *El polvo de la madre*

¿Por qué me buscabas mirando hacia la noche estrellada? Aquí estoy, recógeme con tu mano. Guárdame, llévame. No quiero que me huellen los rebaños ni que corran los lagartos sobre mis rodillas. Recógeme en tu mano y llévame contigo. Yo te llevé así. ¿Por qué tú no me llevarías?

Con una mano cortas las flores y ciñes a las mujeres, y con la otra oprimes contra tu pecho a tu madre.

Recógeme y amasa conmigo una ancha copa, para las rosas de esta primavera.

Ya he sido copa, pero copa de carne henchida, y guardé un ramo de rosas: te llevé a ti como un gajo de flores.

Yo conozco la noble curva de una copa, porque fuí el vientre de tu madre.

Volé en polvo fino de la sepultura y fuí espesando sobre tu campo, todo para mirarte, ¡oh hijo labrador! Soy tu surco. ¡Mírame y acuérdate de mis labios! ¿Por qué pasas rompiéndome? En este amanecer, cuando atravesaste el campo, la alondra que voló cantando subió del ímpetu desesperado de mi corazón.

2. *The Mother's Dust*

Why did you search for me, looking up at the starry night? Here I am; gather me up with your hand. Watch over me; carry me. I don't want the flocks of sheep to trample me nor the lizards to scamper across my lap. Gather me up in your hand and carry me off with you. I carried you like that. Why wouldn't you carry me?

With one hand you gather flowers and embrace women, and with the other you press your mother to your chest.

Gather me up and make me into a wide vase for this springtime's roses.

I have already been a vase, but a vase of filled flesh, and I held a spray of roses: I carried you like a branch of flowers.

I know the noble curve of a vase, because I was your mother's womb.

I flew over the grave in a fine dust and passed, thickening, over your fields to watch you, my child working in the field. I am your furrow. Look at me and remember my lips! Why do you pass along, breaking me open? In this dawn, when you walked across the field, the lark that flew off singing rose from the furious strength of my heart.

———

3. Tierra de amantes

Alfarero, ¿sentiste el barro cantar entre tus dedos? Cuando le acabaste de verter el agua, gritó entre ellos. ¡Es su tierra y la tierra de mis huesos que por fin se juntaron!

Con cada átomo de mi cuerpo lo he besado, con cada átomo lo he ceñido. ¡Mil nupcias para nuestros dos cuerpos! ¡Para mezclarnos bien nos deshicieron! ¡Como las abejas en el enjambre, es el ruido de nuestro fermento de amor!

Y ahora, si haces una Tanagra con nosotros, ponnos todo en la frente, o todo en el seno. No nos vayas a separar, distribuyéndonos en las sienes o en los brazos. Ponnos mejor en la curva sagrada de la cintura, donde jugaremos a perseguirnos, sin encontrarnos fin.

¡Ah, alfarero! Tú que nos mueles distraído, cantando, no sabes que en la palma de tu mano se juntaron, por fin, las tierras de dos amantes que jamás se reunieron sobre el mundo.

3. Lovers' Clay

Potter, did you feel the clay sing between your fingers? As you poured the water, it cried out between your fingers. His clay and the clay of my own bones, at last joined together!

With every atom of my body I have kissed him, with every atom I held him close. A thousand weddings for our two bodies! To mix us well together, they dissolved us. Like the roar of swarming bees, the buzz of our love in ferment!

And now, if you make a Tanagra vase of us, set us all on the upper brow, or all in the chest. Surely you wouldn't split us up, dividing us all into the flanks or arms. Better to work us into the holy curve of the waist, in the center where we will enjoy pursuing each other, never finally catching up.

O potter! You who mix us absentmindedly, singing, you don't understand that in the palm of your hand, at last, the clays of two lovers who were never united on the earth are joined together.

———

4. A los niños

Después de muchos años, cuando yo sea un montoncito de polvo callado, jugad conmigo, con la tierra de mi corazón y de mis huesos. Si me recoge un albañil, me pondrá en un ladrillo, y quedaré clavada para siempre en un muro, y yo odio los nichos quietos. Si me hacen ladrillo de cárcel, enrojeceré de vergüenza oyendo sollozar a un hombre; y si soy ladrillo de una escuela, padeceré también, de no poder cantar con vosotros, en los amaneceres.

Mejor quiero ser el polvo con que jugáis en los caminos del campo. Oprimidme: he sido vuestra; deshacedme, porque os hice; pisadme, porque no os di toda la verdad y toda la belleza. O, simplemente, cantad y corred sobre mí, para besaros las plantas amadas . . .

Decid, cuando me tengáis en las manos, un verso hermoso, y crepitaré de placer entre vuestros dedos. Me empinaré para miraros, buscando entre vosotros los ojos, los cabellos de los que enseñé.

Y cuando hagáis conmigo cualquier imagen, rompedla a cada instante, que a cada instante me rompieron los niños de ternura y de dolor!

4. To the Children

After many years, when I am a little mound of silent dust, play with me, with the clay of my heart and of my bones. If a bricklayer picks me up, he will put me in a brick; I'd stay forever fixed in a wall, and I despise quiet corners. If they make me a brick in a prison, I will blush with shame to hear a man sobbing. If I am a brick in a school, I will suffer too, because I won't be able to sing with you in the dawns.

I would rather be the dust you play with in the paths of the countryside. Walk on me: I have been yours. Destroy me, for I made you. Step on me, because I did not give you all truth and all beauty. Or, simply, sing and run above me, and I'll kiss the soles of your beloved feet . . .

When you hold me in your hands, recite a beautiful verse, and I'll tingle with pleasure in your fingers. I'll raise myself up to watch you, seeking among you the eyes, the hair, of those I taught.

When you make any image with me, shatter it instantly: at every instant the children made me shatter with tenderness and sorrow!

———

5. La enemiga

Soñé que ya era la tierra, que era un metro de tierra oscura a la orilla de un camino. Cuando pasaban, al atardecer, los carros cargados de heno, el aroma que dejaban en el aire me estremecía al recordarme el campo en que nací; cuando después pasaban los segadores enlazados, evocaba también; al llorar los bronces crepusculares, el alma mía recordaba a Dios, bajo su polvo ciego.

Junto a mí, el suelo formaba un montoncillo de arcilla roja, con un contorno como de pecho de mujer, y yo, pensando en que también pudiera tener alma, le pregunté:

—¿Quién eres tú?

—Yo soy, dijo, tu Enemiga, aquella que así, sencillamente, terriblemente, llamabas tú: la Enemiga.

Yo le contesté:

—Yo odiaba cuando aún era carne, carne con juventud, carne con soberbia. Pero ahora soy polvo ennegrecido y amo hasta el cardo que sobre mí crece y las ruedas de las carretas que pasan magullándome.

—Yo tampoco odio ya, dijo ella, y soy roja como una herida, porque he padecido, y me pusieron junto a ti, porque pedí amarte.

—Yo te quisiera más próxima, respondí, sobre mis brazos, los que nunca te estrecharon.

—Yo te quisiera, respondió, sobre mi corazón, en el lugar de mi corazón que tuvo la quemadura de tu odio.

Pasó un alfarero, una tarde, y sentándose a descansar, acarició ambas tierras dulcemente . . .

—Son suaves, dijo: son igualmente suaves, aunque una sea oscura y la otra sangrienta. Las llevaré y haré con ellas un vaso.

Nos mezcló el alfarero como no se mezcla nada en la luz: más que dos brisas, más que dos aguas. Y ningún ácido, ninguna química de los hombres, hubiera podido separarnos.

Cuando nos puso en un horno ardiente, alcanzamos el color más luminoso y el más bello que se ha mostrado al sol: era un rosa viviente de pétalo recién abierto . . .

Fué aquél un vaso simple, sin franjas, sin cortes, sin nada que nos separara. Cuando el alfarero lo sacó del horno ardiente, pensó que aquello ya no era lodo, sino una flor: como Dios, ¡él había alcanzado a hacer una flor!

Y el vaso dulcificaba el agua hasta tal punto que el hombre que lo compró gustaba de verterle los zumos más amargos: el ajenjo, la cicuta, para recogerlos melificados. Y si el alma misma de Caín, se hubiera podido sumergir en el vaso, hubiera ascendido de él como un panal, goteante de miel . . .

5. The Enemy

I dreamed that I was already earth, that I was a meter of dark earth at the side of a road. When the carts loaded with hay passed by at dusk, the scent they left in the air made me tremble to remember the land where I was born; later, when the group of harvesters passed by, it was evoked again. At the calling of the twilight bells, my soul remembered God, under its blind dust.

Beside me the soil formed a little hill of red clay, with an outline like a woman's breast, and thinking that it too might have a soul, I asked:

"Who are you?"

"I am," it said, "your Enemy, she whom you simply, terribly, called 'the Enemy.'"

I answered her:

"When I was still flesh, flesh with youth, flesh with arrogance, I hated. But now I am darkened dust, and I love even the thistles that grow above me and the wheels of the carts that bruise me as they pass."

"I don't hate any longer, either," she said. "I am red like a wound because I have suffered, and they put me beside you, because I asked to love you."

"I wish you were closer," I answered, "near my arms, which never reached out to you."

"I wish," she responded, "that you were near my heart, in the part of my heart that felt the heat of your hatred."

One afternoon, a potter passed by, and sitting down to rest, he touched the two clays tenderly . . .

"They are soft," he said. "They are equally soft, though one is dark and the other blood red. I'll take them and make a vessel from them."

The potter mixed us as nothing in the light has ever been mixed: more than two breezes, more than two waters. No acid, no man-made chemical, could have separated us.

When he set us in the fiery kiln, we achieved the most luminous, most beautiful color the sun has ever seen: it was a vivid rose with newly opened petals . . .

It was a simple vessel, with no decoration, no etching, nothing to separate us. When the potter took it from the fiery kiln, he thought it was no longer something crafted of mud, but a flower: like God, he had accomplished the creation of a flower!

And the vessel sweetened the water so much that the man who bought it enjoyed pouring the most bitter liquids into it —wormwood, hemlock— just to have them honeyed. And if the very soul of Cain could have been dipped in that vessel, that soul would have risen from it like a honeycomb, dripping with honey . . .

————

6. Las ánforas

Ya hallaste, por el río, la greda roja y la greda negra; ya amasas las ánforas, con los ojos ardientes.

Alfarero, hazla de todos los hombres, que cada uno la precisa semejante al propio corazón.

Haz el ánfora del campesino, fuerte el asa, esponjado el contorno como la mejilla del hijo. No turbará cual la gracia, mas será el Anfora de la Salud.

Haz el ánfora del sensual; hazla ardiente como la carne que ama; pero, para purificar su instinto, dale labio espiritual, leve labio.

Haz el ánfora del triste; hazla sencilla como una lágrima, sin un pliegue, sin una franja coloreada, porque el dueño no le mirará la hermosura. Y amásala con el lodo de las hojas secas, para que halle, al beber, el olor de los otoños, que es el perfume mismo de su corazón.

Haz el ánfora de los miserables, tosca, cual un puño, desgarrada de dar, y sangrienta, como la granada. Será el Anfora de la Protesta.

Y haz el ánfora de Leopardi, el ánfora de los torturados que ningún amor supo colmar. Hazles el vaso en que miren su propio corazón, para que se odien más. No echarán en ella ni el vino ni el agua, que será el Anfora de la Desolación.

Y su seno vaciado inquietará, más que si estuviera colmada de sangre, al que lo mire.

6. The Amphoras

You have already found the red and black silted clay by the river. Already, with fiery eyes, you're shaping the amphoras.

Potter, make the amphora of every person, so that each resembles the person's own heart.

Make the amphora of the man from the country, with a strong handle and a rounded contour like his child's cheek. It will not be troubled by elegance, but will be the Amphora of Health.

Make the amphora of the sensualist. Make it ardent like loving flesh, but in order to purify its instinct, give it a spiritual lip, a delicate lip.

Make the amphora of the mournful. Make it simple as a tear, no frieze, no colored decoration, because the owner will not look at its beauty. Shape it from the mud of dry leaves, so that when one drinks from it, one will find the scent of autumns, which is the very perfume of one's heart.

Make the amphora of the wretched: coarse, like a fist, torn from giving, and bloody, like a pomegranate. It will be the Amphora of Protest.

And make the amphora of Leopardi, the amphora of the tormented ones whom no love could fill.[1] Make them the vessel in which they may see their own hearts, that they may despise themselves all the more. They will put neither wine nor water in it. That will be the Amphora of Desolation.

And that empty bosom will disturb anyone who looks at it, more than if it were brimming with blood.

———

7. Vasos

—Todos somos vasos —me dijo el alfarero, y como yo sonriera, añadió: —Tú eres un vaso vaciado. Te volcó un grande amor y ya no te vuelves a colmar más. No eres humilde, y rehusas bajar como otros vasos a las cisternas, a llenarte de agua impura. Tampoco te abres para alimentarte de las pequeñas ternuras, como algunas de mis ánforas, que reciben las lentas gotas que les vierte la noche y viven de esa breve frescura. Y no estás roja, sino blanca de sed, porque el sumo ardor tiene esa tremenda blancura.

7. Vessels

"We are all vessels," the potter told me, and when I smiled, he added: "You are an emptied vessel. A great love toppled you and now you will not be

———

1. Giacomo Leopardi (1798–1837), Italy's greatest modern lyric writer, the poet of "il nulla" (the nothingness).

filled again. You are not humble, and you refuse to descend to the cisterns like other vessels, to fill yourself with impure water. Nor do you open to nourish yourself with little tendernesses, as do some of my amphoras, which accept the slow drops the night pours into them and live from that brief freshness. And you are not red, but white with thirst, because the most intense ardor has that terrible whiteness."

———

8. La limitación

—Los vasos sufren de ser vasos —agregó.— Sufren de contener en toda su vida nada más que cien lágrimas y apenas un suspiro o un sollozo intenso. En las manos del Destino tiemblan, y no creen que vacilan así porque son vasos. El amor los tajea de ardor, y no ven que son hermanos de mis gredas abiertas. Cuando miran al mar, que es ánfora inmensa, los vasos padecen, humillados. Odian su pequeña pared. Odian su pequeño pie de copas, que apenas se levanta del polvo, para recibir un poco la luz del día.

Cuando los hombres se abrazan, en la hora del amor, no ven que son tan exiguos como un tallo de hierba y que se ciñen con un solo brazo extendido: ¡lo mismo que una ánfora!

Miden desde su quietud meditativa el contorno de todas las cosas, y su brevedad no la conocen, de verse engrandecidos en su sombra.

Del dedo de Dios, que los contorneó, aún conservan un vago perfume derramado en sus paredes, y suelen preguntar en qué jardín de aromas fueron amasados. Y el aliento de Dios, que caía sobre ellos mientras iba labrándolos, les dejó, para mayor tortura, esta vaga remembranza de una insigne suavidad y dulzura.

8. The Limitation

"Vessels suffer from being vessels," he added. "They suffer from containing, their whole lives, no more than a hundred tears and hardly a sigh or a deep sob. They tremble in the hands of Destiny, and they do not believe that they waver this way because they are vessels. Love carves the ardor out of them, and they do not see that in this way they are like my open clay. When they look at the sea, which itself is an immense amphora, the vessels suffer, humiliated. They hate their little wall. They hate the little feet of their base, which hardly lifts them from the dust to receive a bit of daylight.

"When human beings embrace, in the hour of love, they don't see that they are as meager as a blade of grass, and that they hold one another with a single reaching arm, just like an amphora!

"They judge the shape of all things from their own meditative quiet, and having grown up in that shadow, they don't recognize their own brevity.

"From the finger of God, which sketched them, they retain a faint perfume that spreads through their clay walls, and often they ask what perfumed garden shaped them. And the breath of God, which dropped on them while He was creating them, left them in an even greater anguish, faintly remembering a great elegance and sweetness."

———

9. La sed

—Todos los vasos tienen sed —siguió diciéndome el alfarero;— "esos" como los míos, de arcilla perecedera. Así los hicieron, abiertos, para que pudieran recibir el rocío del cielo, y también, ¡ay! para que huyera presto su néctar.

Y cuando están colmados, tampoco son dichosos, porque todos odian el líquido que hay en su seno. El vaso de falerno aborrece su áspero olor de lagares; el de óleo perfumado odia su grávida espesura y envidia la levedad del vaso de agua clara.

Y los vasos con sangre viven desesperados del grumo tenaz que se cuaja en sus paredes, y que no pueden ir a lavar en los arroyos, y son los más angustiados.

Para pintar el ansia de los hombres, haz de ellos solamente el rostro con los labios entreabiertos de sed, o haz, sencillamente, un vaso, que también es una boca con sed.

9. Thirst

"All vessels thirst," continued the potter; "those we were talking about and those like mine, made of perishable clay. They're made like that, open, so that they can receive the dew of heaven, and also oh! so that their nectar can pour out quickly.

"And even when they are full to the brim, they are not content, because each despises the liquid in its bosom. The vessel for Falerno wine detests the acrid smell of the winepress. The vessel for perfumed oil hates its cloying thickness and envies the lightness of the vessel for clear water.

"And the vessels that hold blood live in despair because of the tenacious clot curdling inside them, which they cannot go wash away in the brooks. They are the most anguished of all.

"To represent the longings of humankind, show the face alone with the lips half-opened in thirst, or simply make a vessel, which also is a thirsting mouth."

La flor de cuatro pétalos

Mi alma fué un tiempo un gran árbol, en que se enrojecía un millón de frutos. Entonces, mirarme solamente daba plenitud; oír cantar bajo mis ramas cien aves era una embriaguez.

Después fué un arbusto, un arbusto retorcido, de sobrio ramaje, pero todavía capaz de manar goma perfumada.

Ahora es sólo una flor, una pequeña flor de cuatro pétalos. Uno se llama la Belleza, y otro el Amor, y están próximos; otro se llama el Dolor y el último la Misericordia. Así, uno a uno, fueron abriéndose, y la flor no tendrá ninguno más.

Tienen los pétalos en la base una gota de sangre, porque la belleza me fué dolorosa, porque fué mi amor pura tribulación y mi misericordia nació también de una herida.

Tú que supiste de mí cuando era un gran árbol y que llegas buscándome tan tarde, en la hora crepuscular, tal vez pases sin reconocerme.

Yo desde el polvo te miraré en silencio y sabré, por tu rostro, si eres capaz de saciarte con una simple flor, tan breve como una lágrima.

Si te veo en los ojos la ambición, te dejaré pasar hacia las otras, que son grandes árboles enrojecidos de fruto.

Porque el que ahora puedo consentir junto a mí en el polvo, ha de ser tan humilde que se conforme con este breve resplandor, y ha de tener tan muerta la ambición que pueda quedar para la eternidad con la mejilla sobre mi tierra, olvidado del mundo, ¡con sus labios sobre mí!

The Four-Petaled Flower

My soul was once a great tree, on which a million fruits ripened. Then, the mere sight of me offered a fullness; to hear a hundred birds sing beneath my branches was a rapture!

Later my soul was a shrub, a gnarled shrub with few branches, but it could still produce scented resin.

Now it is only a flower, a little four-petaled flower. One is called Beauty, and another Love, and they are close together; another is called Sorrow, and the last one Mercy. Thus, one by one, the petals opened, and the flower will have no more.

The petals have a drop of blood at their base, because beauty was sorrowful to me, because my love was pure tribulation, and my mercy, too, was born of a wound.

You who knew me when I was a great tree and who come looking for me so late, at twilight, perhaps you pass by without recognizing me.

From the dust I will watch you in silence, and I will know, by your face, whether you can be satisfied with a simple flower, as brief as a tear.

If I see ambition in your eyes, I will let you go on toward the others, who are great trees reddened with fruit.

Because the one whom I can accept beside me in the dust today must be so humble that he can be resigned to this brief radiance, must be so indifferent to ambition that he can stay for eternity with his cheek against my dust, forgotten by the world, touching his lips to me!

Poemas del éxtasis

1. Estoy llorando

Me has dicho que me amas, y estoy llorando. Me has dicho que pasarás conmigo entre tus brazos por los valles del mundo.

Me has apuñaleado con la dicha no esperada. Pudiste dármela gota a gota, como el agua al enfermo, ¡y me pusiste a beber en el torrente!

Caída en tierra, estaré llorando hasta que el alma comprenda. Han escuchado mis sentidos, mi rostro, mi corazón: mi alma no acaba de comprender.

Muerta la tarde divina, volveré vacilando hacia mi casa, apoyándome en los troncos del camino . . . Es la senda que hice esta mañana, y no la voy a reconocer. Miraré con asombro el cielo, el valle, los techos de la aldea, y les preguntaré su nombre, porque he olvidado toda la vida.

Mañana, me sentaré en el lecho y pediré que me llamen, para oír mi nombre y creer. Y volveré a estallar en llanto. ¡Me has apuñaleado con la dicha!

Poems of Ecstasy

1. I Am Crying

You've told me that you love me, and I am crying. You've told me that you will go with me in your arms through all the world's valleys.

You've pierced me with an unexpected joy. You could have given it to me drop by drop, as water to a sick person, and yet you gave me a flood to drink!

Fallen to earth, I will cry until my soul understands. My senses, my face, my heart have heard: my soul has not yet understood.

As the divine afternoon wanes, I will head home hesitantly, leaning on the tree trunks along the road . . . It's the same path I took this morning, but I will not recognize it. I'll watch the sky with amazement, the valley, the roofs of the village, and I'll ask each its name, because I've forgotten all of life.

Tomorrow I'll sit on the bed and ask what they call me, in order to hear my name and believe. And I'll burst into tears again. You've pierced me with joy!

2. Dios

Háblame ahora de Dios, y te he de comprender.

Dios es este reposo de tu larga mirada en mi mirada, este comprenderse, sin el ruido intruso de las palabras. Dios es esta entrega ardiente y pura. Y es esta confianza inefable.

Está, como nosotros, amando al alba, al mediodía, y a la noche, y le parece, como a los dos, que comienza a amar . . .

No necesita otra canción que su amor mismo, y la canta desde el suspiro al sollozo. Y vuelve otra vez al suspiro . . .

Es esta perfección de la rosa madura, antes de que caiga el primer pétalo.

Y es esta certidumbre divina de que la muerte es mentira.

Sí, ahora comprendo a Dios.

2. God

Talk to me now about God, and I will understand you.

God is this tranquillity of your long gaze in my gaze, this understanding one another without the intrusive noise of words. God is this surrender, passionate and pure. And this indescribable confidence.

Like us, He is loving in the morning, at midday, and at night, and it seems to Him, as it seems to us, that He is only just beginning to love . . .

He needs no other song than His love itself, and He sings it from sighing through to sobbing. And He returns again to the sigh . . .

He is this perfection of the full-blown rose, before the first petal falls.

And this divine certainty that death is a lie.

Yes, now I understand God.

———

3. El mundo

—No se aman, dijeron, porque no se buscan. No se han besado, porque ella va todavía pura. ¡No saben que nos entregamos en una sola mirada!

Tu faena está lejos de la mía y mi asiento no está a tus pies y sin embargo, haciendo mi labor, siento como si te entretejiera con la red de la lana suavísima, y tú estás sintiendo allá lejos que mi mirar baja sobre tu cabeza inclinada. ¡Y se rompe de dulzura tu corazón!

Muerto el día, nos encontraremos por unos instantes; pero la herida dulce del amor nos sustentará hasta el otro atardecer.

Ellos, que se revuelcan en la voluptuosidad sin lograr unirse, no saben que por una mirada somos esposos!

3. *The World*

"They don't love one another," the people said, "because they don't go searching for one another. She's still virginal: they haven't kissed." They don't know how we surrender to one another in a single gaze!

Your job is far from mine, and my home is not near you. Nevertheless, as I do my work, I feel as if I were wrapping you in a weave of softest wool, and you feel, way over there, that my gaze is falling on your bowed head. And your heart cracks open with sweetness!

The day gone, we will meet for a few moments, but the sweet wound of love will sustain us till another twilight.

Those who wallow in voluptuousness without achieving a real oneness: they don't know how we are wedded with a gaze!

———

4. *Hablaban de ti . . .*

Me hablaron de ti ensangrentándote, con palabras numerosas. ¿Por qué se fatigará inútilmente la lengua de los hombres? Cerré los ojos y te miré en mi corazón. Y eras puro, como la escarcha que amanece dormida en los cristales.

Me hablaron de ti alabándote con palabras numerosas. ¿Para qué se fatigará inútilmente la generosidad de los hombres? . . . Guardé silencio, y la alabanza subió de mis entrañas, luminosa como suben los vapores del mar.

Callaron otro día tu nombre, y dijeron otros en la glorificación ardiente. Los nombres extraños caían sobre mí, inertes, malogrados. Y tu nombre, que nadie pronunciaba, estaba presente como la Primavera, que cubría el valle, aunque nadie estuviera cantándola en esa hora diáfana.

4. *They Were Talking about You . . .*

They were talking about you, bloodying you, with lots of words. Why does human language exhaust itself so uselessly? I closed my eyes and saw you in my heart. And you were pure as the frost at dawn sleeping on the windowpanes.

They were talking about you to me, praising you with lots of words. Why is human generosity exhausted so uselessly? . . . I kept silent, and praise rose up from deep inside me, bright as mists rising from the sea.

They stopped mentioning your name the other day and talked about others, with a warm respectfulness. The strange names dropped inert before me, fading. And your name, which no one mentioned, was as present as the spring that covered the valley, though no one would be singing it at that luminous hour.

———

5. Esperándote

Te espero en el campo. Va bajando el sol. Sobre el llano baja la noche, y tú vienes caminando a mi encuentro, naturalmente, como cae la noche.

¡Apresúrate, que quiero ver el crepúsculo sobre tu cara!

¡Qué lento te acercas! Parece que te hundieras en la tierra pesada. Si te detuvieses en este momento, se pararían mis pulsos de angustia y me quedaría blanca y yerta.

Vienes cantando como las vertientes bajan al valle. Ya te escucho . . .

¡Apresúrate! El día que se va quiere morir sobre nuestros rostros unidos.

5. Waiting for You

I am waiting for you in the field. The sun is setting. Over the plain the night settles in, and you come walking to meet me, naturally, as the night falls.

Hurry, I want to see the twilight across your face!

How slowly you approach! It's as if you were sinking into the heavy ground. If you were to pause at this moment, my pulse would stop in anguish, and I would be left white and stiff.

You come near singing like the slopes that descend into the valley. I hear you already . . .

Hurry! The fading day wants to pass away across our two faces together.

———

6. Escóndeme

Escóndeme, que el mundo no me adivine. Escóndeme como el tronco su re-
sina, y que yo te perfume en la sombra, como la gota de goma, y que te suavice
con ella, y los demás no sepan de dónde viene tu dulzura . . .

Soy fea sin ti, como las cosas desarraigadas de su sitio: como las raíces
sobre el suelo, abandonadas. Contigo soy natural y bella, cual el musgo en el
tronco.

¿Por qué no soy pequeña, como la almendra en el hueso cerrado?

¡Bébeme!

Hazme una gota de tu sangre, y subiré a tu mejilla, y estaré en ella como
la pinta vivísima en la hoja de la vid. Vuélveme tu suspiro, y subiré y bajaré
de tu pecho, me enredaré en tu corazón, saldré al aire para volver a entrar. Y
estaré en este juego toda la vida . . .

6. Hide Me

Hide me, so that the world won't find me. Hide me as the tree trunk conceals
its resin, that I may perfume you in the shadow like a drop of amber-gum,
that it may smooth you and the others may never know where your sweet-
ness comes from . . .

I am ugly without you, like things out of place: like roots above the
ground, relinquished. With you, I am natural and lovely, like the moss on
the tree trunk.

Why am I not small, like an almond in its closed shell?

Drink me in!

Make me a drop of your blood, and I will rise to your cheek, I will be in
it like the living drop in the leaf on the vine. Breathe me in, and I will rise
and fall in your chest, I'll surround your heart, I'll fly out into the air and
fly back in again. And I'll keep at this hide-and-seek game all my life . . .

———

7. La sombra

Sal por el campo al atardecer y déjame tus huellas sobre la hierba, que yo
voy tras ti. Sigue por el sendero acostumbrado, llega a las alamedas de oro,
sigue por las altas alamedas de oro hasta la sierra amoratada. Y camina en-

tregándote a las cosas, palpando los truncos, para que me devuelvan, cuando yo pase, tu caricia. Mírate en las fuentes y guárdenme las fuentes un instante el reflejo de tu cara, hasta que yo pase.

7. The Shadow

Leave for the countryside at dusk, and leave me your footprints in the grass, for I am coming behind you. Go down the usual path, to the golden poplars, go through the golden groves to the dark purple mountains. Walk giving yourself over to things, touching the trunks of trees, so that when I pass they may return your caress to me. Look at yourself in the clear pools, and let the pools hold the image of your face for me for a moment, till I pass.

––––––

8. Si viene la muerte

Si te ves herido, no temas llamarme. No, llámame desde donde te halles, aunque sea el lecho de la vergüenza. Y yo iré, yo iré aun cuando estén erizados de espinos los llanos hasta tu puerta.

No quiero que ninguno, ni Dios, te enjugue en las sienes el sudor ni te acomode la almohada bajo la cabeza.

¡No! Estoy guardando mi cuerpo para resguardar de la lluvia y las nieves tu huesa, cuando ya duermas. Mi mano quedará sobre tus ojos, para que no miren la noche tremenda.

8. If Death Comes

If you're hurt, don't be afraid to call to me. No, call me wherever you are, even if it be a bed of shame. I'll come, I'll come even if the plains to your door were bristling with thorns.

I don't want anyone else, not even God, to wipe the sweat from your brow or to settle the pillow under your head.

No! I am saving my body to shield your grave from the rain and the snow when you sleep at last. My hand will hover over your eyes so that they don't have to see the enormous night.

El arte

A María Enriqueta

1. La belleza

Una canción es una herida de amor que nos abrieron las cosas.

A ti, hombre basto, sólo te turba un vientre de mujer, un montón de carne de mujer. Nosotros vamos turbados, nosotros recibimos la lanzada de toda la belleza del mundo, porque la noche estrellada nos fué amor tan agudo como un amor de carne.

Una canción es una respuesta que damos a la hermosura del mundo. Y la damos con un temblor incontenible, como el tuyo delante de un seno desnudo.

Y de volver en sangre esta caricia de la Belleza, y de responder al llamamiento innumerable de ella por los caminos, vamos más febriles, vamos más flagelados que tú, nosotros, los puros.

Art

To María Enriqueta

1. Beauty

A song is the wound of love that things opened in us.

Coarse man, the only thing that arouses you is a woman's womb, a mass of female flesh. But our disquiet is continuous; we feel the thrust of all the beauty of the world, because the starry night was for us a love as sharp as a carnal love.

A song is a response we offer to the beauty of the world. And we offer that response with an uncontainable tremor, just as you tremble before a naked breast.

And because we return, in blood, this caress of Beauty, and because we respond to Beauty's infinite calling through the paths, we walk more timorously, more reviled than you: we, the pure.

---

2. El canto

Una mujer está cantando en el valle. La sombra que llega la borra; pero su canción la yergue sobre el campo.

Su corazón está hendido, como su vaso que se trizó esta tarde en las guijas del arroyo; mas ella canta. Por la escondida llaga se aguza pasando la hebra del canto, se hace delgada y firme. En una modulación, la voz se moja de sangre.

En el campo ya callan, por la muerte cotidiana, las demás voces, y se apagó hace un instante el canto del pájaro más rezagado. Y su corazón sin muerte, su corazón vivo de dolor, ardiente de dolor, recoge las voces que callan, en su voz, aguda ahora, pero siempre dulce.

¿Canta para un esposo que la mira calladamente en el atardecer, o para un niño al que su canto endulza? ¿O cantará para su propio corazón, más desvalido que un niño solo al anochecer?

La noche que viene se materniza por esa canción que sale a su encuentro; las estrellas se van abriendo con humana dulzura: el cielo estrellado se humaniza y entiende el dolor de la Tierra.

El canto puro como un agua con luz, limpia el llano, lava la atmósfera del día innoble en el que los hombres se odiaron. De la garganta de la mujer que sigue cantando, se exhala y sube el día, ennoblecido, hacia las estrellas!

2. Song

A woman is singing in the valley. The falling shadow erases her, but her song lifts her over the countryside.

Her heart is shattered, like her jug that broke this afternoon on the stones in the streambed, but she keeps on singing. The thread of the song sharpens as it passes through the hidden wound, becoming slim and firm. In a modulation, her voice moistens with blood.

In the countryside, the other voices are already silent, in their daily death, and just a moment ago the song of the last straggling bird fell silent. And her deathless heart, her heart alive with pain, burning with pain, gathers the silencing voices into her voice, keen now, but always sweet.

Does she sing for a husband who watches her quietly in the dusk, or for a child who sweetens to her song? Or perhaps she sings for her own heart, more helpless than a child alone at nightfall.

The coming night becomes a mother because of the song that goes out to greet it; the stars are opening with human sweetness: the starry sky becomes human and understands the pain of the Earth.

As pure as daylight rain, the song cleanses the plain; it cleanses the atmosphere of the ignoble day in which humans despised one another. From the throat of the woman who keeps on singing, the day exhales and rises, ennobled, toward the stars!

———

3. El ensueño

Dios me dijo: —Lo único que te he dejado es una lámpara para tu noche. Las otras se apresuraron, y se han ido con el amor y el placer. Te he dejado la lámpara del Ensueño y tú vivirás a su manso resplandor.

No abrasará tu corazón, como abrasará el amor a las que con él partieron, ni se te quebrará en la mano, como el vaso del placer a las otras. Tiene una lumbre que apacigua.

Si enseñas a los hijos de los hombres, enseñarás a su claridad, y tu lección tendrá una dulzura desconocida. Si hilas, si tejes la lana o el lino, el copo se engrandecerá por ella de una ancha aureola.

Cuando hables, tus palabras bajarán con más suavidad de la que tienen las palabras que se piensan en la luz brutal del día.

El aceite que la sustente manará de tu propio corazón, y a veces lo llevarás doloroso, como el fruto en el que se apura la miel o el óleo, con la magulladura. ¡No importa!

A tus ojos saldrá tu resplandor tranquilo y los que llevan los ojos ardientes de vino o de pasión, te dirán: —¿Qué llama lleva ésta que no la afiebra ni la consume?

No te amarán, creyéndote desvalida; hasta creerán que tienen el deber de serte piadosos. Pero, en verdad, tú serás la misericordiosa cuando con tu mirada, viviendo entre ellos, sosiegues su corazón.

A la luz de esta lámpara, leerás tú los poemas ardientes que ha entregado la pasión de los hombres, y serán para ti más hondos. Oirás la música de los violines, y si miras los rostros de los que escuchan, sabrás que tú padeces y gozas mejor. Cuando el sacerdote, ebrio de su fe, vaya a hablarte, hallará en tus ojos una ebriedad suave y durable de Dios, y te dirá: —Tú le tienes siempre; en cambio, yo sólo ardo de El en los momentos del éxtasis.

Y en las grandes catástrofes humanas, cuando los hombres pierden su oro, o su esposa, o su amante, que son sus lámparas, sólo entonces vendrán a saber que la única rica eras tú, porque con las manos vacías, con el regazo baldío, en tu casa desolada, tendrás el rostro bañado del fulgor de tu lámpara. ¡Y sentirán vergüenza de haberte ofrecido los mendrugos de su dicha!

3. The Dream

God said to me: "The only thing I have left you is a lamp for your night. The other women hurried off, toward love and pleasure. I have left you the lamp of the Dream, and you will live by its gentle brightness.

"The lamp will not burn your heart, as love will burn those women who followed love, nor will it break in your hand, as the glass of pleasure will break for the other women. Your lamp has a soothing radiance.

"If you teach the children of men, you will teach by that lamp's clarity, and your lessons will have a mysterious sweetness. If you spin thread, if you weave wool or flax, the lamp will make your ball of yarn swell broader than a wide halo.

"When you speak, your words will fall with more gentleness than words thought in the brutal light of day.

"The oil that sustains the lamp will flow from your own heart, and at times your heart will be heavy for harvest, like the fruits from which honey or oil is pressed. But that won't matter!

"Your quiet brightness will shine through your eyes, and those whose eyes burn with wine or with passion will ask: 'What flame is in her, that doesn't scorch her or burn her up?'

"Thinking you helpless, they will not love you; they will even believe they should pity you. But, in truth, you will be the merciful one when with your gaze, living among them, you ease their hearts.

"By the light of this lamp, you yourself will read the burning poems that human passion has delivered, and those poems will be deeper for you. You will hear the music of violins, and if you look at the faces of those who listen, you will know that you suffer more and rejoice more, too. When the priest, drunk with his faith, comes to talk to you, he will find in your eyes the gentle, ongoing inebriation of God, and he'll tell you: 'You have Him forever; I, on the other hand, burn for Him only in moments of ecstasy.'

"And in the great human catastrophes, when men lose their money, or their wives, or their lovers —which are their lamps— only then will they realize that you were the only rich one, because with empty hands, with a barren lap, in your desolate house, your face will be bathed in the radiance of your lamp. And they will feel shame for having offered you the crumbs of their happiness!"

Decálogo del artista

I. Amarás le belleza, que es la sombra de Dios sobre el Universo.

II. No hay arte ateo. Aunque no ames al Creador, lo afirmarás creando a su semejanza.

III. No darás la belleza como cebo para los sentidos, sino como el natural alimento del alma.

IV. No te será pretexto para la lujuria ni para la vanidad, sino ejercicio divino.

V. No la buscarás en las ferias ni llevarás tu obra a ellas, porque la Belleza es virgen y la que está en las ferias no es Ella.

VI. Subirá de tu corazón a tu canto y te habrá purificado a ti el primero.

VII. Tu belleza se llamará también misericordia, y consolará el corazón de los hombres.

VIII. Darás tu obra como se da un hijo: restando sangre de tu corazón.

IX. No te será la belleza opio adormecedor, sino vino generoso que te encienda para la acción, pues si dejas de ser hombre o mujer, dejarás de ser artista.

X. De toda creación saldrás con vergüenza, porque fué inferior a tu sueño, e inferior a ese sueño maravilloso de Dios que es la Naturaleza.

Decalogue of the Artist

I. You shall love beauty, which is God's shadow across the Universe.

II. There is no atheistic art. Even if you do not love the Creator, you will affirm Him, creating in His likeness.

III. You shall offer beauty not as fodder for the senses, but as the natural nourishment for the soul.

IV. Beauty should not be a pretext for lewdness or vanity, but a spiritual exercise.

V. You shall not seek beauty in the open-air markets nor bring your work there, for Beauty is virginal, and what you find at the markets is not Beauty.

VI. Beauty shall rise from your heart into your song, and it shall refine you from the start.

VII. Your beauty shall also be called compassion, and it shall console people's hearts.

VIII. You shall deliver your work as a child is offered: from your heart's blood.

IX. Beauty shall not be an opiate that causes you to sleep, but a full-bodied wine that inspires you to act, for if you stop being man or woman, you'll stop being an artist.

X. You shall issue each creation with humility, for it was inferior to your dream, and inferior to that marvelous dream of God that is Nature.

Comentarios a poemas de Rabindranath Tagore

"Sé que también amaré la muerte."

No creo, no, en que he de perderme tras la muerte.

¿Para qué me habrías henchido tú, si había de ser vaciada y quedar como las cañas, exprimida? ¿Para qué derramarías la luz cada mañana sobre mis sienes y mi corazón, si no fueras a recogerme como se recoge el racimo negro melificado al sol, cuando ya media el otoño?

Ni fría ni desamorada me parece, como a los otros, la muerte. Paréceme más bien un ardor, un tremendo ardor que desgaja y desmenuza las carnes, para despeñarnos caudalosamente el alma.

Duro, acre, sumo, el abrazo de la muerte. Es tu amor, es tu terrible amor, ¡oh, Dios! ¡Así deja rotos y vencidos los huesos, lívida de ansia la cara y desmadejada la lengua!

Commentary on Poems by Rabindranath Tagore

"I know I shall love Death as well."[1]

No, I don't believe I will be lost after death.

Why should You have made me fruitful, if I must be emptied and left like the crushed sugarcanes? Why should You spill the light across my forehead and my heart every morning, if You will not come to pick me, as one picks the dark grapes that sweeten in the sun, in the middle of autumn?

Death doesn't seem cold or loveless to me, as it does to others. Instead it seems to me a heat, a tremendous heat that rends and melts the flesh, in order to render the spirit in its fullness.

Death's embrace is difficult, bitter, and fierce. It is Your love, Your aweful love, oh, God! It leaves the bones broken and wasted, the face bleached with fear, the tongue weak!

---

1 In these citations, Mistral gives in Spanish lines from the *Gitanjali* (Song Offerings) of Rabindranath Tagore (1861–1941), the Indian poet who won the Nobel Prize for literature in 1913.

The English-language versions of the epigraphs reproduced here are Tagore's translations (1912) of his Bengali originals (1910), sections 95, 102, and 6.

"Yo me jacté entre los hombres de que te conocía . . ."

Como tienen tus hombres un delirio de afirmaciones acerca de tus atributos, yo te pinté al hablar de Ti con la precisión del que pinta los pétalos de la azucena. Por amor, por exageración de amor, describí lo que no veré nunca. Vinieron a mí tus hombres, a interrogarme; vinieron porque te hallan continuamente en mis cantos, derramado como un aroma líquido. Yo, viéndoles más ansia que la del sediento al preguntar por el río, les parlé de Ti, sin haberte gozado todavía.

Tú, mi Señor, me lo perdonarás. Fué el anhelo de ellos, fué el mío también, de mirarte límpido y neto, como las hojas de la azucena. A través del desierto, es el ansia de los beduinos la que traza vívidamente el espejismo en la lejanía . . . Estando en silencio para oírte, el latir de mis arterias me pareció la palpitación de tus alas sobre mi cabeza febril, y la di a los hombres como tuya. Pero Tú que comprendes, te sonríes con una sonrisa llena de dulzura y de tristeza a la par.

Sí. Es lo mismo, mi Señor, que cuando aguardamos con los ojos ardientes, mirando hacia el camino. El viajero no viene, pero el ardor de nuestros ojos lo dibuja a cada instante en lo más pálido del horizonte . . .

Sé que los otros me ultrajarán porque he mentido; pero Tú, mi Señor, solamente sonreirás con tristeza. Lo sabes bien: la espera enloquece y el silencio crea ruidos en torno de los oídos febriles.

"I boasted among men that I had known You . . ."

Since your people develop this wild eagerness to discuss Your attributes, I pictured You with precise words, like a painter who depicts the petals of the white lily. Out of love, out of an abundance of love, I described what I will never see. People came to question me about You. They came because they find You constantly in my songs, moving like a sweet fluent scent. Seeing that they were more anxious than a thirsty man who asks about the river, I spoke to them about You, without ever having experienced the full joy of You, yet.

You, my Lord, will forgive me that. It was their desire, as it was mine, to show You forth clearly and purely, like the petals of the white lily. On the path across the desert, the anxiety of the Bedouins distinctly makes out mirages in the distance . . . As I stood in the silence to hear You, the pulsing of my veins seemed to me like the fluttering of Your wings above my feverish head, and I passed it along to the others as if it had come from You. But

You who understand, You smile with a smile of equal parts sweetness and sadness.

Yes. It's as if we were waiting, my Lord, with burning eyes, watching down the road. The traveler does not arrive, but in their zeal, our eyes picture him each moment, there in the palest horizon . . .

I know that others will criticize me, claiming that I've lied, but You, my Lord, will only smile with sadness. You understand: waiting makes people a little crazy, and silence creates sounds that circle around our febrile hearing.

"ARRANCA ESTA FLORECILLA. TEMO QUE SE MARCHITE, Y SE DESHOJE, Y CAIGA, Y SE CONFUNDA CON EL POLVO."

Verdad es que aún no estoy en sazón, que mis lágrimas no alcanzarían a colmar el cuenco de tus manos. Pero no importa, mi Dueño: en un día de angustias puedo madurar por completo.

Tan pequeña me veo, que temo no ser advertida; temo quedar olvidada como la espiga en que no reparó, pasando, el segador. Por esto quiero suplir con el canto mi pequeñez, sólo por hacerte volver el rostro si me dejas perdida, ¡oh, mi Segador extasiado!

Verdad es también que no haré falta para tus harinas celestiales; verdad es que en tu pan no pondré un sabor nuevo. Mas, de vivir atenta a tus movimientos más sutiles, te conozco tantas ternuras que me hacen confiar! Yo te he visto, yendo de mañana por el campo, recoger, evaporada, la gotita de rocío que tirita en la cabezuela florida de una hierba, y sorberla con menos ruido que el de un beso. Te he visto, así mismo, dejar, disimuladas en el enredo de las zarzamoras, las hebras para el nido del tordo. Y he sonreído, muerta de dicha, diciéndome: —Así me recogerá, como a la gotita trémula, antes de que me vuelva fango; así como al pájaro se cuidará de albergarme, después de la última hora.

¡Recógeme, pues, recógeme pronto! No tengo raíces clavadas en esta tierra de los hombres. Con un simple movimiento de tus labios, me sorbes; con una imperceptible inclinación, me recoges!

"PLUCK THIS LITTLE FLOWER AND TAKE IT, DELAY NOT. I FEAR LEST IT DROOP AND DROP INTO THE DUST."

It's true that I'm not yet fully ripe, that my tears are not yet enough to fill the hollow of Your hands. But that does not matter, my Lord: In one day of griefs, I could mature completely.

I see myself as so small that I'm afraid I won't be noticed, like the stalks the passing harvester missed. Therefore I will sing my smallness in my song, so that You might turn Your countenance toward me if You miss me, my rapturous Harvester!

It's true that You don't need me for Your celestial flour, and that I bring no new flavor to Your bread. But attending as I do to Your subtlest motions, I know such tenderness that it strengthens my trust in You! Mornings, I have seen You coming across the field, collecting the nearly dry dewdrop that shivers at the tips of the plants, sipping it more quietly than a kiss. And I have seen You leaving threads hidden in the blackberry thicket for the thrush's nest. And I have smiled, dying of happiness, saying to myself: So, someday, He will gather me, like the trembling droplet, before I drop into the dust. He will guard me like the bird, sheltering me till the final hour.

Gather me, then, gather me soon! I have stretched no roots into this human earth. With one simple movement of Your lips, You sip me up; with one imperceptible sign of approval, You gather me in.

Lecturas espirituales

A don Constancio Vigil

1. Lo feo

El enigma de la fealdad tú lo no has descifrado. Tú no sabes por qué el Señor, dueño de los lirios del campo, consiente por los campos la culebra y el sapo en el pozo.

El los consiente, El los deja atravesar sobre los musgos con rocío.

En lo feo, la materia está llorando; yo le he escuchado el gemido. Mírale el dolor, y ámalo. Ama la araña y los escarabajos, por dolorosos, porque no tienen, como la rosa, una expresión de dicha. Amalos, porque son un anhelo engañado de hermosura, un deseo no oído de perfección.

Son como alguno de tus días, malogrados y miserables a pesar de ti mismo. Amalos, porque no recuerdan a Dios, ni nos evocan la cara amada. Ten piedad de ellos que buscan terriblemente, con una tremenda ansia, la belleza que no trajeron. La araña ventruda, en su tela leve, sueña con la idealidad, y el escarabajo deja el rocío sobre un lomo negro, para que le finja un resplandor fugitivo.

Spiritual Readings

To don Constancio Vigil

1. Ugliness

You've never figured it out, the mystery of ugliness. You don't know why the Lord, the master of the lilies of the field, also tolerates the snake that lives in the fields, the toad in the well.

He tolerates them; He lets them cross the dewy moss.

Inside whatever is ugly, matter is weeping; I have heard its cry. Look at the pain, and love it. Love the spider and the beetle because of their pain, because, unlike the rose, they have no expression of happiness. Love them because they are a misguided longing for beauty, an unheard desire for perfection.

They are like one of your days, wasted and miserable despite yourself. Love them because they do not recall God nor evoke for us that beloved face. Have pity on those who search, terribly and with tremendous longing, for the beauty that does not come to them. The bulky spider in its light web dreams of an ideal world, and the beetle imagines the dew across its black back is an evanescent splendor.

———

2. La venda

Toda la belleza de la Tierra puede ser venda para tu herida.

Dios la ha extendido delante de ti; así, como un lienzo coloreado te ha extendido sus campos de primavera.

Son ternura de la tierra, palabras suyas de amor, las florecillas blancas y el guijarro de color. Siéntelos de este modo. Toda la belleza es misericordia de Dios.

El que te alarga la espina en una mano temblorosa, te ofrece en la otra un motivo para la sonrisa. No digas que es un juego cruel. Tú no sabes (en la química de Dios) por qué es necesaria el agua de las lágrimas!

Siente así, como venda, el cielo. Es una ancha venda, que baja hasta tocar la magulladura de tu corazón, en suavizadora caricia.

El que te ha herido, se ha ido dejándote hebras para la venda por todo el camino . . .

Y cada mañana, al abrir tus balcones, siente como una venda maravillosa y anticipada para la pena del día, el alba que sube por las montañas . . .

2. The Bandage

All the beauty of the Earth can be a bandage for your wound.

God has laid it before you like this; He has unfolded His spring fields before you like a painted canvas.

His words of affection are a tenderness for the earth, the little white flowers and the dark cobblestones. Experience them like this. All beauty is God's compassion.

He who holds out thorns to you with one trembling hand, offers you a reason to smile with the other. Don't say that this is a cruel game. You don't know (in God's chemistry) the reasons for the water of tears.

Experience the sky like this, like a bandage. It's a wide bandage, spreading till it reaches the bruises of your heart, touching it gently.

The one who hurt you has gone, leaving you gauzy threads for the bandage all along the road . . .

Each morning when you open your shutters, feel the white dawn rising over the mountains as a marvelous bandage, already prepared against the hardships of the day . . .

---

3. *A un sembrador*

Siembra sin mirar la tierra donde cae el grano. Estás perdido si consultas el rostro de los demás. Tu mirada, invitándoles a responder, les parecerá invitación a alabarte, y aunque estén de acuerdo con tu verdad, te negarán por orgullo la respuesta. Di tu palabra, y sigue tranquilo, sin volver el rostro. Cuando vean que te has alejado, recogerán tu simiente; tal vez la besen con ternura y la lleven a su corazón.

No pongas tu efigie reteñida sobre tu doctrina. Le enajenará el amor de los egoístas, y los egoístas son el mundo.

Habla a tus hermanos en la penumbra de la tarde, para que se borre tu rostro, y vela tu voz hasta que se confunda con cualquier otra voz. Hazte olvidar, hazte olvidar . . . Harás como la rama que no conserva la huella de los frutos que ha dejado caer.

Hasta los hombres más prácticos, los que se dicen menos interesados en los sueños, saben el valor infinito de un sueño, y recelan de engrandecer al que lo soñó.

Haz como el padre que perdona al enemigo si lo sorprendió besando a su hijo. Déjate besar en tu sueño maravilloso de redención. Míralo en silencio y sonríe . . .

Bástete la sagrada alegría de entregar el pensamiento; bástete el solitario y divino saboreo de su dulzura infinita. Es un misterio al que asiste Dios y tu alma. ¿No te conformas con ese inmenso testigo? El supo, El ya ha visto, El no olvidará.

También Dios tiene ese recatado silencio, porque El es el Pudoroso. Ha derramado sus criaturas y la belleza de las cosas por valles y colinas, calladamente, con menos rumor del que tiene la hierba al crecer. Vienen los amantes de las cosas, las miran, las palpan y se están embriagados, con la mejilla sobre sus rostros. ¡Y no lo nombran nunca! El calla, calla siempre. Y sonríe . . .

3. *To a Sower*

He sows without looking where the seeds fall on the earth. If you look for advice in everyone else's faces, you are lost. Your glance, inviting them to respond, will seem to them like a solicitation to praise you, and though they might agree with the truth of what you say, they will deny it out of pride. Offer the word you have to say, then move on serenely, without turning back. When they see that you have moved away, they will harvest what you sowed; maybe they will embrace it with tenderness and will take it into their hearts.

Don't impose your own image on your teaching. The love of the selfish is alienating, and the selfish are the world.

Talk with your brothers in the dim light of evening, so that your face is erased, and obscure your voice till it could be taken for any other voice. Make yourself forget, make yourself forget. You will be like the branch that doesn't retain the print of the fruit it has let fall.

Even the most practical people, those who say they are the least concerned with dreams, know the infinite value of a dream, and so they are reluctant to exaggerate the one who dreamed it.

Be like the father who forgives his enemy if he surprises him embracing his child. In your marvelous dream of redemption, let yourself be kissed. Observe this in silence, and smile.

Let the holy joy that dreams provide be enough for you; let the solitary, divine taste of your own infinite sweetness be enough for you. It is a mystery, assisting both God and your own soul. Can't you reconcile yourself to this great confirmation? He knew; He has already seen; He won't forget.

God contains also this necessary silence, because He is Self-contained. He has spread out His creatures and the loveliness of things over the valleys and the hills, quietly, with even less noise than the grass makes as it grows. Those who love the things of the earth come and look at them, touch them, and are entranced by them, bending their cheeks over the countenance of things. And they will never say His name! He is silent, always silent. And He smiles . . .

––––––

4. El arpa de Dios

El que llamó David el "Primer Músico", tiene como él un arpa: es un arpa inmensa, cuyas cuerdas son las entrañas de los hombres. No hay un solo momento de silencio sobre el arpa, ni de paz para la mano del Tañedor ardiente.

De sol a sol, Dios desprende a sus seres melodías.

Las entrañas del sensual dan un empañado sonido; las entrañas del gozador dan voces opacas como el gruñido de las bestias; las entrañas del avaro apenas si alcanzan a ser oídas; las del justo son un temblor de cristal; y las del doloroso, como los vientos del mar, tienen una riqueza de inflexiones, desde el sollozo al alarido. La mano del Tañedor se tarda sobre ellas. Cuando canta el alma de Caín, se trizan los cielos como un vaso; cuando canta Booz, la dulzura hace recordar las altas parvas; cuando canta Job, se conmueven las estrellas como una carne humana. Y Job escucha arrobado el río de su dolor vuelto hermosura . . .

El Músico oye las almas que hizo, con desaliento o con ardor. Cuando pasa de las áridas a las hermosas, sonríe o cae sobre la cuerda su lágrima.

Y nunca calla el arpa; y nunca se cansa el Tañedor, ni los cielos que escuchan.

El hombre que abre la tierra, sudoroso, ignora que el Señor que a veces niega, está pulsando sus entrañas; la madre que entrega el hijo ignora también que su grito hiere el azul, y que en ese momento su cuerda se ensangrienta. Sólo el místico lo supo, y de oír esta arpa rasgó sus heridas para dar más, para cantar infinitamente en los campos del cielo.

4. *God's Harp*

He who called David the "First Musician" has, like him, a harp: it is an immense harp, whose strings are people's insides. The harp is not still for a single moment, nor is the hand of the impassioned Player.

From sunup to sundown, God emanates melodies to His creatures.

The innermost parts of the sensual person yield up a muted sound; the innermost parts of the pleasure seeker yield an opaque voice like the lowing of beasts; the insides of the miser can hardly be heard; those of the just are a trembling crystal; and those of the sorrowful, like the winds of the sea, have rich inflections ranging from sobbing to howls. The hand of the Player pauses over them. When the soul of Cain sings, the heavens shatter like glass; when Boaz sings, the sweetness makes the unthreshed corn remember; when Job sings, the stars are touched like human flesh. And Job listens, entranced, to the flow of his pain transmuted into beauty . . .

The Musician hears the souls He made, in discouragement or in eagerness. When He passes from the barren to the beautiful, He smiles, or a tear drops on the strings.

And the harp never goes silent, and the Player never tires, nor do the heavens tire of listening.

The man who, sweating, opens the soil does not realize that the God who sometimes withdraws is touching him inwardly; the mother who delivers the child also does not realize that his cry wounds the blue sky, and that in that moment his string is drenched in blood. Only the mystic has discovered this, and hearing it, the harp opened his wound to yield even more, to sing infinitely in the fields of heaven.

———

5. La ilusión

¡Nada te han robado! La tierra se extiende, verde, en un ancho brazo en torno tuyo, y el cielo existe sobre tu frente. Echas de menos un hombre que camina por el paisaje. Hay un árbol, en el camino, un álamo fino y tembloroso. Haz con él su silueta. Se ha detenido, a descansar; te está mirando.

¡Nada te han robado! Una nube pasa sobre tu rostro, larga, suave, viva. Cierra los ojos. La nube es su abrazo en torno de tu cuello, y no te oprime, no te turba.

Ahora, una lágrima te resbala por el rostro. Es su beso sereno.

¡Nada te han robado!

5. The Illusion

Nothing has been taken from you! The earth offers, green, its broad arm around you, and the sky extends above your forehead. What you are missing is a man who walks through the landscape. There, along the way, is a tree, a fine and trembling poplar. Join yourself with its silhouette. He has paused here, to rest; he's watching you.

Nothing has been taken from you! A cloud passes above your face, long, soft, alive. Close your eyes. The cloud is his embrace around your neck; it does not weigh you down, it doesn't distress you.

Now a tear slides down your face. It's his serene kiss.

Nothing has been taken from you!

Motivos de la Pasión

Los olivos

Cuando el tumulto se alejó, desapareció en la noche, los olivos hablaron.

—Nosotros le vimos penetrar en el Huerto.

—Yo recogí una rama para no rozarlo.

—Yo la incliné para que me tocara.

—¡Todos le miramos, con una sola y estremecida mirada!

—Cuando habló a los discípulos, yo, el más próximo, conocí toda la dulzura de la voz humana. Corrío por mi tronco su acento, como un hilo de miel . . .

—Nosotros enlazamos apretándolos los follajes, cuando bajaba el Angel con el cáliz, para que no lo bebiera.

—Y cuando lo apuró, la amargura de su labio traspasó los follajes y subió hasta lo alto de las copas. ¡Ninguna ave nos quebrará más la hoja amarga, ahora más amarga que el laurel!

—En su sudor de sangre bebieron nuestras raíces. ¡¡Todas han bebido!!

—Yo dejé caer una hoja sobre el rostro de Pedro, que dormía. Apenas se estremeció. Desde entonces sé ¡oh hermanos! que los hombres no aman, que hasta cuando quieren amar no aman bien.

—Cuando le besó Judas, veló El la luna, porque nosotros ¡árboles! no viéramos el beso.

—Pero mi rama lo vió, y está quemada sobre mi tronco con vergüenza.

—¡Ninguno de nosotros hubiera querido tener alma en ese instante!

—Nunca le vimos antes; sólo los lirios de las colinas lo miraron pasar. ¿Por qué no sombreó ninguna siesta junto a nosotros?

—Si le hubiéramos visto alguna vez, ahora también quisiéramos morir.

—¿Dónde ha ido? ¿Dónde está a estas horas?

—Un soldado dijo que lo crucificarían mañana sobre el monte.

—Tal vez nos mire en su agonía, cuando ya se doble su cabeza; tal vez busque el valle donde amó y en su mirada inmensa nos abarque.

—Quizás lleve muchas heridas; acaso está a estas horas, como uno de nosotros, vestido de heridas.

—Mañana le bajarán al valle para sepultarle.

—¡Que baje todo el aceite de nuestros frutos, que las raíces lleven un río de aceite bajo la tierra, hasta sus heridas!

—Amanece. ¡Han emblanquecido todos nuestros follajes!

Motifs of the Passion

The Olives

When the crowd had moved away, disappearing into the night, the olive trees spoke among themselves.

"We ourselves saw Him enter the Garden."

"I lifted up a branch so He wouldn't be scratched."

"I leaned toward Him so that He'd touch me."

"We all watched Him with one single, shaken glance."

"When He spoke to the disciples, I, the one nearest Him, realized all the sweetness of the human voice! His intonation ran through my trunk like a thread of honey . . ."

"We joined all our leaves, webbing them together, when the angel came down with the chalice, so that He would not drink it."

"And when He hurried off, the grief from His lip pierced the leaves and rose as high as the treetops. Now no bird will ever break from our bitter leaves, more bitter now than the laurel's!"

"Our roots drank in the bloody sweat. They all drank it!"

"I let a leaf drop on Peter's face while he was sleeping. He hardly moved. Then I realized, my brothers, that men don't love, that even when they want to love they don't love well."

"When Judas kissed Him, He darkened the moon, so that we trees could not see the kiss."

"But my branch saw it, and my trunk is seared with a ring of shame."

"At that moment none of us would have wanted to have a soul!"

"We'd never seen Him before; only the lilies of the field saw Him pass. Why didn't He ever take an afternoon nap alongside us?"

"If we had ever seen Him before, now we too would want to die."

"Where has He gone? Where is He now?"

"A soldier said they would crucify Him tomorrow on the hill."

"Maybe in His agony He'll see us, when His head is bent over; maybe He'll look for the valley where He loved and embrace us in His broad gaze."

"Maybe He bears many wounds. Maybe during these hours He'll be covered with wounds, like one of us."

"Tomorrow they'll bring Him down to the valley to bury Him."

"May all the oil of our fruits flow lower, may the roots bring an underground river of oil to His wounds!"

"It's dawning now. All of our leaves have turned pale."

———

El beso

La noche del Huerto, Judas durmió unos momentos, y soñó, soñó con Jesús, porque sólo se sueña con los que se ama o con los que se mata.

Y Jesús le dijo:

—¿Por qué me besaste? Pudiste, clavándome con tu espada, señalarme. Mi sangre estaba pronta, como una copa, para tus labios; mi corazón no rehusaba morir. Yo esperaba que asomara tu rostro entre las ramas.

¿Por qué me besaste? La madre no querrá besar a su hijo, porque tú lo has hecho, y todo lo que se besa, por amor, en la tierra, los follajes y los soles, rehusarán la caricia ensombrecida. ¿Cómo podré borrar tu beso de la luz, para que no se empañen o caigan los lirios de esta primavera? ¡He aquí que has pecado contra la confianza del mundo!

¿Por qué me besaste? Ya los que mataron con garfios y cuchillas se lavaron: ya son puros. Antes había la hoguera; pero no había el beso.

¿Cómo vivirás ahora? Porque el árbol muda la corteza con llagas; pero tú, para dar otro beso, no tendrás otros labios, y si besases a tu madre, encanecerá a tu contacto, como blanquearon de estupor, al comprender, los olivos que te miraron.

Judas, Judas, ¿quién te enseñó ese beso?

—La prostituta, respondió ahogadamente, y sus miembros se anegaban en un sudor que era también de sangre, y mordía su boca para desprendérsela, como el árbol su corteza gangrenada.

Y sobre la calavera de Judas, los labios quedaron, perduraron sin caer, entreabiertos, prolongando el beso. Una piedra echó su madre sobre ellos, para juntarlos; el gusano los mordió para desgranarlos; la lluvia los empapó en vano para podrirlos. Besan, ¡siguen besando aún bajo la tierra!

The Kiss

On the night of the Garden of Olives, Judas slept for a few moments and dreamed, dreamed of Jesus, because one dreams only of those one loves or of those one kills.

And Jesus said to him:

"Why did you kiss me? You could have scored me with your sword, to mark me. My blood was ready, like a goblet, for your lips; my heart did not resist death. I was waiting for your face to appear among the branches.

"Why did you kiss me? No mother will want to kiss her son, because of what you've done, and now anything that kisses for love on the earth, the leaves or the sunshine, will resist the shadowy caress. How will I be able to erase that kiss from the light, so that it doesn't overpower the lilies of this springtime? Behold: you have sinned against the world's trust!

"Why did you kiss me? The murderers are already wiping off their gaffs and knives; they're already clean. There were bonfires before, but no kiss.

"How can you live now? For the tree's bark adapts to its wounds, but you'll have no other lips to kiss with; if you kissed your mother, she'd turn gray at your touch, as the olive trees that watched you turned white with shock, when they understood.

"Judas, Judas, who taught you that kiss?"

"The prostitute," he answered chokingly, and his limbs were drowned in a sweat that was also of blood, and he gnawed at his own mouth to tear it away, like a tree with a gangrenous bark.

On the skull of Judas the lips remained; they stayed there without dropping off, partially opened, prolonging the kiss. His mother laid a stone on them to try to close them; the worm chewed through them to shred them; the rain soaked them through in vain to make them rot. In vain. They keep on kissing, even under the ground!

Poemas del hogar

A Celmira Zúñiga

1. La lámpara

¡Bendita sea mi lámpara! No me humilla, como la llamarada del sol, y tiene un mirar humanizado de pura suavidad, de pura dulcedumbre.

Arde en medio de mi cuarto: es su alma. Su apagado reflejo hace brillar apenas mis lágrimas, y no las veo correr por mi pecho . . .

Según el sueño que está en mi corazón, mudo su cabezuela de cristal. Para mi oración, le doy una lumbre azul, y mi cuarto se hace como la hondura del valle —ahora que no elevo mi plegaria desde el fondo de los valles. Para la tristeza, tiene un cristal violeta, y hace a las cosas padecer conmigo.

Más sabe ella de mi vida que los pechos en que he descansado. Está viva de haber tocado tantas noches mi corazón. Tiene el suave ardor de mi herida íntima, que ya no abrasa, que para durar se hizo suavísima . . .

Tal vez, al caer la noche, los muertos sin mirada vienen a buscarla en los ojos de las lámparas. ¿Quién será este muerto que está mirándome con tan callada dulzura?

Si fuese humana, se fatigaría antes de mi pena, o bien, enardecida de solicitud, querría aún estar conmigo cuando la misericordia del sueño llega. Ella es, pues, la Perfecta.

Desde afuera no se adivina, y mis enemigos que pasan me creen sola. A todas mis posesiones, tan pequeñas como ésta, tan divinas como ésta, voy dando una claridad imperceptible, para defenderlas de los robadores de dichas.

Basta lo que alumbra su halo de resplandor. Caben en él la cara de mi madre y el libro abierto. ¡Que me dejen solamente lo que baña esta lámpara; de todo lo demás pueden desposeerme!

Yo pido a Dios que en esta noche no falte a ningún triste una lámpara suave que amortigüe el brillo de sus lágrimas!

Poems of the Home

To Celmira Zúñiga

1. The Lamp

Blessed be my lamp! It doesn't humble me, as the sun's rays do, and it has a humanized face, one of pure softness, of pure sweetness.

It burns in the middle of my room: it's its spirit. Its faint shine makes my tears glow, barely, and I can hardly see them flow down my bosom . . .

Depending on the dream that's in my heart, I shade its glass hood. For prayer, I give it a blue shade, and my room becomes like the depths of the valley —now that I don't lift my prayer book there. For sadness, it has a violet glass, which makes everything seem sympathetic.

It knows more of my life than do the bosoms where I've rested my head. It is alive from so many nights of touching my heart. It still keeps the soft heat of my most intimate pains, which no longer burns, and in order to continue has made itself very soft . . .

Maybe, at nightfall, the sightless dead come to watch, through the eyes of the lamps. Who could it be, this dead person who watches me so sweetly?

If it were human, it would grow tired under the weight of my woe, or, warmed with solicitude, it would want to stay with me when merciful sleep arrives: it is, therefore, the one who is Perfect.

From the outside it is invisible, and as they pass, my enemies think I am alone. To all my possessions, small as they are, divine as they are, I offer an imperceptible clarity, to defend them from robbers who steal one's happiness.

What glows in its radiant halo is enough for me. My mother's face and my open book fit within it. Leave me only what is bathed in the light of this lamp; you can take everything else from me!

I pray to God that through this night no sad person is left without a gentle lamp to soften the glint of his tears.

———

2. El brasero

¡Brasero de pedrerías, ilusión para el pobre! ¡Mirándote, tenemos las piedras preciosas!

Voy gozándote a lo largo de la noche los grados del ardor: primero es la brasa, desnuda como una herida; después, una veladura de ceniza que te da el color de las rosas menos ardientes; y al acabar la noche, una blancura leve y suavísima que te amortaja.

Mientras ardías, se me iban encendiendo los sueños o los recuerdos, y con la lentitud de tu brasa, iban después velándose, muriéndose . . .

Eres la intimidad: sin ti existe la casa, pero no sentimos el *hogar*.

97

Tú me enseñaste que lo que arde congrega a los seres en torno de su llama, y mirándote, cuando niña, pensé volver así mi corazón. E hice en torno mío el corro de los niños.

Las manos de los míos se juntan sobre tus brasas. Aunque la vida nos esparza, nos hemos de acordar de esta red de las manos, tejida en torno tuyo.

Para gozarte mejor, te dejo descubierto; no consiento que cubran tu rescoldo maravilloso.

Te dieron una aureola de bronce, y ella te ennoblece, ensanchando el resplandor.

Mis abuelas quemaron en ti las buenas yerbas que ahuyentan a los espíritus malignos, y yo también, para que te acuerdes de ellas, suelo espolvorearte las yerbas fragantes, que crepitan en tu rescoldo como besos.

Mirándote, viejo brasero del hogar, voy diciendo: —Que todos los pobres te enciendan en esta noche, para que sus manos tristes se junten sobre ti con amor!

2. *The Hearth*

Stone-built hearth, illusion of the poor! Looking at you, we have precious stones!

All night long, fervently, I enjoy you: first comes the coal, naked as a wound; then a veil of ashes, giving you the color of a tiny glowing rose; and as the night ends, a soft whiteness embraces you.

While you burned, my memories or my dreams began to kindle, and as your coals slow down, they'd begin to dim, and then to die down . . .

Intimacy is what you are: without you the house exists, but it doesn't feel like a *home*.

You showed me that what burns gathers beings around its flame; when I was a little girl, gazing at you, I resolved to turn my own heart into that. And I did, in turn, make my own into a circle of children.

The hands of my children join above your coals. Even though the world scatters us, we need to remember this web of hands, gathered around you.

To enjoy you better, I leave you uncovered; I don't allow your marvelous embers to be covered up.

They gave you a bronze aureole, and it ennobles you, showing off your splendor.

My grandmothers burned in you good herbs that dispel bad spirits, and in order for you to remember them, I do too, sprinkling fragrant herbs that linger in your embers like kisses.

Looking at you, old hearth of the home, I'm here to say: "May all the poor enkindle you tonight, so that their sad hands can join above you in love!"

———

3. *El cántaro de greda*

¡Cántaro de greda, moreno como mi mejilla, tan fácil que eres a mi sed!

Mejor que tú es el labio de la fuente, abierto en la quebrada; pero está lejos y en esta noche de verano no puedo ir hacia él.

Yo te colmo cada mañana lentamente. El agua canta primero al caer; cuando queda en silencio, la beso sobre la boca temblorosa, pagando su merced.

Eres gracioso y fuerte, cántaro moreno. Te pareces al pecho de una campesina que me amamantó, cuando rendí el seno de mi madre. Y me acuerdo de ella mirándote, y te palpo con ternura los contornos.

¿Tú ves mis labios secos? Son labios que trajeron muchas sedes: la de Dios, la de la Belleza, la del Amor. Ninguna de estas cosas fué como tú, sencilla y dócil, y las tres siguen blanqueando mis labios.

Como te amo, no pongo nunca a tu lado una copa; bebo en tu mismo labio, sosteniéndote con el brazo curvado. Si en tu silencio sueñas con un abrazo, te doy la ilusión de que lo tienes . . .

¿Sientes mi ternura?

En el verano pongo debajo de ti una arenilla dorada y húmeda, para que no te tajee el calor, y una vez te cubrí tiernamente una quebrajadura con barro fresco.

Fuí torpe para muchas faenas, pero siempre he querido ser *la dulce dueña*, la que coge las cosas con temblor de dulzura, por si entendieran, por si padecieran como ella . . .

Mañana, cuando vaya al campo, cortaré las yerbas buenas para traértelas y sumergirlas en tu agua. Sentirás el campo en el olor de mis manos.

Cántaro de greda: eres más bueno para mí que los que dijeron ser buenos.

¡Yo quiero que todos los pobres tengan, como yo, en esta siesta ardiente, un cántaro fresco para sus labios con amargura!

99

3. Clay Pitcher

Clay pitcher, brown as my cheek, you ease my thirst so!

The lip of the stream that spills in the ravine is better than you, but it's far away, and in this summer night, I can't go to it.

Each morning I fill you, slowly, to the brim. First the water sings as it falls; when it goes silent, I press my lips in a kiss above the trembling mouth, paying it back. You are graceful and strong, brown pitcher. You look like the bosom of the country girl who nursed me when I left my mother's breast. Looking at you, I remember her, and I touch your contours tenderly.

You see my dry lips? They are lips that have tasted many thirsts: for God, for Beauty, for Love. But none of these thirsts were like you, simple and docile; all three dried out my lips.

How I care for you: I never set a cup beside you; I drink from your very lip, supporting you with my curved arm. If in your silence you dream of an embrace, I give you the illusion of having one . . .

Do you feel my tenderness?

In the summer I put damp golden sand beneath you, so that the heat won't bother you, and once I patched a crack in you, tenderly, with fresh mud.

I failed in many things, but I always aspired to be a gentle mistress, one who sets things in order with a tremulous sweetness, so you might understand, so you might sympathize with her . . .

Tomorrow, when I go to the fields, I will pick good herbs to bring to you and soak them in your water. You will feel the field in the scent from my hands.

Clay pitcher: you are better to me than those who promised to be good.

I want all the poor people to have, as I do, in this burning siesta, a pitcher of fresh water for their bitter lips!

Prosa escolar/Cuentos escolares

POR QUÉ LAS CAÑAS SON HUECAS

A don Max. Salas Marchant

I

Al mundo apacible de las plantas también llegó un día la revolución social. Dícese que los caudillos fueron aquí las cañas vanidosas. Maestros de rebeldes, el viento hizo la propaganda, y en poco tiempo más no se habló de otra cosa en los centros vegetales. Los bosques venerables fraternizaron con los jardincillos locos en la aventura de luchar por la igualdad.

Pero, ¿qué igualdad? ¿De consistencia en la madera, de bondades en el fruto, de derecho a la buena aqua?

No; la igualdad de altura, simplemente. Levantar la cabeza a uniforme elevación, he ahí el ideal. El maíz no pensó en hacerse fuerte como el roble, sino en mecer a la altura misma de él sus espiguillas velludas. La rosa no se afanaba por ser útil como el caucho, sino por llegar a la copa altísima de éste y hacerla una almohada donde echar a dormir sus flores.

¡Vanidad, vanidad, vanidad! Delirio de ser grande, aunque siéndolo contra Natura, se caricaturizaran los modelos. En vano algunas flores cuerdas — las violetas medrosas y los chatos nenúfares— hablaron de la *ley divina* y de soberbia loca. Sus voces sonaron a chochez.

Un poeta viejo, con las barbas como Nilos, condenó el proyecto en nombre de la belleza, y dijo sabias cosas acerca de la uniformidad, odiosa en todos los órdenes. La belleza, esta vez como siempre, fué lo de menos.

II

¿Cómo lo consiguieron? Cuentan de extraños influjos. Los genios de la tierra soplaron bajo las plantas su vitalidad monstruosa, y fué así como se hizo el feo milagro.

El mundo de las gramas y de los arbustos subió una noche muchas decenas de metros, como obedeciendo a un llamado imperioso de los astros.

Al día siguiente, los campesinos se desmayaron —saliendo de sus ranchos— ante el trébol, alto como una catedral, y los trigales hechos selvas de oro!

Era para enloquecer. Los animales rugían de espanto, perdidos en la oscuridad de los herbazales. Los pájaros piaban desesperadamente, encaramados sus nidos en atalayas inauditas. No podían bajar en busca de las semillas. ¡Ya no había suelo dorado de sol ni humilde tapiz de yerba!

Los pastores se detuvieron con sus ganados frente a los potreros; los vellones blancos se negaban a penetrar en esa cosa compacta y oscura, en que desaparecían por completo.

Entre tanto, las cañas victoriosas reían, azotando las hojas bullangueras contra la misma copa azul de los eucaliptus . . .

III

Dícese que un mes transcurrió así. Luego vino la decadencia.

Y fué de este modo.

Las violetas, que gustan de la sombra, con las testas moradas a pleno sol, se secaron.

—No importa —apresuráronse a decir las cañas—; eran una fruslería.

(Pero en el país de las almas se hizo duelo por ellas.)

Las azucenas, estirando el tallo hasta treinta metros, se quebraron. Las copas de mármol, cayeron cortadas a cercén, como cabezas de reinas.

Las cañas arguyeron lo mismo. (Pero las Gracias corrieron por el bosque, plañendo lastimeras.)

Los limoneros, a esas alturas, perdieron todas sus flores, por las violencias del viento libre. ¡Adiós, cosecha!

—¡No importa —rezaron de nuevo las cañas—; eran tan ácidos los frutos!

El trébol se chamuscó, enroscándose los tallos como hilachas al fuego.

Las espigas se inclinaron, no ya con dulce laxitud; cayeron sobre el suelo en toda su extravagante longitud, como rieles inertes.

Las patatas por vigorizar en los tallos, dieron los tubérculos raquíticos: no eran más que pepitas de manzana . . .

Ya las cañas no reían; estaban graves.

Ninguna flor de arbusto ni de yerba se fecundó; los insectos no podían llegar a ellas, sin achicharrarse las alitas.

Demás está decir que no hubo para los hombres pan ni fruto, ni forraje para las bestias. Hubo, eso sí, hambre; hubo dolor en la tierra.

En tal estado de cosas, sólo los grandes árboles quedaron incólumes, de pie y fuertes como siempre. Porque ellos no habían pecado.

Las cañas, por fin, cayeron, las últimas, señalando el desastre total de la teoría niveladora. Cayeron, podridas las raíces por la humedad excesiva que la red de follaje no dejó secar.

Pudo verse entonces que, de macizas que eran antes de la empresa, se habían vuelto huecas. Se estiraron devorando leguas hacia arriba; pero hicieron el vacío en la médula y eran ahora cosa irrisoria, como los marionetes y las figurillas de goma.

Nadie tuvo, ante la evidencia, argucias para defender la teoría, de la cual no se ha hablado más, en miles de años.

Natura —generosa siempre— reparó las averías en seis meses, haciendo renacer normales las plantas locas.

El poeta de las barbas como Nilos, vino después de larga ausencia, y, regocijado, cantó la era nueva:

"Así bien, mis amadas. Bella la violeta por minúscula y el limonero por la figura gentil. Bello todo como Dios lo hizo: el roble roble y la cebada frágil."

La tierra fue nuevamente buena; engordó ganados y alimentó gentes.

Pero las cañas-caudillos quedaron para siempre con su estigma: huecas, huecas . . .

Scholarly Prose/Stories for Schools

WHY BAMBOO CANES ARE HOLLOW

To don Max. Salas Marchant

I

One day, an era of social revolution came also to the placid world of plants. Legend has it that the vain cane plants were the ringleaders. The wind, leader of the rebels, stirred up propaganda, and soon no other topic was discussed in the gardens. The oldest trees fraternized with the wild little garden plants in this adventure, the struggle for equality.

But what kind of equality? Of consistent texture in the wood, of the bounty of the fruit, of rights to good water?

No: simply an equality of height. Lifting each head to a uniform level: that was the ideal. The corn did not aspire to be as strong as the oak, but to sway its downy grains at the same height as the oak. The rose did not strive to make itself useful like the rubber tree, but to reach its highest tip and make its pillow there, putting its flowers to bed.

Vanity, vanity, vanity! Delusions of grandeur: even though they were going against nature, they parodied its models. In vain some saner flowers, bashful violets and flat water lilies, spoke about *divine law* and about over-weening pride. Their voices sounded out-of-date.

An old poet, with whiskers as long as the Nile, condemned the project in the name of beauty. He spoke with sound judgment about uniformity, about how hateful it is to all orders. This time, as always, beauty was the least important thing.

II

How did they accomplish it? There are legends about strange influences. The genius of the earth breathed a monstrous vitality under the plants, and so the ugly miracle occurred.

Overnight the world of lawns and garden bushes climbed up dozens of meters, as if obeying an imperial order from the stars.

The next day, as they came out of their shacks, farmers fainted when they saw clover tall as a cathedral and wheat fields become golden forests!

Madness! The animals roared in fright, lost in the jungular darkness. The birds squawked desperately, their nests high up in the inaccessible shrubs. The birds couldn't come down in search of seeds: there was no golden floor of sunshine, no low carpet of weeds!

The shepherds with their flocks paused before the pasture. The white sheep refused to enter that obscure dense thing, where they would completely disappear.

Meanwhile, the triumphant canes were laughing, lashing their leaves noisily against the high blue tips of the eucalyptus . . .

III

Legend has it that this went on for a month. Then came the deluge.

Here's how it happened.

The violets, who love the shade, dried up, their purple faces exposed to the sun.

"That's no big deal," the canes hastened to say. "They were a trifle."

(But in the land of souls a wake was held for them.)

The white lilies, stretching up their stems thirty meters high, broke. Their marmoreal cups dropped as if lopped, like the heads of queens.

The canes repeated what they'd said before. (But the three Graces ran through the forest, grieving piteously.)

The lemon trees, at that height, lost all their flowers because of the fierce free wind. Say good-bye to that harvest!

"No matter!" the canes snarled again. "The fruits were sour anyhow!"

The cloverleaf was scorched, its stalks curling like rags on fire.

The stalks of the wheat toppled over, losing their sweet laxness; they fell to the ground in all their extravagant longitude, like stationary rails.

Trying to invigorate their stalks, the potatoes produced very thin tubers, no bigger than apple seeds.

The canes weren't laughing any more; they turned somber.

Not one flower of bush or weed bloomed; the insects couldn't reach them without singeing their tiny wings.

Suffice it to say there was neither bread nor fruit for humankind, nor pasture for the animals. In plain fact, there was famine. There was suffering on the earth.

In this state of things, only the huge trees remained untouched, standing as strong as ever; they had done nothing wrong.

At last, the canes fell, signaling the total disaster of the leveling theory. They fell when their roots rotted away from all the moisture that the net of leaves had not allowed to dry.

It was evident, then, that despite all their strength before their project, they had turned hollow. Stretching upward, they had swallowed miles, but they'd emptied out their marrow. Now they were ludicrous, like puppets or gumby dolls.

In the face of the evidence, no one had arguments to defend the theory, about which no one has spoken again, not for thousands of years.

Within six months, Nature, always generous, repaired the damage, making the crazed plants normal again.

The poet with a beard like the Nile returned after a long absence, and, rejoicing, he serenaded the new era:

"Yes, yes, my dears. The violet is lovely because of its tininess, and the lemon tree for its slender form. Everything is beautiful as God made it: the strong-oak strong, and the barley-stalk delicate."

The earth was good again: the cattle fattened, and the people were fed.

But the leader-canes kept their stigma forever: hollow, hollow . . .

POR QUÉ LAS ROSAS TIENEN ESPINAS

Ha pasado con las rosas lo que con muchas otras plantas, que en un principio fueron plebeyas por su excesivo número y por los sitios donde se las colocara.

Nadie creyera que las rosas, hoy princesas atildadas de follaje, hayan sido hechas para embellecer los caminos.

Y fue así, sin embargo.

Había andado Dios por la Tierra disfrazado de romero todo un caluroso día, y al volver al cielo se le oyó decir:

—¡Son muy desolados esos caminos de la pobre Tierra! El sol los castiga y he visto por ellos viajeros que enloquecían de fiebre y cabezas de bestias agobiadas. Se quejaban las bestias en su ingrato lenguaje y los hombres blasfemaban. ¡Además, qué feos son con sus tapias terrosas y desmoronadas!

Y los caminos son sagrados, porque unen a los pueblos remotos y porque el hombre va por ellos, en el afán de la vida, henchido de esperanzas, si mercader; con el alma extasiada, si peregrino.

Bueno será que hagamos tolderías frescas para esos senderos y visiones hermosas: sombra y motivos de alegría.

E hizo los sauces que bendicen con sus brazos inclinados; los álamos larguísimos, que proyectan sombra hasta muy lejos, y las rosas de guías trepadoras, gala de las pardas murallas.

Eran los rosales, por aquel tiempo, pomposos y abarcadores; el cultivo, y la reproducción, repetida hasta lo infinito, han atrofiado la antigua exuberancia.

Y los mercaderes, y los peregrinos, sonrieron cuando los álamos, como un desfile de vírgines, los miraron pasar, y cuando sacudieron el polvo de sus sandalias bajo los frescos sauces.

Su sonrisa fué emoción, al descubrir el tapiz verde de las murallas, regado de manchas rojas, blancas y amarillas, que eran gasa viva, carne perfumada. Las bestias mismas relincharon de placer. Eleváronse de los caminos, rompiendo la paz del campo, cantos de un extraño misticismo, por el prodigio.

Pero sucedió que el hombre, esta vez como siempre, abusó de las cosas puestas para su alegría y confiadas a su amor.

La altura defendió a los álamos; las ramas lacias del sauce, no tenían atractivo; en cambio, las rosas sí que lo tenían, olorosas como un frasco oriental e indefensas como una niña en la montaña.

Al mes de vida en los caminos, los rosales estaban bárbaramente mutilados y con tres o cuatro rosas heridas.

Las rosas eran mujeres, y no callaron su martirio. La queja fué llevada al Señor. Así hablaron temblando de ira y más rojas que su hermana, la amapola.

—Ingratos son los hombres, Señor; no merecen tus gracias. De tus manos salimos hace poco tiempo, íntegras y bellas; henos ya mutiladas y míseras.

Quisimos ser gratas al hombre y para ello realizábamos prodigios: abríamos la corola ampliamente, para dar más aroma; fatigábamos los tallos, a fuerza de chuparles savia, para estar fresquísimas. Nuestra belleza nos fué fatal.

Pasó un pastor. Nos inclinamos para ver los copos redondos que le seguían. Dijo el truhán:

"Parecen un arrebol, y saludan, doblándose, como las reinas de los cuentos."

Y nos arrancó dos gemelas con un gran tallo.

Tras él venía un labriego. Abrió los ojos asombrado, gritando:

"¡Prodigio! La tapia se ha vestido de percal multicolor, ni más ni menos que una vieja alegre!"

Y luego:

"Para la añuca y su muñeca."

Y sacó seis, de una sola guía, arrastrando la rama entera.

Pasó un viejo peregrino. Miraba de extraño modo: frente y ojos parecían dar luz.

Exclamó:

"¡Alabado sea Dios en sus criaturas cándidas! ¡Señor, para ir glorificándote en ella!"

Y se llevó nuestra más bella hermana.

Pasó un pilluelo.

"¡Qué comodidad! —dijo—. ¡Flores en el caminito mismo!"

Y se alejó con una brazada, cantando por el sendero.

Señor, la vida así no es posible. En días más, las tapias quederán como antes: nosotras habremos desaparecido.

—¿Y qué queréis?

—¡Defensa! Los hombres escudan sus huertas con púas de espino y zarzas. Algo así puedes realizar en nosotras.

Sonrió con tristeza el buen Dios, porque había querido hacer la belleza fácil y benévola, y repuso:

—¡Sea! Veo que en muchas cosas tendré que hacer lo mismo. Los hombres me harán poner en mis hechuras hostilidad y daño, ya que abusan de las criaturas dulces.

En los rosales se hincharon las cortezas y fueron formándose levantamientos agudos: las espinas.

Y el hombre, injusto siempre, ha dicho después que Dios va borrando la bondad de su creación.

WHY ROSES HAVE THORNS

What happened to other plants happened also to the roses. In the beginning, they were common because there were so many of them, and because of where they grew.

Nobody today would believe that roses, now lofty princesses adorned in leaves, were once made simply to beautify the roadside.

Nevertheless, that's how it was.

God, dressed as a pilgrim, had been walking on the earth one very hot day. When He returned to heaven, He was heard to say:

"Those roads on the poor earth are truly desolate! The sun punishes them, and I have seen travelers on the roads crazed by fever, and the faces of exhausted beasts. The animals protested in their thankless language, and the human beings blasphemed. Furthermore, the roads are so ugly, with their dirty, crumbling walls of mud!

"Yet the roads are holy, because they connect remote towns and because humans travel on them through life's struggle, filled with hope, if a merchant, or with ecstatic soulfulness, if a pilgrim.

"It would be good if We made cool shelters along those trails and beautiful sights: shade and reasons for gladness."

So He created the willows that bless with their long bending arms; the lanky poplars, which cast such long shadows; and the roses with climbing canes, the pride of the shady walls.

At that time, the rosebushes were showy and vigorous. Since then, cultivation and the infinite repetition of blossoming have diminished their old exuberance.

The merchants and the pilgrims smiled when the poplars, like a parade of virgins, watched them pass and when they shook the dust off their sandals under the fresh willows.

They smiled with feeling when they saw the green carpet of the walls, sprinkled with red, white, and yellow daubs, like rich cloth or perfumed flesh. The animals themselves whinnied for joy. They lifted up off the roads, disrupting the peace of the countryside, singing in a strange and mystical wonderment at the phenomenon.

But it happened that humankind, as always, abused the things that had been given for its joy and entrusted to its love.

The poplars were protected by their height. The drooping branches of the willows offered no attractions. But by contrast, the rose surely did, fragrant as an oriental flask and helpless as a girl in the mountains.

After a month of life along the roads, the roses were barbarously mangled, with three or four rosebushes hurt.

The roses were female, and so they didn't keep their martyrdom a secret. They took their complaint to the Lord. Trembling with anger and redder than their sister the poppy, they said:

"Humans are ungrateful, Lord; they don't deserve Your grace. Not long ago we bloomed, whole and beautiful, from Your hands. Now here we are, mutilated and miserable.

"We wanted to be gracious to humans, and so we displayed our wonders for them: we opened our faces widely, to offer more fragrance; we exhausted the strength of our very stalks, drinking up more sap, to stay fresh. Our beauty was fatal for us.

"A shepherd passed by. We bent over to see the little bales of wool that followed him. And he, the scoundrel, said:

"'They look like a cloud. Yet they bend down in greeting, like storybook queens.'

"And he yanked away a pair with a great long stem.

"After him came a laborer. He opened his eyes in amazement, crying:

"'Wonderful! The mud wall has dressed itself in multicolored calico, like a happy old lady!'

"And then he said:

"'For the grand lady and her little doll too.'

"And saying this, he hacked off six, all from the same cane, dragging away the whole branch.

"An old traveler passed by. He watched us strangely; his forehead and eyes seemed to give off a light.

"He exclaimed:

"'Blessed be God in His ingenious creatures! Lord, I glorify You through this!'

"And he carried off our prettiest sister.

"An urchin passed by.

"'What a comfort!' he said. 'Flowers right here by the road!'

"And singing along the road, he left with an armful.

"Lord, life like this is impossible. In a few more days, the walls will be as they were before: we will have disappeared."

"What is it you want?"

"Protection! Humans surround their orchards with bristling brambles and thickets. You could make something like that for us."

The good Lord smiled sadly, because He had wanted to make beauty easy and benevolent, and He replied:

"So be it! I see that in many other matters I will have to do the same thing. Humankind will make me instill hostility and harmfulness in my creations, because they abuse gentle creatures."

On the rosebush the bark swelled, beginning to form into sharp projections: thorns.

And humans, unjust as always, claim that it is God who goes about undoing the goodness of His own creation.

LA RAÍZ DEL ROSAL

Bajo la tierra como sobre ella, hay una vida, un conjunto de seres, que trabajan y luchan, que aman y odian.

Viven allí los gusanos más oscuros, y son como cordones negros; las raíces de las plantas, y los hilos de agua subterráneos, prolongados como un lino palpitador.

Dicen que hay otros aún: los gnomos, no más altos que una vara de nardo, barbudos y regocijados.

He aquí lo que hablaron cierto día al encontrarse, un hilo de agua y una raíz de rosal:

—Vecina raíz, nunca vieron mis ojos nada tan feo como tú. Cualquiera diría que un mono plantó su larga cola en la tierra y se fué dejándola. Parece que quisiste ser una lombriz, pero no alcanzaste su movimiento en curvas graciosas, y sólo le has aprendido a beberme mi leche azul. Cuando paso tocándote, me la reduces a la mitad. Feísima, dime, ¿qué haces con ella?

Y la raíz humilde respondió:

—Verdad, hermano hilo de agua, que debo aparecer ingrata a tus ojos. El contacto largo con la tierra me ha hecho parda, y la labor excesiva me ha deformado, como deforma los brazos al obrero. También yo soy una obrera; trabajo para la bella prolongación de mi cuerpo que mira al sol. Es a ella a quien envío la leche azul que te bebo; para mantenerla fresca, cuando tú te apartas, voy a buscar los jugos vitales lejos. Hermano hilo de agua, sacarás cualquier día tus platas al sol. Busca entonces la criatura de belleza que soy bajo la luz.

El hilo de agua, incrédulo, pero prudente, calló, resignado a la espera.

Cuando su cuerpo palpitador, ya más crecido, salió a la luz, su primer cuidado fué buscar aquella prolongación de que la raíz hablara.

Y ¡oh Dios! lo que sus ojos vieron.

Primavera reinaba, espléndida, y en el sitio mismo en que la raíz se hundía, una forma rosada, graciosa, engalanaba la tierra.

Se fatigaban las ramas con una carga de cabecitas rosadas, que hacían el aire aromoso y lleno de secreto encanto.

Y el arroyo se fué, meditando por la pradera en flor:

—¡Oh, Dios! ¡Cómo lo que abajo era hilacha áspera y parda, se torna arriba seda rosada! ¡Oh, Dios! ¡Cómo hay fealdades que son prolongaciones de belleza! . . .

THE ROOT OF THE ROSEBUSH

There's a life below the earth, just as there's life on the surface: beings gathered there who work and struggle, love and hate.

That's where the darkest worms live, like black ropes, and the roots of plants, and subterranean threads of water, stretched out like a trembling line.

It's rumored there are others, too: gnomes no taller than a twig of nard, thick-bearded and cheerful.

Here's what was said, one day, when a thread of water happened to meet the root of a rosebush:

"Neighbor root, my eyes have never seen anything uglier than you. Anyone would think that a monkey stuck its long tail in the ground and walked away from it. You look like you wanted to be an earthworm, except that you don't move in graceful lines as a worm does, and you've only learned to drink my blue milk. When I touch you in passing, you suck me half dry. Tell me, ugly root, what's the story with you?"

And the humble root answered:

"It's true, brother thread of water, that in your eyes I might seem to lack grace. Long contact with the earth has made me brown, and hard work has deformed me, just as it deforms the arms of a working man. And I am a kind of worker; I work for the beautiful continuation of my body that beholds the sun. The blue milk I drink from you, I send up to that continuation; to keep it fresh, when you leave, I go afar, searching for vital fluids. Brother thread of water, someday you will take your silver line up toward the sun. When you do, look for the beautiful creature I am up there in the light."

Incredulous but tactful, the thread of water kept silent, resigned to the wait.

And when its trembling body, swollen, rose up to the light, its first concern was to look for that extension that the root had talked about.

And, oh Lord! what met its eyes.

Spring was in full force, resplendent, and there, exactly where the root was buried, was a roseate form, full of grace, an adornment for the earth.

Its branches strained to lift a cargo of roseate sprays, which made the air fragrant and full of a mysterious delight.

And the little stream went off, considering the flowering field:

"Oh, God! How raggedy, rough, and brown that one is below, that turns itself into a silken rose! Oh, God! How such ugly things are continuations of beauty! . . ."

EL CARDO

A don Rafael Díaz

Una vez un lirio de jardín (de jardín de rico) preguntaba a las demás flores por Cristo. Su dueño, pasando, lo había nombrado al alabar su flor recién abierta.

Una rosa de Sarón, de viva púrpura, contestó:

—No le conozco. Tal vez sea un rústico, pues yo he visto a todos los príncipes.

—Tampoco lo he visto nunca —agregó un jazmín menudo y fragrante —y ningún espíritu delicado deja de aspirar mis pequeñas flores.

—Tampoco yo —añadió todavía la camelia fría e impasible.— Será un patán: yo he estado en el pecho de los hombres y las mujeres hermosas . . .

Replicó el lirio:

—No se me parecería si lo fuera, y mi dueño lo ha recordado al mirarme, esta mañana.

Entonces la violeta dijo:

—Uno de nosotros hay que sin duda lo ha visto: es nuestro pobre hermano el cardo. Vive a la orilla del camino y conoce a cuantos pasan, y a todos saluda con su cabeza cubierta de ceniza. Aunque humillado por el polvo, es dulce, como que da una flor de mi matiz.

—Has dicho una verdad —contestó el lirio.— Sin duda, el cardo conoce a Cristo; pero te has equivocado al llamarlo nuestro. Tiene espinas y es feo como un malhechor. Lo es también, pues se queda con la lana de los corderillos, cuando pasan los rebaños.

Pero, dulcificando hipócritamente la voz, gritó, vuelto al camino:

—Hermano cardo, pobrecito hermano nuestro, el lirio te pregunta si conoces a Cristo.

Y vino en el viento la voz, cansada y como rota, del cardo:

—Sí; ha pasado por este camino y le he tocado los vestidos, yo, un triste cardo!

—¿Y es verdad que se me parece?

—Sólo un poco, y cuando la luna te pone dolor. Tú levantas demasiado la cabeza. El la lleva un poco inclinada; pero su manto es albo como tu copo y eres harto feliz de parecértele. ¡Nadie lo comparará nunca con el cardo polvoroso!

—Di, cardo, ¿cómo son sus ojos?

El cardo abrió en otra planta una flor azul.

—¿Cómo es su pecho?

El cardo abrió una flor roja.

—Así va su pecho —dijo.

—Es un color demasiado crudo —dijo el lirio.

—¿Y qué lleva en las sienes por guirnalda, cuando es la primavera?

El cardo elevó sus espinas.

—Es una horrible guirnalda —dijo la camelia.— Se le perdonan a la rosa sus pequeñas espinas; pero esas son como las del cactus, el erizado cactus de las laderas.

—¿Y ama Cristo? —prosiguió el lirio, turbado.— ¿Cómo es su amor?

—Así ama Cristo —dijo el cardo echando a volar las plumillas de su corola muerta hacia todos los vientos.

—A pesar de todo —dijo el lirio— querría conocerle. ¿Cómo podría ser, hermano cardo?

—Para mirarlo pasar, para recibir su mirada, haceos cardo del camino —respondió éste.— El va siempre por las sendas, sin reposo. Al pasar me ha dicho: "Bendito seas tú, porque floreces entre el polvo y alegras la mirada febril del caminante." Ni por tu perfume se detendrá en el jardín del rico, porque va oteando en el viento otro aroma: el aroma de las heridas de los hombres.

PERO, NI EL LIRIO, AL QUE LLAMARON SU HERMANO; NI LA ROSA DE SARÓN, QUE EL CORTÓ DE NIÑO, POR LAS COLINAS; NI LA MADRESELVA TRENZADA, QUISIERON HACERSE CARDO DEL CAMINO; Y, COMO LOS PRÍNCIPES Y LAS MUJERES MUNDANAS QUE REHUSARON SEGUIRLE POR LAS LLANURAS QUEMADAS, SE QUEDARON SIN CONOCER A CRISTO.

THE THISTLE

To don Rafael Díaz

Once upon a time, a lily in a garden (a rich man's garden) was asking the other flowers about Christ. Its owner, passing by, had mentioned Him while admiring its newly opened bloom.

A rose of Sharon, of rich purple, answered:

"I don't know Him. Perhaps He is a peasant. After all, I've had a good look at all the nobility."

"I've never seen Him either," responded a small, fragrant jasmine, "and not a single person of sensibility passes by me without smelling my little flowers."

"Nor I," added the cold, impassive camellia. "Maybe He's a country rube. You know, I have ridden on the lapels of all the beautiful people."

The lily replied:

"He wouldn't look at all like me if that's what He were, and yet only this morning my master recalled Him while looking at me."

Then the violet said:

"There *is* one of us who has definitely seen Him: our poor brother the thistle. He lives on the edge of the road, knows all who pass by, and salutes them with his head, which is covered in ash. Even if he's humbled by the dust, he is sweet; his flowers bloom in the same color as me."

"True enough," answered the lily. "No doubt the thistle does know Christ. But you are wrong to call him one of us. The thistle has thorns, and he's ugly as a thief. He *is* a thief, for that matter: he snags the wool of the lambs as the flocks pass by."

But sweetening his voice hypocritically, the lily called, turning toward the road:

"Brother thistle, poor brother of ours, the lily wants to know if you are acquainted with Christ."

And the tired, seemingly broken voice of the thistle returned on the wind:

"Yes; He has walked along this road, and I have kissed His garments — I, a poor thistle!"

"And is it true that He resembles me?"

"Only a little, and only when the moon paints a kind of pain on you. You carry your head too loftily. He keeps His somewhat bowed, but His cloak is pure white, like the cup of your petals: you are fortunate to look like Him. No one would ever liken Him to a dusty thistle!"

"Tell me, thistle, what are His eyes like?"

The thistle made a tiny blue flower on another plant open.

"What is His breast like?"

The thistle opened a red flower.

"That's what His breast is like," the thistle said.

"That color really is rather crude," remarked the lily.

"And what does He wear on His head for a crown, in the springtime?" The thistle lifted his thorns.

"That's a terrible crown," said the camellia. "The rose's little thorns are forgivable, but those are like the thorns on a cactus, the spiny cactus of the hillside."

"And does Christ love?" continued the lily, somewhat embarrassed. "What is His love like?"

"Christ's love is like this," said the thistle, flicking the thistledown of his withered corolla to fly along the winds.

"Even so," said the lily, "I would like to meet Him. How could we make that happen, brother thistle?"

"To see Him pass, to feel His glance, make yourself a thistle of the roadside," the thistle responded. "He always walks along the paths, without rest. While He was passing, He told me: 'Bless you, because you blossom in the dust and you gladden the restless eyes of the traveler.' He will not stop in the rich man's garden, not even for your perfume, because as He goes He sniffs a different scent, the scent of human hurt."

But neither the lily, whom they called their brother, nor the rose of Sharon, which He had gathered as a child among the hills, nor the braided honeysuckle wanted to become a thistle of the roadside. Like the princes and the worldly women who refused to follow Him across the burning plains, they remained as they were, not knowing Christ.

LA CHARCA

Era una charca pequeña, toda pútrida. Cuanto cayó en ella se hizo impuro: las hojas del árbol próximo, las plumillas de un nido, hasta los vermes del fondo, más negros que los de otras pozas. En los bordes, ni una brizna verde.

El árbol vecino y unas grandes piedras la rodeaban de tal modo, que el sol no la miró nunca ni ella supo de él en su vida.

Mas, un buen día, como levantaran una fábrica en los alrededores, vinieron obreros en busca de las grandes piedras.

Fué eso en un crepúsculo. Al día siguiente, el primer rayo cayó sobre la copa del árbol y se deslizó hacia la charca.

Hundió el rayo en ella su dedo de oro, y el agua, negra como un betún, se aclaró: fué rosada, fué violeta, tuvo todos los colores: ¡un ópalo maravilloso!

Primero, un asombro, casi un estupor, al traspasarla la flecha luminosa; luego, un placer desconocido mirándose transfigurada; después . . . el éxtasis, la callada adoración de la presencia divina descendida hacia ella.

Los vermes del fondo se habían enloquecido en un principio por el trastorno de su morada; ahora estaban quietos, perfectamente sumidos en la contemplación de la placa áurea que tenían por cielo.

Así, la mañana, el medio día, la tarde. El árbol vecino, el nido del árbol, el dueño del nido, sintieron el estremecimiento de aquel acto de redención que se realizaba junto a ellos. La fisonomía gloriosa de la charca se les antojaba una cosa insólita.

Y al descender el sol, vieron una cosa más insólita aún.

La caricia cálida fué, durante todo el día, absorbiendo el agua impura lenta, insensiblemente. Con el último rayo, subió la última gota. El hueco gredoso quedó abierto, como la órbita de un gran ojo vaciado.

Cuando el árbol y el pájaro vieron correr por el cielo una nube flexible y algodonosa, nunca hubieran creído que esa gala del aire fuera su camarada, la charca de vientre impuro.

. . . .

Para las demás charcas de aquí abajo, ¿no hay obreros providenciales que quiten las piedras ocultadoras del sol?

THE PUDDLE

There once was a little puddle that was completely putrid. Anything that fell into it got dirtied: leaves from the neighboring tree, fluff from a nest, even the worms at the bottom were blacker than the worms in other puddles. Around its edges, not a single green stem.

The nearby tree and some large stones encircled it, so that the sun never saw it, nor did the puddle even know the sun existed.

But one fine day, when construction began on a factory nearby, workers came searching for large stones.

It was already sundown when that happened. The next day, the first ray of sun dropped through the boles of the trees and kept falling, into the puddle . . .

The golden finger of the sunshine sank in, and the water, which had been as black as tar, began to clear: it turned first pink, then violet, then all colors: an astonishing opal!

First, a wonderment, almost an amazement, as the luminous arrow pierced it; then, a strange pleasure at seeing itself transformed; and then . . . the bliss, the speechless adoration of a divine presence, descending toward it.

At first the worms at the bottom were wild about this change in their place. Then they went quiet, perfectly suspended as they watched the golden sheet that was now their sky.

So the morning passed, the afternoon, the evening. The neighboring tree, the nest inside it, the bird in the nest, all felt the shock of that act of redemption that had played out before them. The glorified face of the pool made them feel they were in the presence of something extraordinary.

And as the sun went down, they saw something even more extraordinary.

All day, the sun's warm caress had slowly, imperceptibly, been absorbed by the dirty water. With the last ray, the last drop of water was gone, too. The muddy hole stood empty, like the socket of a great vacant eye.

When the tree and the bird saw a lithe, cottony cloud pass across the sky, they'd never have guessed that this charm in the air could be their neighbor, the little puddle with the dirty belly.

. . . .

As for the other little puddles down below here, are there no workers sent by Providence to move away the stones blocking the sun from them?

III.

Lyrical Biographies

Canto a San Francisco

I. *La madre*

Hay que empezar como en el Evangelio del otro Divino Pobrecillo, con la alabanza tuya, madre de Francisco, María italiana.

Fuíste tú, Madona Pica, la que cuajó en sus entrañas este grumo tan suave que se llamó Francisco de Asís.

Venías de Provenza y bajaste al Valle de la Umbría. En la mocedad te batieron sus robustos vientos y caminaste entre los olivares y las viñas muy bíblicas de tu país. Llevarías un cántaro al hombro como estas mujeres que yo miro bajar del lago, y a las cuales da el ánfora que roza la mejilla, la forma de algunas flores de corola bipartida. Por el contraste de su rudeza con tu gracia, se posaron en ti los ojos de aquel rudísimo Pedro Bernardone.

Nosotros nos conformamos con besar arrodillados su polvo; pero tú dichosa le tuviste acostado en tu pecho miles de noches; tú le pusiste la rica sangre que en su corazón se hizo tremenda caridad; muchas líneas de su cuerpo serían tuyas y puede llamársete por esto "Copa de Dios"; tú le enseñaste a hablar; y de ti, no del Bernardone, le vine ese dejo de dulzura que le reunía los pájaros en torno, como si sus palabras fueran alpiste y cáñamo dorados.

Y tú le hiciste jugar: redondeabas el montoncito de arena rubia que él desbarataba y volvía a hacer. Así le enseñabas formas y formas, y le hacías el ojo amador de la gracia. Su deseo de cantar fué cosa que le vino también de las canciones en que le anegabas cuando le tenías en tus rodillas, mujer dichosa, buena para dar un hijo cantador, una lengua de alegría al mundo triste.

Tú, cristiana, le deslizaste, en los siete años dóciles de la infancia, a tu Cristo, como una gota de miel imperceptible, por los oídos, y se lo hiciste tan familiar como el pliegue de tu cuello . . .

Y su humanidad, su embriaguez de humanidades, ¿no le vendría de mirarte hacer los trabajos de la casa, el lavado de tus pies, el barrido de tu comedor, buena esposa de mercader, que nada de esto desdeñarías?

Yo te alabo tu falta de arrebatos, cuando te llevaron los hipócritas, para irritarte, la alarma de la mocedad tan ardiente de tu Francisco. Les oías con calma y sonreías solamente diciendo que con el tiempo se habría de volver un buen hijo del Señor.

Y vino el día pero trayéndote, pobre Madona Pica, otra tribulación más. Porque tu Francisco dejó caer de sus manos, de repente, todos los regalos de la vida, hasta su misma ternura, y se puso por los caminos a pordiosear.

Las comadres asombradas te llevaron el nuevo escándalo, sin alterar tu larga dulzura.

Te han agradecido los valles esas manos tan amantes que diste para regar tu campo; los pájaros, la lengua con canción nueva que pusiste en el viento, y los pobres te agradecerán siempre al Vendador, todo él una amorosa venda para el mundo herido.

Ahora estás en el cielo, al lado de María y cerca de la madre de San Julián, el hospitalario, y sonreirás con una eterna sonrisa.

Song to Saint Francis

The Mother

As we do in the Gospel of the other divine Poor One, we should begin by praising you, Francis's mother, Maria of Italy.

Devout Madonna, you were the one whose womb made flesh this little swelling lump, so soft, who was to be called Francis of Assisi.

You'd come from Provence and traveled down into the valleys of Umbria. In youth, the gusty winds of your country had drummed at you; you'd walked through its biblical olive grove and vineyards. You'd carry a pitcher on your shoulders, like those women I watch descending from the lake, an amphora rubbing against their cheeks, shaped like flowers with double corollas. Because of the contrast of your grace with his coarseness, that coarse man, Pietro Bernardone, gazed at you.

We go down on our knees, genuflecting to kiss the saint's dust, but you, happy woman, had him lying at your breast thousands of nights; you filled him with the rich blood that in his heart became a tremendous charity; many of the lines of his body came, perhaps, from yours. (You could therefore be called "God's Chalice.") You taught him to speak, and from you, not from Bernardone, came that sweet accent in him, which gathered the birds around him, as if his words were birdseed and golden hemp.

You'd help him play; you'd round off the mound of blond sand that he'd flatten and build again. In this way you taught him forms in their various shapings, and you developed in him an eye that loved gracefulness. His desire to sing was something that came from you as well, from the songs with which you surrounded him when you had him on your knee, happy woman, able to give to a singing child a joyous tongue for a sorrowful world.

In the seven gentle years of his childhood, Christian woman, you guided him toward your Christ, like an imperceptible drop of honey through the ears, and you made your Christ as familiar to him as the creases in your neck . . .

And his humanity, his rapture for the human, wouldn't it have come from his watching you do the household chores, washing your feet, sweeping your dining room, good merchant's wife who wouldn't be too proud to do any of this?

I admire your equanimity when the hypocrites, annoyingly, tried to frighten you about young Francis's warm, youthful escapades. You'd hear them out calmly and then you'd smile, saying only that with time he would surely become a good son of the Lord.

And that day came, devout Madonna, but it brought you another trial: your Francis suddenly abandoned all of life's gifts, even his own sensibility, and set out to beg on the streets.

Shocked, the neighborhood women brought you this new scandal, though even it didn't disturb your deep sweetness.

The valleys have thanked you for those hands you provided, so very loving, which freshened the countryside; the birds thank you for that tongue with its new song, which you sent into the wind; and the poor will always thank you for the Healer, for Francis has been a loving bandage for a wounded world.

Now you are in heaven, next to Mary and near the mother of Saint Julian, patron saint of hospitality, and you'll smile with an eternal smile.

II. El cuerpo

¿Cómo sería el cuerpo de San Francisco?

Dicen que de fino parecía que pudiera dispersarlo el viento. Echaba poca sombra: la sombra es como una soberbia de las cosas, esa del árbol que pinta el césped, o esa mujer que pasa empañando un instante la fuente. Apenas cruzaba él por los caminos; más se le sentía la presencia que se le veía la forma.

Era pequeñito . . . Como cruza un cabrilleo por el agua, echaba sombra el Pobrecillo.

Ligeros los brazos, tanto que los costados no se los sentían caídos; la cabeza, como cabezuela de estambre dentro de la flor, tenía una mecedura llena de gracia; las piernas leves por el pasar siempre sobre las hierbas sin doblarlas, y angosto pecho, aunque fuese tan ancho para el amor (el amor es esencia y no agua que requiere grandes vasos). Y la espalda . . . también era estrecha por humildad, para que se pensase en una cruz pequeñita, menor que la otra.

Tenía enjutos de arder los costados. La carne de su juventud se había ido junto con los pecados de ella.

Tal vez le crepitaba el cuerpecillo como crepitan de ardor los cactos áridos.

La felicidad humana es una cosa de gravidez, y no la quiso; el dolor es otra espesura que rinde, y lo huía. Lo ingrávido es ese gozo de las criaturas que quiso llevar siempre.

Solía rendir el mundo ligero como una corola. Y él, posado en sus bordes, no quería pesarle más que la abeja libadora.

¿Quién canta mejor en los valles cuando pasa el tiempo? Los gruesos oídos dicen que es el río que quiebra coplas entre sus cascajos; otros dicen que es una mujer que adelgaza el grito en su garganta de carne.

Pero el que canta mejor es el carricillo vaciado, donde no hay entrañas en que la voz se enrede. Y ese carricillo que se erguía en el valle eras tú, menudo Francisco, tú que apenas rayaste al mundo con una sombrita delgada.

II. *The Body*

What would it be like, the body of Saint Francis?

They say it was so fine it seemed as if the wind could scatter him. He cast little shadow. Shadows are like the pride within things, as when the trees paint the lawn, or when a woman passing by darkens the fountain for a moment. His shadow barely crossed the roads; more than seeing its form, one felt its presence.

He was tiny . . . the little Poor One cast a shadow the way a whitecap crosses the water.

His arms were light, so light that his sides didn't feel them when they'd drop; his head nodded gracefully, like the stamen in a flower; his legs were so slight they passed across the grasses without bending them; his chest was narrow, though it was wide enough for love (love is an essence, not a water that needs huge vessels). And his back . . . it too was narrow, from humility, so that it made you think of a little cross, smaller than that other one.

His flanks were lean from ardor. He'd given up the flesh of his youth along with its sins.

Maybe his diminutive body was crackling in its own heat, as a cactus crackles in the desert heat.

Human happiness is a weighty thing; he rejected it. Sorrow, too, is heavy and crushing; he fled from that. What he found weightless was the joy of the creatures; he wanted to bear that forever.

The world offered itself, light as a corolla. Poised at its edge, he wanted to weigh no more than a hovering bee.

Who or what sings best in the valley as time passes? Those who have thick ears think it would be the river, grinding out songs in its gravel; others say it would be a woman, when a slim cry slips out through her throat of flesh.

But it's the hollow reed that sings the best. It has nothing inside to entangle the voice. The reed that stood upright in the valley was you, slender Francis, who hardly even marked the world with a slim shadow.

———

III. *La voz*

¡Cómo hablaría San Francisco! ¡Quien oyera sus palabras goteando como un fruto de dulzura! ¡Quien las oyera cuando el aire está lleno de resonancias secas, como un cardo muerto! Esa voz de Francisco hacía volverse el paisaje hacia él, como un semblante; apresuraba de amor la savia en los árboles y hacía aflojar de dulzura su abollonado a la rosa.

Era un canto quedo, como el que tiene el agua cuando corre bajo la arenita menuda. Y cantaba Francisco sus canciones con ese acento amortiguado por la humildad. (Cantar es tener un estremecimiento, más que una palabra en voz.)

El hablar de San Francisco se deslizaba invisible, por los oídos de los hombres. Y se hacía en sus entrañas como un puñado de flores suavísimas. No entendían los hombres aquella suavidad extraña que nacía en ellos. Ignoran que las palabras son como guirnaldas invisibles que se descuelgan hacia las entrañas.

Hasta era mayor que el de las manos ese milagro de la voz.

Francisco no tocaba a veces el pecho de los leprosos. Les hablaba con sus manos cogidas, y el aliento era el verdadero aceite que resbalaba, aliviando la llaga.

Y se hizo Francisco boca de canciones, para ser boca de suma bondad, boca perfecta. No quiso buscar al Señor con gemidos en la sombra, como Pascal. Lo buscó en el latido de sus canciones gozosas, semejantes al latido vivo de polvo dorado que hay en un rayo de sol.

—¿Cuál es la mayor dulzura que has alcanzado allá abajo?— solían preguntar los ángeles al Señor?

Y el Señor les respondía:

—No son los panales los que vencen: son los labios siempre muy henchidos de mi siervo Francisco cantador.

III. *The Voice*

How would Saint Francis have spoken? Imagine, there were those who would have heard his words, dripping ripe as sweet fruit! Those who would have heard them when the air was full of dry echoes, like a withered thistle! Francis's voice made the landscape turn toward him, like a face: with love, his voice quickened the sap in the trees and unloosed the bruised sweetness of the rose.

It was a gentle song, like that of water when it runs under the slim sand. And Francis would sing his songs with that accent muted by humility. (To sing is to tremble, more than it is to raise the voice.)

Saint Francis's speech would slip invisibly into people's ears. Once deep inside them, it would become like a handful of the sweetest flowers. People didn't understand the strange gentleness that was born in them. They'd try to ignore those invisible words, suspended inside them like invisible garlands.

This miracle of the voice was even greater than that of the hands.

Sometimes Francis wouldn't touch the bodies of the lepers. He'd speak to them with his hands folded; his breath was the true ointment, anointing, easing the sore.

And Francis became the mouth of songs, the mouthpiece of goodness, perfect mouth. He didn't want to look for God by moaning in the shadow, like Pascal. He searched for him in the pulsations of his glad songs, like the pulsing of the golden dust in a ray of light.

The angels used to ask the Lord, "What is the sweetest thing You have achieved, down below there?"

And the Lord would answer:

"The prize wouldn't go to the honeycomb, but to the lips of my servant Francis, singing, always full of sweetness."

IV. *Los ojos*

Y ¿cómo serían los ojos de San Francisco? Estaban como la hondura de la flor, mojados siempre de ternura.

Habían recogido las suavidades que tienen algunos cielos; el fondo de ellos estaba mullido de amor.

Le costaba cerrarlos sobre el campo cuando anochecía, después de haber besado el mundo con la mirada desde la primera mañana.

A veces no le dejaban caminar: se prendían en un remanso o en una rama florida, como el hijo al pecho materno.

Le dolían de tiernos, le dolían de amor . . .

IV. *The Eyes*

And what would the eyes of Saint Francis be like? They were like the recesses of the flower, always moist with gentleness.

They'd have gathered the delicacy that some skies have; their depths were completely soft with love.

It pained him to close his eyes over the countryside when night fell, after he'd kissed the world with his gaze from early in the morning.

Sometimes when he'd walk they wouldn't let him continue: they'd linger on a pool or on a cluster of flowers, like a child at the mother's breast.

They ached with tenderness, they ached with love . . .

———

V. *Los cabellos*

Los cabellos de San Francisco no eran más que un vientecillo en las sienes.

La madre cuaja al niño con todas sus emociones. Le endurece la armazoncilla del cuerpo con su tremenda voluntad de amor; le hace las carnes blandas con su ternura, los cabellos se los hace con ensueño. Cuando la madre de Francisco rezaba, iba jugando con el vello dorado de su cabecita. Así se le hacía la oración más delicada y ligera.

Cuando Francisco fué mozo y las mujeres le amaron, sus cabellos no las tentaban.

No eran duros y quemados con esa ensortijadura italiana que se parece a la de las hierbas más tercas y que está llena de energía. No eran tampoco rojizos para cuajarse en una llama en torno del cuello, haciendo como visible el sol rojo de las llanuras italianas. Eran de aquel dorado imperceptible del césped que se seca antes de madurar y que parecía el anuncio de aquella dulzura que ya venía subiéndole a su corazón.

v. *The Hair*

The hair of Saint Francis was no more than a little breeze at his temples.

The mother nurtures the child with all her feelings. The little skeleton of its body grows strong through her tremendous loving will; through her tenderness she makes its flesh soft; her reverie makes its hair. When Francis's mother would pray, she'd play with the golden down on his little head. In this way she made her prayer more delicate, lighter.

When Francis was young and women loved him, it wasn't his hair that tempted them.

His hair was not thick and charcoal colored with that Italian curliness that looks like stubborn grass and is full of vitality. Nor was it reddish in a blaze around his neck, recalling the red sun on the Italian plains. It was that imperceptible gold of grass that dries before it grows tall; it seemed like a sign of that sweetness that was already coming, arising from his heart.

———

vi. *La convalecencia*

Tu vida nueva empieza en una convalecencia, Francisco. Una enfermedad muda tu alma y te hace caer el pasado como una corteza seca.

Yo recuerdo, leyendo esta noticia a la que tu biógrafo da poca importancia, que es fino estado de alma el del convaleciente ¡y muy rico de ternura!

La sangre se ha desprendido de su grosura y se parece más a una brisa que fuese por las venas. Está el alma fácil para el vuelo como las hojas de largo peciolo que se mecen mejor en el aire. El alma sutiliza su presencia y la carne se deja olvidar.

Los ojos, Francisco, se han ensanchado, la frente se pone como más espaciosa y más blanca.

Somos tan delicados que oímos el caer de una rosa; estamos tan enternecidos que un perfume insignificante nos embriaga como un montón de espesas gardenias.

Con la fuerza se nos ha ido la crueldad, Francisco. No somos bruscos; reímos y lloramos con una finura exquisita en el extremo de los labios. Somos un poco angélicos, menos hombres, y por eso muy dulces.

vi. *Convalescence*

Your new life begins in a convalescence, Francis. An illness transforms your soul and makes the past drop from you like a dry shell.

Reading this information that your biographer downplays, I remember what a fine state of the soul convalescence is, how rich in tenderness!

The blood loses its sluggishness and seems more like a light breeze running through the veins. The soul is ready for its flight, like the leaves of a long stalk that sway more freely in the air. The soul makes itself finer, and the flesh lets itself be forgotten.

The eyes grow wider, Francis, the forehead more spacious and fair.

We are so delicate we hear the nodding of a rose; we are so quickened that some insignificant scent intoxicates us like a mountain of thick gardenias.

As strength disappears, cruelty leaves us, Francis. We are not short-tempered; we laugh and cry with an exquisite delicacy at the corners of our mouths. We are a little angelic, a little less human, and because of that, very sweet.

------

vii. *El elogio*

Francisco, no querías alabar a los hombres, porque es Uno sólo el dueño de toda alabanza. A las cosas, sí, las alababas; ellas no se engríen. ¿Cuándo el lirio tiene un estremecimiento si se dice su blancura? Nosotros, sí . . . El elogio nos hace grato cosquilleo en los oídos; el pecho se nos hincha feamente.

Muchos alabamos en cambio, nosotros, tanto, que parecemos cambiadores de cuentas de colores, trocando alabanza por alabanza. Por eso andamos lento en la perfección. Si el lirio, a cada pétalo que echa esperase el elogio, tardaría en echar el otro pétalo; si el agua cantarina esperase que la oyesen, se quedaría parada en la vertiente.

Cuando nos hacemos una mancha de impureza, la ocultamos con un ademán rápido; pero en cuanto nos nace una puntilla de virtud la levantamos, esperando la sonrisa del que pasa . . .

En vez del hambre nuestra de alabanzas, tú tenías un hambre de humi-
llaciones que llegaba a parecer frenesí, mi Pobrecillo. Si un día te amanecía el
alma luminosa, como una pradera con rocío, llamabas atribulado a un fraile
menor y le pedías que te humillase diciéndote una letanía de miserias.

Nosotros decimos hasta en nuestras oraciones que las estrellas del cielo
alumbran para nuestros pobres ojos de gusanillos.

Somos débiles, Francisco, como la caña que necesita el viento para oírse.
Tú, el pequeño Francisco, eras fuerte, porque no necesitabas, al cantar, oír tus
cantos, rondando por los cerros en un collar de flores.

VII. *Praise*

Francis, you didn't want to praise human beings, because it is proper to offer
homage only to the One. To things, Yes: you praised things, because they
don't become vain. Does the lily tremble if her whiteness is mentioned? We
do . . . The praise makes a pleasant tingle in our ears; our chests swell,
repulsively . . .

We flatter many others in reciprocation, so much that we seem like
colored-bead merchants bartering praise for praise. That's why real excellence
comes to us so slowly. If the lily paused for praise as it grew each petal, it
would never grow other petals at all; if the lilting water waited to be heard,
it would lie still in the fountain.

When we stain ourselves with something impure, we hide it quickly. But
as soon as a point of virtue is born in us, we hoist it up, waiting for the smile
of someone passing by . . .

Instead of our hunger for praise, you had a hunger for humiliations, my
little Poor One, that came on like a frenzy. If one day a luminous state of
mind dawned in you as in a dewy meadow, you'd plaintively call a minor friar
and ask him to teach you humility by reciting a litany of griefs.

Even in our prayers, we claim that the stars of the sky light up for our
poor wretched eyes.

We are weak, Francis, like the reed that needs the wind in order to hear
itself. You, little Francis, you were strong, because as you sang you did not
need to hear your songs circling through the hills in a necklace of flowers.

VIII. *Nombrar las cosas*

Tú, Francisco, tenías el don de seleccionar y el don de elogio. Tú amaste aquellas cosas que son las mejores. Caminando por la tierra, todo lo conociste; pero elegías las criaturas más bellas. Y además, del don del largo amor, que es el más rico de cuanto podemos recibir, te fué dada la gracia de nombrarlas donosamente.

Amaste el agua como Teresa, tu muy sutil hermana; el sol y el fuego, y el pardo surco de la tierra, tres bellezas diferentes que sólo son hermanas por ser cada una perfecta.

El agua es mística como el cristal; se hace olvidar en la fuente clara y las guijas; las vegetaciones del mundo miran el cielo, las nubes, y las mujeres que pasan, a través de la humildísima que se vuelve inexistente. El agua es una especie de San Francisco del mundo: es una alegría en su levedad.

Hace la loquilla una garganta de la piedra que la rompe y se pone a cantar con ella. Es ágil, tiene esa virtud que es elegancia en la pesada materia. Y en su delgadez va más viva que los animales toscos. Donde cobra reposo se hace mirada, una profunda mirada.

Al sol lo gozaste bien por tu angosto cuerpo. Te traspasaba como a las hojas delgadas, lo hallabas muy tierno después de la larga humedad de la gruta, era un poco excesivo; pero como el exceso del vino generoso, en tus jornadas largas por los pueblos de la Umbría, te parecía salutífero, secando las llagas descubiertas de los leprosos, y niño cuando hace en el agua lentejitas de oro . . .

Te gusta sentir el fuego encendido, lo mismo que el de tu pecho. Las pequeñas llamas triscadoras que parecían niños saltando en una ronda de frenesí . . .

Y como a pocos amantes te fué dado el "saber nombrar", con precioso nombre, a las criaturas. Tu adjetivo es maravilloso, Francisco: llamas robusto al fuego, humilde y casta al agua.

Las criaturas te amaban, no sólo por tu santidad, Francisco, sino porque gustabas de que las nombraras justamente, sin abundancia de mimos, pero sin mezquindad.

Hábil tú para muchas cosas: para acomodar a un llagado en un banquito, sin que sintiese su padre, y para decirles a las cosas lo que son, dándoles alegrías con la palabra bien ajustada.

Otros santos no eran así, Francisco; descuidaban o desdeñaban su lenguaje con sus hermanos inferiores, cuidando sólo el del Señor. También era esto parte de tu elegancia, de tu noble espíritu. Ni conversando con los surcos del campo te pudieron ver burlado, mi Pobrecillo.

Has de enseñarme esto también, Francisco, que es otra forma profunda de dulzura.

VIII. *Naming Things*

Francis, you had the gifts of selection and of praise. You loved the most worthy things. Walking on the earth, you came to know everything, but you honored creatures as the loveliest of all. And besides the gift of this broad love, the richest of any we could receive, you had the gift of naming things generously.

Like your very subtle sister Teresa, you loved the water, the sun and the fire, and the brown furrow of soil: three different beauties who are sisters exactly because each one is perfect.

The water is mystical like crystal; in the clear fountain and among the pebbles, it manages to forget itself; the world's flora look up at the sky, the clouds and the women who pass by through that most humble one, who vanishes. Water is a version of St. Francis for the world: it's a joy in its lightness.

The wild little stream carves a throat into the rock that breaks it, making it break into song. It is agile, with that quality that lends elegance to dense matter. And in its slenderness it passes more quickly than the rough beasts. Wherever it comes to rest it becomes a kind of gaze, a deep gaze.

Your narrow body enjoyed the sun. It passed through you as it does the slender leaves; you found it gentle after the long humidity of the caves. It was a little excessive, but like the excess of generous wine in your long journeys though the towns of Umbria, it seemed salutary to you, drying the exposed wounds of the lepers, and it seemed childlike, making little beads of gold in the water . . .

You liked to feel the lighted fire, like the one in your breast. The small roaring flames that looked like children dancing in a frenetic circle . . .

And like a few lovers, you were also given the "gift of naming," a knowledge of how to name creatures with accuracy. It's wonderful, Francis, how you use adjectives: you call the fire "robust," the water "humble" and "chaste."

Creatures loved you, Francis, not only for your saintliness but because you liked to name them, accurately, without fussiness and without reductiveness.

You were good at many things: at making a sick man on a pallet comfortable, without seeming paternalistic; at telling things what they are, using the well-chosen word to give joy.

Other saints were not like that, Francis; they ignored or belittled the language they shared with their lesser brothers, caring only for the language used to speak to the Lord. This also was part of your elegance, your noble spirit. You didn't seem diminished, my little Poor One, even when you were conversing with the furrows in the soil.

May you teach me this, too, Francis; it is another profound form of sweetness.

IX. *El vaso*

Tú estabas, Francisco, haciendo un vaso con un pedacito de leño. Como habías mirado tanto la forma de las flores, y el mundo, que es también una copa, ibas haciendo el vaso con mucha hermosura. ¡Qué dedos tan ágiles los tuyos, Frailecillo, y qué corte tan espontáneo sobre la madera fresca! Pero era la hora de los rezos y la embriaguez de la faena feliz te hizo seguir labrando a la par que rezabas, y la oración te caía un poco descuidada de los labios, mi Pobrecillo. El vaso te sorbía la mirada; la mano se te pegaba con ardor al cuenco que iba haciéndose más y más hermoso. Entonces, al llegar a una palabra tan grande del Salmo, fué como que despertaras. Te diste cuenta de que la voz era desflecada y tibia en la alabanza. Sentiste que el demonio estaba haciéndote guiños desde tu propia obra, tentándote, y arrojaste tu vaso en la llama más próxima.

¡Qué hermoso hubiera sido conservar la huella de tus dedos en ese leño, donde tal vez hallaste una hoja de lirio o de acacia! Los que hemos venido después, amándote siglo tras siglo, habríamos bebido el agua de las vertientes de Asís en ese cuenco, que le habría puesto como el sabor de tu mismo corazón. Era un vaso ligero hecho de una rama no más, y lo alzaríamos como a tu cuerpo. Estaría pulido y abrillantado de nuestros besos innumerables. Los talladores tendrían su patrono: "Francisco el tallador"; y los que no saben ver la gracia en tus himnos, la habrían visto, cuajada, en el costado de ese vaso. Pero lo echaste al fuego, Pobrecillo, porque tuviste miedo de que se apoderara de tu alma el demonio de la belleza.

Hiciste bien, Francisco, porque el Señor te había puesto a hinchar solamente el vaso de tu plegaria, que era perfecto, y en ese vaso se debían bañar de gracias millones de almas.

E hiciste bien en hacerlo desaparecer rápidamente de tu vista. La belleza de tu obra, Francisco, coge como un pulpo a su creador, lo aprieta con enamoramiento a su copa o a su verso. Y los hombres tienen muchos vasos que poner a su mesa, pero el Señor está sin alabanza cuando sube la mañana o baja la noche.

IX. *The Vessel*

You were carving a vessel, Francis, from a little piece of wood. Since you had so closely observed the shapes of the flowers, and of the world, which is also a cup, you were making a very beautiful vessel. How supple those fingers of yours, Little Friar, and what an instinctive whittling of the fresh wood! But it was the time for prayer, and the bliss of that happy work made you keep carving while you prayed, the prayer falling a bit negligently from your lips, my little Poor One. The vessel absorbed your gaze; your hand knocked eagerly at the hollow shape as it grew more and more beautiful. Just then you came to a word from the Psalms, a word so great that it was as if you had just awakened. You noticed that your voice was threadbare and tepid in its praise. You sensed that the devil was distracting you, tempting you with your own work, and you threw your cup into the nearest fire.

How lovely it would have been to have saved your fingerprints on that wood, in which you might have found the leaf of a lily, perhaps, or of an acacia! Those of us who came later, loving you century after century: we would have drunk Assisi water from the hollow of that cup, which would have taken on the flavor of your very heart. It was a slight vessel, made of wood, that's all, and we would lift it up as we would your body. It would be polished and burnished with our innumerable kisses. Carvers would take "Saint Francis the Carver" as their patron saint, and those who don't know how to find grace in your hymns would have seen it infused in the side of that vessel. But you threw it into the fire, little Poor One, because you were afraid lest the demon of beauty take control of your soul.

You did the right thing, Francis, because the Lord had told you to own only the cup of your prayer, which was perfect, and in that cup, millions of souls would be bathed in grace.

You did the right thing when you made it disappear from your sight so quickly. The beauty of your work, Francis, would cling like an octopus to its creator, tightening its grip, falling in love with its vessel or its verse. People have many vessels to set on their tables, but the Lord is without praise when the morning dawns or the night falls.

———

x. *La muerte*

También sentiste la Muerte como una suavidad, Francisco. Al tocar tu cuerpo dócil todas las cosas tenían que serte suavidad.

¿Cómo te sentiste?

Se te iba acercando muy callada, con talones de silencio y blanda mirada. Se sentó frente a tus rodillas; notaste que te subía por ellas, no un frío, una pequeña frescura como de agua de piscina que asciende lenta. Te subió por los muslos descarnados, insensiblemente llegó al corazón, se derramó sobre él como una ola fresca, parándote el aliento. Te rodeó la garganta en una venda un poco apretada, y el murmullo de la oración se fué aterciopelando. Su harina delgada iba espolvoreándose en los ojos abiertos y te pareció que el hermano Sol bajaba al ocaso, aunque no caía bien la tarde, a esa hora.

Te extendió la mano siempre recogida por el hábito de la caricia y te la dejó abierta. Dejó caer poco a poco como muchas felpas espesas sobre los oídos, haciéndote lejanos los rezos de los frailes que estaban a tu lado. Te estiró los miembros que recogías en el lecho, por parecer tan pequeño como un niño. Te dió, por fin, lo que mucho habías anhelado: la pérdida de tu cuerpo, el cual se fué sumiendo en las aguas profundas de la inconsciencia. Y con un pequeño estremecimiento, te desprendió el alma, recogiéndola de la cabeza hasta la punta de los pies —como se recoge una llama que en un tronco arde horizontal— en una lengua alta que subió arrebatada.

Y así te fué la muerte amiga.

No pudo traicionarte: ninguna cosa desprendida de la mano de Dios sobre nuestras cabezas nos traiciona en este mundo, Francisco.

[*sections 1923, 1924/1951*]

x. *Death*

Even death came to you like a softness, Francis. Anything that touched your gentle body had to have been a softness to you.

How did you feel?

It was moving closer to you very quietly, with noiseless heels and a smooth gaze. It sat down before your knees; you noticed it rising through them, not a coldness but a little coolness, as of pond water slowly rising. It moved up through your lean thighs; imperceptibly it reached your heart and spilled over it like a cool wave, stopping your breath. It wound around your throat, binding it a bit tight, and the murmur of prayer left slowly, velvety. Its slender flour began to dust your open eyes, and it seemed to you that Brother Sun was setting, even though just then the afternoon was not quite over.

It reached your hand, always cupped from caressing, and left it open: it descended little by little like thick plush, entering your ears, removing you far from the prayers of the friars at your side. It stretched out the limbs that you'd curled up in your bed, where you seemed as small as a child. At last it offered you what you had so longed for: the loss of your body, which was sinking into the deep waters of unconsciousness. And with a little shudder, your soul unloosed, gathering from your head to the tips of your feet —as a flame forms and runs through a tree trunk— into a high tongue that rose, carried away.

And that is how death was your friend.

It could not betray you: not one thing that the hand of God spreads over our heads in this world betrays us, Francis.

Silueta de Sor Juana Inés de la Cruz

Nació en Nepantla; le recortaban el paisaje familiar los dos volcanes; le vertían su mañana y le prolongaban la última tarde. Pero es el Iztaccihuatl, de depurados perfiles, el que influye en su índole; no el Popocatépetl, basto para su ápice.

Dice Nervo que la atmósfera en ese pueblo es extraordinariamente clara. Bebía ella el aire fino de las tierras altas, que hace la sangre menos densa y la mirada más tímida, y que vuelve la respiración una leve embriaguez. Es el aire delgado, maravilloso, como la delgada agua de nieves.

Profile of Sor Juana Inés de la Cruz

She was born in Nepantla; the two volcanoes would carve the familiar landscape; morning would empty from them, and they would lengthen the late afternoon. But it is Iztaccihuatl, the mountain with the elegant profile, that influences her disposition; not Popocatépetl, except for its blunt summit.

Nervo[1] says the atmosphere in that town is extraordinarily clear. She would drink the fine air of the highlands, which thins the blood and turns the face shy, and gives a slight intoxication to the breath. It is thin air, miraculous, as delicate as sleet.

---

1. Amado Nervo (1870–1919), Mexican *modernista* poet and essayist.

Era de gran gracia

Esta luz de meseta le hizo aquellos sus grandes ojos rasgados para recoger el ancho horizonte. Y para ir en la atmósfera sutil, le fue dada esa esbeltez suya, que al caminar era como la reverberación fina de la luz solamente.

No tiene su pueblo la vaguedad de las nieblas vagabundas; asimismo, no hay vaguedad de ensueño en las pupilas de sus retratos. Ni eso, ni la anegadura de la emoción. Son ojos que han visto, en la claridad de su meseta, destacarse las criaturas y las cosas con contornos netos. El pensamiento, detrás de esos ojos, tendrá también una línea demasiado acusada.

Muy delicada la nariz y su sensualidad. La boca, ni triste ni dichosa: segura; la emoción no la turba en las comisuras ni en el centro.

Blanco, agudo y perfecto el óvalo del rostro, como la almendra desnuda; sobre su palidez debió ser muy rico el negro de los ojos y el de los cabellos.

El cuello delgado parecido al largo jazmín; por él no subía una sangre espesa: la respiración se sentía muy delicada a su través.

Los hombros, finos también, y la mano, sencillamente milagrosa. Podría haber quedado de ella sólo eso, y conoceríamos el cuerpo y el alma por la mano, gongorina como el verso... Es muy bella, caída sobre la oscura mesa de caoba. Los mamotretos sabios en que estudiaba, acostumbrados a tener sobre sí la diestra amarilla y rugosa de los viejos eruditos, debían sorprenderse con la frescura de agua de esta mano.

Debió ser un gozo verla caminar. Era alta, hasta parece que demasiado, y se recuerda el verso de Marquina:

... "la luz descansa largamente en ella".

She Was Very Graceful

This light of the plateau let her wide almond eyes take in the broad horizon. And to enter this subtle atmosphere, she was given that slenderness of hers, which when she walked was simply like a fine reverberation of the light.

Her town never feels the vagueness of wandering clouds; accordingly, in portraits of her there is no dreamy vagueness in the eyes. Neither that nor any inundating emotion. These are eyes that have seen, in the lucidity of that plateau, creatures and things with clear contours. Behind those eyes, the lines of the mind, similarly, will be clearly defined.

Her nose and her senses are very delicate. The mouth neither sad nor happy, but confident. Emotion does not disturb her mouth, neither on the convergent edges nor in the center.

The oval of her face is white, acute, and perfect, like a naked almond; above that paleness the black of her eyes and hair would feel very rich.

The slender neck is like a strand of jasmine. The blood that passes through that throat is not thick; through a throat like that, the breath would have felt delicate.

The shoulders, also elegant, and the hand, a simple miracle. If all that remained of her were that hand, as Gongoresque[2] as the poems, we would still recognize body and soul . . . The hand is very beautiful, resting across the dark mahogany table. The learned books she studied were accustomed to the yellowed fingers and wrinkled hands of elderly scholars; they must have been elated to feel this hand, with its fluid freshness.

It would have been a joy to watch her walk. She was tall, possibly even a little too tall. One recalls the poem by Marquina:[3]

". . . the light rests a long while on her."

———

Sed de conocer

Fue primero el niño prodigio que aprende a leer, a escondida, en unas cuantas semanas; y después, la joven desconcertante, de ingenio ágil como la misma luz, que dejaba embobados a los exquisitos comensales del virrey Mancera. ¡Pobre Juana! Tuvo que soportar ser el dorado entretenimiento del hastío docto de los letrados. Seguramente a ellas les interesaban menos sus conceptos que su belleza; pero allí estaba Juana, respondiendo a sus retorcidas galanterías. La donosa conversación de los salones era un plato más en ese banquete heterogéneo de la vida colonial: Inquisición, teatro devoto y aguda galantería. Juana debía divertir a los viejos retóricos, contestar sus fastidiosas misivas en verso y pasar, en las recepciones del virrey, del recitado de una ágil letrilla al zarandeo de la danza.

———

2. Adjective built from "Gongorism," after Luis de Góngora y Argote (1561–1627), Spanish Baroque poet whose intense, ornate, and elegant style was widely influential in Spain and Spanish America of the Golden Age.

3. Eduardo Marquina, Spanish poet and playwright (1879–1946). The line is from a love poem ("Visión") from 1909.

Más tarde, es la Monja sabia, casi única en aquel mundo ingenuo y un poco simple de los conventos de mujeres. Es extraña esa celda con los muros cubiertos de libros y la mesa poblada de globos terráqueos y aparatos para cálculos celestes.

No es verdad, en la gran monja gongorina, lo de la inspiración como ráfaga desmelenada de viento; no se puede hablar de la Musa exhalándole su ardiente jadeo sobre las sienes. Su Musa es la justeza, una exactitud que casi desconcierta; su Musa es el intelecto solo, sin la pasión. La pasión, o sea, el exceso, no asoma a su vida sino en una forma: el ansia de saber. Quiso ir a Dios por el conocimiento. No tuvo delante de lo creado el estupor, y tampoco el recogimiento, sino la delectación de gozarlo matiz a matiz y perfil a perfil. Del lucero tembloroso, ella quería saber. Su maravilla es que la ciencia no la llevara al racionalismo.

Tuvo, entre otras, esta característica de su raza: el sentido crítico, lleno de cordialidad a veces, pero implacablemente despierto.

Thirst for Knowledge

First she was the child prodigy who learned to read, in secret, in a few weeks; then the disconcerting girl, with a genius as supple as light itself, who amazed the elegant dinner guests of Viceroy Mancera. Poor Juana! She had to endure being the sparkling entertainment for people who essentially despised the literary. Clearly her ideas intrigued them less than her beauty did: but there was Juana, having to respond to their clumsy gallantries. The waggish conversation of the salons was just one more silver platter on the diverse banquet table of colonial life: the Inquisition, religious dramas, intense courtesy. Juana was expected to entertain the old rhetoricians, to write verses in response to their tedious communiqués, and, at the viceroy's receptions, to go from reciting witty disquisitions to strutting in some patterned dance.

Later she is the learned Nun, almost unique in that ingenuous and slightly naive world of the convent of women. Her cell seems strange, with its walls covered with books and its table crowded with globes of the earth and instruments of celestial measurement.

When considering this great and Gongoresque nun, it's not appropriate to speak of inspiration like a gust of wind, or of a Muse who exhales her warm breath across the writer's forehead. Juana's Muse is a rigor, a precision that is almost disconcerting; her Muse is the intellect alone, without passion. In her life, passion, that is, excess, manifests itself in only one mode: in the yearning for knowledge. She wanted to approach God through a heightened sense of consciousness. She didn't stand amazed in the presence of creation, nor stand in abstraction, failing to enjoy the shade as shade, the profile as profile. She wanted to learn even from the trembling twilight. The miracle of Juana is that science did not lead her toward rationalism.

Like others, she retains this characteristic of her race: the critical perspective, full of cordiality at times, but implacably awake.

———

Un aguijón bajo las tocas

Y otra característica más de sus gentes: la ironía. La tiene fina y hermosa como una pequeña llama, y juega con ella sobre los seres.

No hay que asombrarse demasiado de esta alianza de la ironía con el sayal; también la tuvo Santa Teresa; era su invisible escudo contra el mundo tan denso que se movía a su alrededor: monjas obtusas que solían recelar de la letrada y veían el cuerno del demonio asomado entre los libros de la formidable estantería. Se olvidaban de otras celdas ilustres: las de los dos Luises españoles. Pero en la abeja rubia y pequeña el aguijón se embellece, porque el mismo instrumento que punza fabrica la miel.

Tan impregnada está de la ironía Sor Juana, que de la conversación y las cartas la lleva hasta el verso. No es así en el rosal, donde la suavidad del pétalo está separada de la espina; la monja pone la espina en el centro de la rosa . . .

The Sting beneath the Wimple

And also another characteristic of her people: irony. She has it, refined and lovely like a little flame, and she plays it just above other people's heads.

One shouldn't be too surprised at this connection between irony and the nun's habit; Saint Teresa had it too. It was her invisible shield against a world so thick-headed that it shifted, fickle, around her; the more obtuse nuns used to envy the educated one, and would spy a devil's horns peeking out between the books on the formidable bookshelf. They would forget about other illustrious cells: those of the two Spanish Luises.[4] But in the small blond bee, the

———

4. (Fray) Luis de León, an Augustinian, and (Fray) Luis de Granada, a Dominican: both sixteenth-century Spanish ecclesiastics of the "Golden Age," and

sting can also beautify, because the same instrument that stings also produces honey.

Sor Juana is so suffused with irony that she turns even conversations and correspondence into poetry. That is unlike the rosebush, in which the softness of the petal is separated from the thorn; the nun sets the thorn in the middle of the rose . . .

———

Sor Juana, monja verdadera

Viene el último período. Un día la fatiga la astronomía, exprimidora vana de las constelaciones; la biología, rastreadora, minuciosa y defraudada de la vida, y aun la teología, a veces pariente ella misma, del racionalismo. Debió sentir, con el desengaño de la ciencia, un deseo violento de dejar desnudos los muros de su celda de la estantería erudita.

Quiere arrodillarse, en medio de aquélla, con el Kempis desolado por el único compañero y con la llama del amor por todo conocimiento.

Tiene entonces, como San Francisco, un deseo febril de humillaciones, y quiere hacer las labores humildes del convento, que tal vez ha rehusado muchos años: lavar los pisos de las celdas y curar la sucia enfermedad con sus manos maravillosas, que tal vez Cristo la mira con desamor. Y quiere más aun: busca el cilicio, conoce el frescor de la sangre sobre su cintura martirizada.

Esta es para mí la hora más hermosa de su vida; sin ella yo no la amaría.

Sor Juana, Authentic Nun

Comes the last period. One day she tires of astronomy, the vain tug of the constellations; of biology, the first explorer, thorough and yet cheated of life; and even of theology, at times itself related to rationalism. Disillusioned by science, she must have felt a strong wish to strip bare the walls of her cell, with its erudite bookshelves.

She wants to kneel there in the center of her cell, with the Thomas à

———

both writers of mystical praise-songs for "las cosas del mundo" (the things of the earth).

Kempis as her only companion[5] and the flame of love as the whole object of knowledge.

Then, like Saint Francis, she has a burning desire for the exercise of humility, to do the humble chores of the convent, which perhaps she had refused for years: washing the floors of the cells and treating the vilest sickness with her marvelous hands: omissions for which Christ had perhaps looked on her with disfavor. Yet she wants still more. She looks to the sackcloth; she comes to know the freshness of blood across her martyred waist.

For me, this is the most beautiful hour of her life; without it I would not love her.

La muerte

Coge el contagio repugnante y entra en la zona del dolor. Antes no lo conocía, y así, estaba mutilada en su experiencia del mundo. El sabor de la sangre, que es la vida, es el mismo sabor salobre de la lágrima, que es el dolor. Ahora sí la monja sabia ha completado el círculo del conocimiento.

Como si Dios esperase esta hora de perfección, como aguarda en las frutas la laceradura, la doble entonces sobre la tierra. No quiso llamarla a Sí en la época de los sonetos ondulantes, cuando su boca estaba llena de las frases perfectas. Viene cuando la monja sabia, arrodillada en su lecho, ya tiene solamente un sencillo, un pobre Padre Nuestro entre sus labios de agonizante.

Como ella se anticipó a su época con anticipación tan enorme que da estupor; vivió en sí misma lo que viven hoy muchos hombres y algunas mujeres: la fiebre de la cultura en la juventud; después, el sabor de fruta caduca en la boca, y por último, la búsqueda contrita de aquel simple vaso de agua clara que es la eterna humildad cristiana.

Milagrosa la niña que jugaba en las huertas de Nepantla; casi fabulosa la joven aguda de la corte virreinal; admirable la monja docta. Pero grande, por sobre todas, la monja que, liberada de la vanidad intelectual, olvida fama y

---

5. *Imitatio Christi*, devotional text by Thomas à Kempis, 1441.

letrillas, y sobre la cara de los pestosos recoge el soplo de la muerte. Y muere vuelta a su Cristo como a la suma Belleza y a la apaciguadora Verdad.

[sections 1923]/1952

Death

She contracts the repugnant disease and enters the realm of pain. Before this she had never known pain, and so her experience of the world had been impaired. The taste of blood, which is life, is the same salty taste as that of tears, which is pain. Now the learned nun has closed the circle of knowledge.

As if God had waited for this hour of perfection, as He allows time for misery to ripen into fruit, now He bends her over the earth. He had not wanted to call her to Him while she was warbling sonnets, when her mouth had been full of perfect phrases. He comes when the wise nun, kneeling by her bed, has only something simple, one poor Our Father, on her suffering lips.

What's so astounding is that she was so foresightedly ahead of her time; she lived what many men, and some women, live through today: in youth, the fever of the culture itself; later, the flavor of fruit overripe in the mouth; and at the end, the contrite search for that simple glass of water that is eternal Christlike humility.

Marvelous the child who played in the orchards of Nepantla; almost legendary the witty young lady of the viceroy's court; estimable the learned nun. But great, and above all, the nun freed from intellectual vanity, who abandons fame and roundels, and, bending over the foul-smelling face of plague victims, inhales the breath of death. She dies turning to her Crucified Christ[6] finally as to the greatest Beauty, as to the reassurance of Truth.

---

6. A "Cristo" in Spanish would be both Christ (the second person of the Trinity) and a crucifix.

IV.

Literary Essays, Journalism, "Messages"

Decir el sueño

Alrededor del abuelo, que no puede dejar su sillón ni aún para salir a contemplar cómo florecen los almendros en esta primavera, los tres nietos charlan.

Luis es fuerte, tostada la tez, la voz vibrante y los ademanes resueltos. Tiene un hablar apasionado, y los ojos negros se le encienden con extraños fuegos en el ardor de su convencimiento.

Jorge es fláccido de fisonomía y de actitud. Se parece a la madre en los ojos claros y la palabra bondadosa.

Romelio es pálido, sin tener aspecto enfermizo. Tiene gran dulzura en el mirar y en los labios finos. Acodado en el alféizar de la ventana; el paisaje lo tiene más interesado que la charla de los hermanos.

El abuelo, entre ellos, sonríe dichoso, a pesar de sus piernas pesadas, que ya no hollarán más las hierbas de los senderos. Al mismo aposento se ha entrado la primavera en los mozos decidores y sanos.

Acompañando su discurso con ademanes violentos, que le prestan extraordinaria animación, Luis charla:

—"Está al otro lado de aquella fila de colinas, y aunque no lo oís, yo sé que me llama. El mar es más bello que cualquier tierra bella. Es activo, y todo corazón animoso ama las olas viajeras, que piden llevar a los hombres de país en país, sobre su dorso claro. Cuando yo he estado junto al mar, ¡cuántas empresas heroicas me han hinchado de bríos el pecho viril!

"Un buen día dejaré, abuelo mío, tu casa y tu villa, hermosas quizás, pero de otra hermosura, y sellaré mi pacto con el mar: mi vida se gastará sobre sus olas vivas, pero él me la ha de devolver engrandecida.

"Yo he soñado con un barco grande como nuestra casa, y que era mío. Sus máquinas jadeaban llevándolo rápido sobre las masas de agua, y los marineros cantaban en la cubierta, exaltados por el viento salino y fragante. Lo más valioso que da la tierra en alianza con la luz, conducía yo en ese barco magnífico. Eran las maderas preciosas del trópico, eran sus frutas perfumadas y hasta sus pájaros de pluma vívida: eran todos esos dones que la tierra cálida ofrece a la tierra brumosa, que es como su hermana melancólica. La mar era propicia a mi fortuna y consentía maternalmente en que la proa osada la dejara florecida de espuma unos instantes. De la mar salían también palabras de gloria para saludar mi barco y mi corazón joven, anheloso de altos destinos".

El cuarto apacible se ha ido llenando de las visiones soberbias que el niño

147

evocaba. El abuelo tiene gozosamente abiertos ante ellas sus ojos, que se hacen por un momento ardientes y maravillados.

Jorge habla lentamente y con una suave intención de dulcificar el alma del viejo:

—"¿Para qué ir tan lejos, si junto a nosotros la vida se ofrece buena?

"Yo amo la tierra que mis padres cultivaron y que las plantas del pobre abuelo han dejado también perfumada. Yo quiero serle fiel, porque fue fecunda en servicios para los míos, y le he de dar la juventud de mis brazos y de mi corazón".

"Todos mis ensueños se encaminan hacia la piadosa empresa de volverla más bella y más opulenta. He de conducir a ella aquellas máquinas que hoy hacen mejor que los hombres la obra de llenar los surcos primero, y de aliviarlos después de su fecundidad dolorosa.

"Amorosamente iré en su ayuda, para que el producir no la fatigue demasiado ni la agote; amorosamente le llevaré las sales que la vigorizan, la surcaré de canales profundos y de caminos amplios.

"Al son de canciones, es decir, con santa alegría, le abriré el seno; al son de canciones también, se lo llenaré de gérmenes y se lo refrescaré en los días ardientes del estío.

"La tierra es hermosa, por sobre toda hermosura: rizada de trigos, nevada de cerezos en flor y pintada de follajes caducos en el otoño opulento.

"Y seguro está todo amor que descanse en ella, y toda esperanza que se cifre en su polvo sagrado. Quizás, Luis, tu mar te traicione alguna vez; ella no podrá sino serme leal siempre.

"Me quedo con ella, enamorado de su prodigio y agradecido de su largo sustentar a los de mi raza".

El abuelo sonríe, agradecido él también a la lealtad del que no quiere dejarlo.

Romelio calla. Los hermanos le instan para que diga su sueño:

—"¿No os importa la tarde, que se está deshojando afuera como un rosal encendido, con qué belleza apacible?

"Seguro estoy de que no hay bajo el cielo otra tierra más hermosa que ésta que conocen mis ojos felices. Y porque estoy lleno de su suave orgullo por ella, la empresa mía será de copiarla todo lo bellamente que alcance.

"Quizás pensáis que seré un inútil entre vosotros; pero también es ésta una manera de amar la tierra, sin pedirle nada fuera del gozo que pide su tranquila adoración.

"Mientras hablabais, estaban ociosas mis manos, pero mi espíritu se hacía todo vivo para recoger en las pupilas este instante soberano de los cielos y la tierra.

"Hay momentos en que el paisaje es tan vigoroso, enrojecido por un sol de ocaso, que exalta el corazón como los más intensos himnos guerreros; otras veces cobra la suavidad de las canciones de cuna.

"También hay santidad en ser un amoroso de la obra de Dios, sentirla muy hondamente y recogerla con reverencia. Y yo no haré otra cosa, mientras estén mis ojos abiertos a este encanto profundo y delicado".

Habla con dulzura y sigue mirando el paisaje, como un hechizado.

El abuelo también sonríe, dichoso de oírlo. Porque también la belleza cupo en su corazón suave y viril.

[1917 ("Projectos")]

To Declare the Dream

In a circle around their grandfather, who can't leave his chair even to watch the almond trees in flower this spring, the three grandchildren are talking.

Luis is strong, his complexion brown, his voice vibrant and his gestures determined. He speaks passionately, and strange fires ignite his dark eyes in the heat of his conviction.

Jorge is soft in his features and demeanor. He is more like his mother, clear in his eyes and kind in his speech.

Romelio is pale, but not sickly. He has a great sweetness in his expression and in his lips. He leans on his elbows on the windowsill; he is more interested in the landscape than in his brothers' conversation.

The grandfather smiles happily among them, despite the heaviness in his legs, which will never again walk along the grassy paths. Spring has entered the room with the three articulate, healthy boys.

Emphasizing his point with energetic gestures that make him seem very lively, Luis says:

"It's out there, on the other side of that line of hills, and though you can't hear it, I know it calls to me. The sea is more beautiful than any lovely land. It's in motion, and every brave heart loves the moving waves that beg to carry men from country to country on their clear backs. After I have been to sea, so many heroic adventures will swell my virile chest with courage!

"Some day, grandfather, I'll leave your house and your village; they are beautiful, perhaps, but with a different kind of beauty. I'll seal my pact with the sea: I'll spend my life on its living waves, but the sea will give my life back to me enlarged.

"I've dreamed of a ship as big as our house, and it was mine. Its engines roared, carrying it fast across masses of water. The sailors sang on the deck, thrilled by the salty scented wind. On this magnificent ship I traveled, carrying what's most valuable in the alliance of earth and light. There were precious woods from the tropics, perfumed fruits, and even birds with vivid feathers; all those gifts that warm lands offer to misty lands, which are like their wistful sisters. The sea favored my fortune and consented like a mother: at times the ship's bold prow would be flowered-over with seafoam. Also out of the sea came words of glory to greet my ship and my young heart, eager for lofty destinies."

The quiet room has been filling with the magnificent visions the boy calls up. Enjoying those visions, the grandfather keeps his eyes open, which sparkle marvelously for a moment.

Jorge speaks slowly, meaning gently to bring sweetness to the old man's soul:

"Why would you go so far away when life with us is good?

"I love the land that my ancestors cultivated and that our poor grandfather's plants left fragrant. I want to be faithful to this land, because it was fruitful in its service to those I love; I have to offer it the youth of my arms and of my heart.

"All my dreams point toward the devout project of making this land more beautiful and more bounteous. Through this land I have to drive the machines that do a better job today than men, filling the furrows and then relieving them of their aching fullness.

"I will go to the land lovingly, to help it, so that our production doesn't wear it out too much or exhaust it; lovingly I will bring it the chemicals that invigorate it, and I will furrow it with deep canals and wide roads.

"That is to say, I will open its bosom to the sound of songs, with a holy joy; to the sound of songs I will fill it with seed and refresh it in the burning days of summer.

"The land is beautiful beyond all beauty: rippled with wheat, snow-covered with cherry trees in bloom, and painted with old foliage in the rich autumn.

"All the love committed to it is secure, along with each hope placed in its sacred dust. Maybe, Luis, your sea will betray you some day; the land will be nothing but loyal to me, forever.

"I stay with it, in love with its miracle and grateful that it has sustained my people for so long."

The grandfather smiles, grateful also for the loyalty of the boy who doesn't want to leave him.

Romelio is quiet. His brothers urge him to declare his dream:

"Doesn't it matter to you, the afternoon that is losing its leaves outside like a rosebush aflame, with such placid beauty?

"I am certain there is no other place under the sun more beautiful than this one my happy eyes know so well. And because I am full of gentle pride in it, my project will be to represent it as beautifully as I can.

"Maybe you think that I will be useless among you, but this, too, is a way of loving the land: asking it for nothing but the enjoyment that the peaceful veneration of it requires.

"While you were talking, my hands were idle, but my spirit made everything alive, so that I could gather this sovereign moment of sky and earth into my eyes.

"There are moments when this land is so vigorous, reddened by a setting sun, that it thrills the heart like the most intense battle hymns; at other times it takes on the softness of lullabies.

"There is also a holiness in being a lover of God's work, to feel it deeply and to take it in with reverence. I want to do nothing else but this, while my eyes are open to this deep and delicate delight."

He speaks sweetly and continues to watch the landscape, like someone bewitched.

The grandfather smiles once again, glad to hear him speak in this way, because beauty also had its place in his gentle, manly heart.

(first published under the title "Projects")

Pensamientos pedagógicos

Para las que enseñamos

1. Todo para la escuela; muy poco para nosotras mismas.

2. Enseñar siempre: en el patio y en la calle como en la sala de clase. Enseñar con la actitud, el gesto y la palabra.

3. Vivir las teorías hermosas. Vivir la bondad, la actividad y la honradez profesional.

4. Amenizar la enseñanza con la hermosa palabra, con la anécdota oportuna, y la relación de cada conocimiento con la vida.

5. Hacer innecesaria la vigilancia de la jefe. En aquella a quien no se vigila, se confía.

6. Hecerse necesaria, volverse indispensable: ésa es la manera de conseguir la estabilidad en un empleo.

7. Empecemos, las que enseñamos, por no acudir a los medios espurios para ascender. La carta de recomendación, oficial o no oficial, casi siempre es la muleta para el que no camina bien.

8. Si no realizamos la igualdad y la cultura dentro de la escuela, ¿donde podrán exigirse estas cosas?

9. La maestra que no lee tiene que ser mala maestra: ha rebajado su profesión al mechanismo de oficio, al no renovarse espiritualmente.

10. Cada repetición de la orden de una jefe, por bondadosa que sea, es la amonestación y la constancia de una falta.

11. Más puede enseñar un analfabeto que un ser sin honradez, sin equidad.

12. Hay que merecer el empleo cada día. No bastan los aciertos ni la actividad ocasionales.

13. Todos los vicios y la mezquindad de un pueblo son vicios de sus maestros.

14. No hay más aristocracia, dentro de un personal, que la aristocracia o selección moral —los virtuosos— y la aristocracia de la cultura, a sea de los capaces.

15. Para corregir no hay que temer. El peor maestro es el maestro con miedo.

16. Todo puede decirse; pero hay que dar con la forma. La más acre reprimenda puede hacerse sin deprimir ni envenenar un alma.

17. La enseñanza de los niños es tal vez la forma más alta de buscar a Dios; pero es también la más terrible en el sentido de tremenda responsabilidad.

18. Lo grotesco proporciona una alegría innoble. Hay que evitarlo en los niños.

19. Hay que eliminar de las fiestas escolares todo lo chabacano.

20. Es una vergüenza que hayan penetrado en la escuela el *couplet* y la danza grotesca.

21. La nobleza de la enseñanza comienza en la clase atenta y comprende el canto exaltador en sentido espiritual, la danza antigua —gracia y decoro—, la charla sin crueldad y el traje simple y correcto.

22. Tan peligroso es que la maestra superficial charle con la alumna, como es hermoso que esté a su lado siempre la maestra que tiene algo que enseñar fuera de clase.

23. Las párabolas de Jesús son el eterno modelo de enseñanza: usar la imagen, ser sencilla y dar bajo apariencia simple, el pensamiento más hondo.

24. Es un vacío intolerable el de la instrucción que antes de dar conocimientos, no enseña métodos para estudiar.

25. Como todo no es posible retenerlo, hay que hacer que la alumna seleccione y sepa distinguir entre la médula de un trozo, y el detalle útil pero no indispensable.

26. Como los niños no son mercancías, es vergonzoso regatear el tiempo en la escuela. Nos mandan instruir por horas, y educar siempre. Luego pertenecemos a la escuela en todo momento que ella nos necesite.

27. El amor a las niñas enseña más caminos a la que enseña, que la pedagogía.

28. Estudiamos sin amor y aplicamos sin amor las máximas y aforismos de Pestalozzi y Froebel, esas almas tan tiernas, y por eso no alcanzamos lo que alcanzaron ellos.

29. No es nocivo comentar la vida con las alumnas, cuando el comentario critica sin empozoñar, alaba sin pasión y tiene intención educadora.

30. La vanidad es el peor vicio de una maestra, porque la que se cree perfecta se ha cerrado, en verdad, todos los caminos hacia la perfección.

31. Nada es más difícil que medir en una clase hasta dónde llegan la amenidad y la alegría y donde comienzan la charlatanería y el desorden.

32. En el progreso o el desprestigio de un colegio todos tenemos parte.

33. ¿Cuántas almas ha envenenado o ha dejado confusas o empequeñecidas para siempre una maestra durante su vida?

34. Los dedos del modelador deben ser a la vez firmes, suaves y amorosos.

35. Todo esfuerzo que no es sostenido se pierde.

36. La maestra que no respeta su mismo horario y lo altera sólo para su comodidad personal, enseña con eso el desorden y la falta de seriedad.

37. La escuela no puede tolerar las modas sin decencia.

38. El deber más elemental de la mujer que enseña es el decoro en su vestido. Tan vergonzosa como la falta de aseo es la falta de seriedad en su exterior.

39. No hay sobre el mundo nada tan bello como la conquista de almas.

40. Existen dulzuras que no son sino debilidades.
41. El buen sembrador siembra cantando.
42. Toda lección es susceptible de belleza.
43. Es preciso no considerar la escuela como casa de *una* sino de todas.
44. Hay derecho a la crítica, pero después de haber hecho con éxito lo que se critica.
45. Todo mérito se salva. La humanidad no está hecha de ciegos y ninguna injusticia persiste.
46. Nada más triste que el que la alumna compruebe que su clase equivale a un texto.

[1922]

Thoughts on Teaching
For those who educate

1. Everything for the school; very little for ourselves.
2. Teach always, in the courtyard and on the street, as if they were the classroom. Teach with your demeanor, expression, and words.
3. Live the beautiful theories. Live with kindness, energy, and professional integrity.
4. Brighten your lessons with beautiful words, with a pertinent story, and relate each piece of knowledge to real life.
5. Make it unnecessary for your principal to supervise you. The person who is not supervised is trusted.
6. Make yourself necessary; become indispensable. This is how you get stability in a job.
7. Let's begin, teachers, by not resorting to spurious means to rise in our profession. An influential letter of recommendation, official or unofficial, is almost always a crutch for a person who does not walk well.
8. If we don't achieve equality and culture in the school, where else can such things be required?
9. A teacher who does not read has to be a bad teacher. She's reduced her job to a mechanical function, by not renewing herself spiritually.
10. Each time your principal repeats a job assignment, however kindly it's done, is a warning and a sign of a shortcoming.
11. Better an illiterate person should teach, than that a dishonest or unjust person should teach.

12. You should be worthy of your job every day. Occasional successes and exertions are not enough.

13. All the vices and meanness of a community are the vices of its teachers.

14. Within a faculty there is no other aristocracy than the aristocracy or the moral choices, the virtues, of righteous people, and the aristocracy of the culture itself, or of those who are capable.

15. There is no need to fear correction. A fearful teacher is the worst teacher.

16. Everything can be expressed so long as it's presented properly. Even the harshest reprimand can be made without humiliating or poisoning a soul.

17. Teaching children may be the highest way to seek God. It is, however, also the most daunting way, in the sense of the greatest responsibility.

18. The grotesque yields an ignoble happiness. You have to discourage it in children.

19. Eliminate everything vulgar from school activities.

20. It is a shame that coarse song and dance have entered the school.

21. The nobility of teaching begins in an attentive class and includes spiritually elevating song; ancient dance, graceful and dignified; conversation without cruelty; and simple and appropriate dress.

22. It is quite dangerous if a superficial teacher gossips with a student, just as it would be excellent if a student could always have nearby a teacher who has something to teach outside the classroom.

23. The parables of Jesus are the eternal teaching model: use an image, be direct, express the profoundest thoughts in a simple way.

24. It's an intolerable breach of instruction to teach facts without teaching how to learn.

25. Because it's impossible to retain everything, you have to make a student learn to select, to distinguish between the marrow of a passage and a detail that is useful but not essential.

26. Because children are not merchandise, it's shameful to haggle over the amount of time spent at school. It's mandated that we teach by the hour, but we always teach. In this way, we belong to the school at whatever moment the school may need us.

27. Love for the children opens more paths for the teacher than pedagogic theory does.

28. The maxims of Pestalozzi and Froebel, those sympathetic souls:[1] if we

---

1. Johann Heinrich Pestalozzi (Swiss, 1746–1827) and Friedrich Froebel (German, 1782–1852) were educational reformers and theorists who emphasized

study them without love, and apply them without love, we don't achieve what they achieved.

29. It's not harmful to comment on life with your students when the comment critiques without poisoning, praises without passion, and has an educational purpose.

30. Vanity is a teacher's worst vice, because a person who believes she is perfect has in fact closed off all paths toward perfection.

31. Nothing is more difficult than to measure in a class when a friendly and cheerful atmosphere has reached the point of chatter and disorder.

32. In the progress or the discreditation of a school we all have a part.

33. How many souls have been poisoned or forever confused or belittled by a teacher during her life?

34. The fingers of a potter should be firm and soft and loving, all at the same time.

35. All effort that is not sustained is lost.

36. The teacher who does not respect her own schedule, or changes it only for her personal convenience, in so doing teaches disorderliness and a lack of seriousness.

37. Schools can't tolerate indecent fashions.

38. The most elementary duty of the woman who teaches is the dignity of her clothing. Not taking our appearance seriously is as offensive as not being clean.

39. There is nothing lovelier in the world than the winning of souls.

40. Some sweetnesses are only weaknesses.

41. The good sower sows singing.

42. All lessons are susceptible to beauty.

43. It's vital to consider the school not as only *one* person's house, but as everyone's house.

44. There is justice in criticism, but only after having yourself successfully done what you criticize.

45. Everything worthwhile justifies itself. Humanity is not made up of blind people, and no injustice lasts forever.

46. There's nothing sadder than when a student concludes that the class is equivalent to the text.

---

individuality, spontaneity, and the importance of process in primary education. Froebel, for instance, established the first kindergarten (1837).

Silueta de la india mexicana

La india mexicana tiene una silueta llena de gracia. Muchas veces es bella, pero de otra belleza que aquella que se ha hecho costumbre en nuestros ojos. Su carne, sin el sonrosado de las conchas, tiene la quemadura de la espiga bien lamida de sol. El ojo es de una dulzura ardiente; la mejilla de fino dibujo; la frente, mediana como ha de ser la frente femenina; los labios, ni inexpresivamente delgados ni espesos; el acento, dulce y con dejo de pesadumbre, como si tuviese siempre una gota ancha de llanto en la hondura de la garganta. Rara vez es gruesa la india; delgada y ágil, va con el cántaro a la cabeza o contra el costado, o con el niño, pequeño como el cántaro, a la espalda. Como en su compañero, hay en el cuerpo de ella lo acendrado del órgano en una loma.

La línea sencilla y bíblica se la da el rebozo. Angosto, no le abulta el talle con gruesos pliegues, y baja como un agua tranquila por la espalda y las rodillas. Una desflecadura de agua le hace también a los extremos el fleco, muy bello: por alarde de hermosura, es muy largo y está exquisitamente entretejido.

Casi siempre lo lleva de color azul y jaspeado de blanco: es como el más lindo huevecillo pintado que yo he visto. Otras veces está veteado con pequeñas rayas de color vivo.

La ciñe bien; se parece esa ceñidura a la que hace en torno del tallo grueso del plátano, la hoja nueva y grande, antes de desplegarse. Lo lleva puesto a veces desde la cabeza. No es la mantilla coqueta de muchos picos, que prende una mariposa obscura sobre los cabellos rubios de la mujer; ni es el mantón floreado, que se parece al tapiz espléndido de la tierra tropical. El rebozo se apega sobriamente a la cabeza.

Con él, la india ata sin dolor, lleva blandamente a su hijo a la espalda. Es la mujer antigua, no emancipada del hijo. Su rebozo lo envuelve, como lo envolvió, dentro de su vientre, un tejido delgado y fuerte, hecho con su sangre. Lo lleva al mercado del domingo. Mientras ella vocea, el niño juega con los frutos o las baratijas brillantes. Hace con él a cuestas, las jornadas más largas: quiere llevar siempre su carga dichosa. Ella no ha aprendido a liberarse todavía . . .

La falda es generalmente obscura. Sólo en algunas regiones, en la tierra caliente, tiene la coloración jubilosa de la jícara. Se derrama entonces la falda, cuando la levanta para caminar, en un abanico cegador . . .

Hay dos siluetas femeninas que son formas de corolas: la silueta ancha, hecha por la falda de grandes pliegues y la blusa abullonada: es la forma de la rosa abierta; la otra se hace con la falda recta y la blusa simple; es la forma del jazmín, en que domina el pecíolo largo. La india casi siempre tiene esta silueta afinada.

Camina y camina, de la sierra de Puebla o de la huerta de Uruapan, hacia las ciudades; va con los pies desnudos, unos pies pequeños que no se han deformado con las marchas. (Para el azteca, el pie grande era signo de raza bárbara.)

Camina, cubierta bajo la lluvia, y en el día despejado con las trenzas lozanas y obscuras en la luz, atadas en lo alto. A veces se hace, con lanas de color, un glorioso penacho de guacamaya.

Se detiene en medio del campo, y yo la miro. No es el ánfora; sus caderas son finas: es el vaso, su dorado vaso de Guadalajara, con la mejilla bien lamida por la llama del horno —por un sol mexicano—.

A su lado suele caminar el indio; la sombra del sombrero inmenso cae sobre el hombro de la mujer, y la blancura de su traje es un relámpago sobre el campo. Van silenciosos, por el paisaje lleno de recogimiento; cruzan de tarde en tarde una palabra, de la que recibo la dulzura, sin comprender el sentido.

Habrían sido una raza gozosa; los puso Dios como a la primera pareja humana en un jardín. Pero cuatrocientos años esclavos les han desteñido la misma gloria de su sol y de sus frutas; les han hecho dura la arcilla de sus caminos, que es suave, sin embargo, como pulpas derramadas . . .

Y esa mujer que no han alabado los poetas, con su silueta asiática, ha de ser semejante a la Ruth moabita, que tan bien labraba y que tenía atezado el rostro de las mil siestas sobre la parva . . .

[1923]

Profile of the Mexican Indian Woman

The Mexican Indian woman has a silhouette full of grace. Often she is beautiful, but with a beauty different from the kind our eyes are used to. Her skin, which has no seashell pink in it, is the color of wheat richly kissed by the sun. Her eyes have a warm sweetness; her cheeks are finely drawn. Her forehead is moderate in size, as a feminine forehead should be; her lips are neither extremely thin nor thick; her accent is sweet, with a touch of sad resignation, as though she always held a thick teardrop in the depth of her throat. The Indian woman is seldom large; slender and supple, she goes about her business with a pitcher on her head or by her side, or with a baby, tiny as a pitcher, on her back. Physically one sees, as also in her male companion, an essential refinement in her shoulders.

Her shawl lends her a simple biblical look. It is narrow; it has no thick folds to exaggerate her size, but falls like tranquil water about her shoulders and knees. The twisted-fringe edging produces an effect like shimmering water, very lovely. It is quite long, displaying its elegance, and exquisitely woven.

She almost always wears a blue shawl, streaked with white like jasper: like the prettiest painted egg I've ever seen. At other times it is interwoven with little stripes of lively color.

It wraps her well; this encircling seems like the ring of swelling growth on the stem of the banana plant before a large new leaf unfolds. Sometimes she wears the shawl over her head. It is not the angular, coquettish mantilla, which looks like a dark butterfly when worn on a fair woman's hair; nor is it a large, flowery cloak like an ornate carpet of tropical earth. Her shawl adorns her head soberly.

Without bother, the Indian woman ties up her shawl, gently binding her child to her back. She is a woman from archaic time, not emancipated from her child. Her shawl surrounds the child, just as the child was surrounded in her womb by the thin, strong textile her blood wove. On Sundays, she brings the child to the market. While she calls out her wares, the child plays with fruits or with sparkling gewgaws. She climbs hills and makes the longest journeys, always with her child on her back: she wants to carry her joyous cargo, always. She has yet to learn to liberate herself . . .

Usually her skirt is dark. But in some territories, in warmer regions, for instance, it has the jubilant color of a calabash. Her skirt spreads out its folds then, when she lifts it as she walks, making a dazzling fan . . .

There are two female silhouettes that are flowerlike in shape. One, the wide silhouette made by a large pleated skirt and a puffy blouse, is the shape of an open rose; the other is the silhouette of a straight skirt and a simple blouse, the shape of a jasmine, in which the long flower stalk predominates. The Indian woman almost always has this refined silhouette.

She walks and walks, from the Puebla mountains or Uruapan farmlands, toward the cities; she goes on naked feet, tiny feet that have not grown deformed despite the long distances. (According to the Aztecs, big feet were the mark of a barbaric race.)

She walks on, covered from the rain or from a cloudless sky, with her braids, luxuriant and dark against the light, knotted on top of her head. Sometimes with multicolored yarn she makes a generous display of macaw plumage.

She stops in the middle of a field, and I watch her. She's not an amphora; her hips are slim: she is a vase, a sun-gilded vase from Guadalajara, with cheeks generously touched by the oven's flame —by a Mexican sun—.

The Indian man tends to walk at her side; the shadow of his big sombrero falls across the woman's shoulder, and the whiteness of his clothes is a lightning bolt across the field. They move quietly, through a landscape full of abstraction; they pass from one afternoon to another with one word; I feel the sweetness of this exchange, without understanding the meaning.

They must have been a pleasure-loving people; God placed them, like the first couple, in a garden. But four hundred years of slavery have faded the very glory of their sun and their fruits; they have hardened the clay of the roads for them, which is actually soft, like fluent flesh . . .

And this woman whom the poets have not praised, with her Asiatic silhouette, must be related to Ruth the Moabite, who toiled so well and whose face was darkened by a thousand siestas on mounds of unthreshed grain . . .

Chile

Un territorio tan pequeño, que en el mapa llega a parecer una playa entre la cordillera y el mar; un paréntesis como de juego de espacio entre los dos dominadores centaurescos, al Sur el capricho trágico de los archipiélagos australes, despedazados, haciendo una inmensa laceradura al terciopelo del mar, y las zonas naturales, claras, definidas, lo mismo que el carácter de la raza. Al Norte, el desierto, la salitrera blanca de sol, donde se prueba el hombre en esfuerzo y dolor. En seguida la zona de transición, minera y agrícola, la que ha dado sus tipos más vigorosos a la raza: sobriedad austera del paisaje, uno como ascetismo ardiente de la tierra. Después, la zona agrícola, de paisaje afable; las manchas gozosas de los huertos y las manchas densas de las regiones fabriles; la sombra plácida del campesino pasa quebrándose por los valles, y las masas obreras hormiguean ágiles en las ciudades. Al extremo sur, el trópico frío, la misma selva exhalante del Brasil, pero negra, desposeída de la lujuria del color; islas ricas de pesca, envueltas en una niebla amoratada, y la meseta patagónica, nuestra única tierra de cielo ancho, de horizontalidad perfecta y desolada, suelo del pastoreo para los ganados innumerables bajo las nieves.

Pequeño territorio, no pequeña nación; suelo reducido, inferior a las ambiciones y a la índole heroica de sus gentes. No importa: ¡Tenemos el mar . . . , el mar . . . , el mar . . . !

Raza nueva que no ha tenido a la Dorada Suerte por madrina, que tiene a la necesidad por dura madre espartana. En el período indio, no alcanza el rango de reino; vagan por sus sierras tribus salvajes, ciegas de su destino, que así, en la ceguera divina de lo inconsciente, hacen los cimientos de un pueblo que había de nacer extraña, estupendamente vigoroso. La Conquista más tarde, cruel como en todas partes; el arcabuz disparando hasta caer rendido sobre el araucano dorso duro, como lomos de cocodrilos. La Colonia no desarrollada como en el resto de la América en laxitud y refinamiento por silencio del indio vencido, sino alumbrada por esa especie de parpadeo tremendo de relámpagos que tienen las noches de México; por la lucha contra el indio, que no deja a los conquistadores colgar sus armas para dibujar una pavana sobre los salones . . . Por fin, la República, la creación de las instituciones, serena, lenta. Algunas presidencias incoloras que sólo afianzan la obra de las presidencias heroicas y ardientes. Se destacan de tarde en tarde los creadores apasionados: O'Higgins, Portales, Bilbao, Balmaceda.

El mínimo de revoluciones que es posible a nuestra América convulsa;

dos guerras en las cuales la raza tiene algo de David, el pastor, que se hace guerrero y salva a su pueblo.

Hoy, en la cuenca de las montañas que se ha creído demasiado cerrada a la vida universal, repercute sin embargo la hora fragorosa del mundo. El pueblo tiene en su cuello de león en reposo, un jadeo ardiente. Pero su paso por la vida republicana tendrá siempre lo leonino: cierta severidad de fuerza que se conoce, y por conocerse no se exagera.

La raza existe, es decir, hay diferenciación viril, una originalidad que es forma de nobleza. El indio llegará a ser, en poco, más exótico por lo escaso; el mestizaje cubre el territorio y no tiene la debilidad que algunos anotan en las razas que no son puras.

No sentimos el desamor ni siquiera el recelo de las gentes de Europa, del blanco que será siempre el civilizador, el que, ordenando las energías, hace los organismos colectivos. El alemán ha hecho y sigue haciendo las ciudades del Sur, codo a codo con el chileno, al cual va comunicando su seguro sentido organizador. El yugoslavo y el inglés hacen en Magallanes y en Antofagasta otro tanto. ¡Alabado sea el espíritu nacional que los deja cooperar en nuestra faena sagrada de cuajar las vértebras eternas de una patria, sin odio, con una hidalga comprensión de lo que Europa nos da en ellos!

Una raza refinada no somos; lo son las viejas y ricas. Tenemos algo de la Suiza primitiva, cuya austeridad baja a la índole de las gentes desde las montañas tercas; pero en nuestro oído suena, y empieza a enardecernos, la invitación griega del mar. La pobreza debe hacernos sobrios, sin sugerirnos jamás la entrega a los países poderosos que corrompen con la generosidad insinuante. El gesto de Caupolicán, implacable sobre el leño que le abre las entrañas, está tatuado dentro de nuestras entrañas.

[1924]

Chile

A territory so small, on the map it comes to seem like a beach between the mountains and the sea, a parenthesis whimsically set between two centaur-like powers. In the South, the tragic caprice of the southern archipelagos makes great rips in the velvet sea, sharp shards, with clear and well-defined natural areas, like the character of the people. In the North, the desert: nitrate works blanching in the sun, where humankind is tested in effort and affliction. The next region is one of transition, of mining and agriculture, which has given our race its most dynamic characteristics: a strict austerity of land-scape, like the passionate asceticism of the earth. Next, the farming region, an affable landscape: genial orchards, dense fields filled with regional manufac-turing, where the farmer's peaceful shadow passes, opening across the valleys, and where crowds of deft antlike workers labor in the cities. In the far south, the cool tropics, the same forest breathes as in Brazil, though this one is dark, lacking the luxury of color; islands rich in fish and wrapped in a purple fog, and the Patagonian plateau, our only land with broad skies, a perfect and desolate horizontal, under its snows pasture-land for innumerable herds of cattle.

A small territory, but not a small nation; the landmass is diminutive, smaller than the ambitions and the heroic temper of its people. But that doesn't matter: we have the sea . . . the sea . . . the sea!

A new people, we've had no Golden Luck as a fairy godmother; we had a firm Spartan mother, Necessity. During the Indian period, we didn't reach the status of a "kingdom"; wild tribes ranged through the sierras, blind to their destiny; divine blindness of the unconscious, they provide the founda-tion for a people that would become strangely, astoundingly vigorous. Later the Conquest began, as cruel as everywhere else; the harquebus fired until it dropped, empty, across the crocodile-hard backs of the Araucanians.[1] Lacking the silence of the defeated Indians, this Colony did not develop in laxity and refinement, as in the rest of America. Rather, it was lit by a kind of awesome flickering lightning like that of the Mexican nights; because of the struggle against the Indian, the conquistadors could not lay down their arms and dance a pavane through their salons . . . And, finally, the Republic: slowly and calmly, institutions were created . . . Some lackluster presidencies, which only anticipated the need for heroic and passionate presidencies. From time to time some dynamic innovators stood out: O'Higgins, Portales, Bilbao, Balmaceda.[2]

---

1. Araucanians were the indigenous tribes in Chile who fiercely resisted the Spanish Conquest.

2. Bernardo O'Higgins (1778–1842), general who governed Chile (1817–1823) after its independence from Spain; Diego Portales, government minister (1830–1837) under the presidency of Joaquín Prieto who fostered policies that en-couraged agricultural development, mining, railroads, and educational reform; Francisco Bilbao, nineteenth-century Chilean philosopher and liberal political theorist, called the "Apostle of South American Liberty"; José Manuel Balma-ceda, president of Chile (1886–1891) and Liberal Party leader.

In our America, the smallest revolution possible causes convulsions: two wars, in which the people behaved like David, the shepherd who became a warrior and saved his people.

Today, within the basin of the mountains that was thought isolated from universal life, the world's thunderous time echoes, nevertheless. The people feels passionate pulses in its throat, like a lion at rest. Its journey through republican life will probably always have something of the lion in it: a certain familiar severity of power which, once acknowledged, will not be overdone.

The Chilean "race" does exist, that is, there's a spirited uniqueness, an originality that is the outline of a nobility. The Indians will soon come to seem more exotic, because they'll become more rare. Mestizos occupy the territory; they have none of the weakness that some claim to find in races that aren't pure.

We don't dislike or even envy the peoples of Europe, the whites who will always be the "civilizers," who have imposed order on energy and so have created collective organisms. The German has built, and continues to build, the cities of the South, working shoulder to shoulder with the Chilean, to whom he communicates his sure sense of organization. In Magallanes and Antofagasta, the Yugoslavians and the English are involved in similar efforts. We should celebrate the national spirit that encourages cooperation in our sacred task of shaping the eternal backbone of a nation, without hatred, with a lofty understanding of what Europe has sent us!

We are not a refined race; the old and rich races are. We represent something of a primitive Switzerland, whose austerity impresses itself on the temperament of our people who live in the stubborn mountains, but a Greek invitation toward the sea echoes in our ears and enkindles our spirits. Poverty should make us proud, without ever suggesting that we should surrender to powerful countries that use insinuating generosity to corrupt. The demeanor of Caupolicán,[3] implacable above the massive wooden stake that wrenched open his entrails: that same expression is tattooed inside of us.

---

3. Caupolicán was a chieftain of the Araucanian people who led rigorous resistance to the Spanish Conquest. His torturous death in 1558 —he was impaled on a stake and pierced by arrows— is famously recounted in Book 34 of *La Araucana*, the epic poem (1569–1589) by Alonso de Ercilla y Zúñiga (1533–1594).

Un hombre de México: Alfonso Reyes

!Desconcertante Alfonso Reyes, hombre salido de nuestra América y en el cual no están los defectos del hombre de nuestros valles: la vehemencia, la intolerancia, la cultura unilateral. Al revés de eso, una cordialidad fabulosa hacia los hombres y las cosas, especie de amistad amorosa del mundo; paralelo con el amor de las criaturas, una riqueza de conocimiento del cual vive ese amor.

El ojo es el documento . . . La caricatura de la gordura de Reyes, la pipa de Reyes, la sonrisa de Reyes. Deja lo principal: el ojo húmedo de simpatía que no olvidará nunca quien lo haya visto.

La conversación, una fiesta. ¿Qué fiesta? La del paisaje de Anáhuac que él ha reproducido en una prosa de esmalte: la luz aguda, el aire delgado, las formas vegetales heráldicas. Solidez y finura; antipatía, siempre presente, del exceso. Y la bondad, la bondad circulando por los motivos, suavizando aristas de juicios rotundos! Bondad sin los azúcares de la cortesanía y sin penacho retórico, también como de sangre que corre escondida, pero que se siente, tibia y presente.

Pero no sólo la charla coloreada, que el buen americano tiene siempre, sino otras cosas, además: la gravidez del pensamiento en cada rama fina de la frase. Una vida interior que se revela a cada paso, sin que él —que también es un pudoroso de su excelencia interior— lo busque. Detrás de la sonrisa se le descubre la tortura, que podemos llamar *unamunesca*, del hombre que la introspección sangra cotidianamente. Yo suelo recordar, oyéndolo, "la camisa de mil puntas cruentas" que dijo Rubén. Algo mejor que el ojo goloso de formas del americano. Escardador de su "carne espiritual", entera se la conoce; como él ha palpado el contorno de su naranja de Tabasco, así palpa los contornos de su espíritu.

Mucho enriquecimiento le ha venido de los tres contactos mayores que se ha dado a sí mismo: el inglés, el español y el francés. Cavando en uno solo de esos suelos, por mucha suerte que tuviese en la cava, se le hubiesen quedado perdidos muchos hallazgos. Harto bien le allegaron su Chesterton —que tradujo— su Mallarmé, cuyo ascetismo de belleza admira, su Góngora amado.

Y sube, sin brinco ambicioso. La *Ifigenia cruel* es lo mejor suyo, aunque tras ella esté la estupenda *Visión de Anáhuac*. Esta *Ifigenia* andará poco zarandeada en muchos comentarios, que es agua de hondura inefable, y quienes no bajaron con él a la cisterna negra no sabrán gozarla.

Y el divulgador que divulga con fácil donosura —una especie de profesor a lo Renan, lo suyo—, la historia de México, la flora de México, la revolución de México. Tendría para lo didáctico, si quisiera ejercerlo, el juicio agudo y la expresión bella. ¡Cómo le envidiaría un geógrafo la descripción de la meseta de Anáhuac! Tiene la disertación suya una ceñidura sobria que le da toda la autoridad de lo docente; y para alejarle la antipatía de lo docente, ahí está la gracia, presente.

¡Y vaya que le sirve a un diplomático el saber decir bien lo suyo en un medio de agudas exigencias mentales, y de dar, deleitando, la historia de su país en una conferencia de la Sorbona!

Se recuerda la vieja disputa: ¿es mejor que un pueblo dé conjuntos estimables —Suiza, Estados Unidos— o que dé, como una tela preciosa y breve, unos cuantos individuos selectos? México en el pasado ha sido individualista, y se defiende con unos cuantos hombres, aplastando el reparo de que su conjunto humano no es homogéneo: un Nervo, un Vasconcelos, un Alfonso Reyes, un Caso. ¡Y aquella extraordinaria Sor Juana!

¡Qué hermosa planta americana, más cafeto que plátano, cafeto de menudo grano acendrado!

Edwards Bello me decía:

—Es el mejor diplomático hispanoamericano.

Y yo:

—Si pudiera ser eso: un Ministro de México y de la América del Sur además . . .

[1926]

A Man of Mexico: Alfonso Reyes

Puzzling Alfonso Reyes, a man from our America without the defects of the people from our valleys: the vehemence, the intolerance, the one-sided culture! Instead, an extraordinary cordiality toward people and things, a kind of amorous friendship for the world running parallel to a love of animate beings, a richness of knowledge on which that love lives.

The eye registers . . . the comic caricature of Reyes's girth, Reyes's pipe, Reyes's smile. And then the essential thing: the moist sympathetic eye that no one who has seen it ever forgets.

The conversation, a feast. What kind? The feast of the Anáhuac landscape that he reproduces in his enameled prose: the sharp light, the thin air, the heraldic forms of plants. Solidity and courtesy, an ever present antipathy toward excess. And the kindness, the goodness circling around to discover causes, softening the edges of categorical judgments. Goodness without the sugary sweetness of exaggerated manners and without overblown rhetoric, like the blood that circulates hidden, but is felt, warm and ever present.

Not only colorful conversation, which a good American always has, but he has other qualities, too: the seriousness of thought through each fine branching of the sentence. An interior life that reveals itself at each step, without (he's modest about his inner excellence) his having to search it out. Behind the smile one discovers the torment (one could call it "Unamuno-like") of a man whose introspection bleeds daily. I often think, listening to him, of the "vest of a thousand cruel spikes" that Rubén[1] describes: something better than the characteristically greedy American habit of mind. Cultivator of the "spiritual flesh," which he knows as a whole: just as he'd feel the contours of his Tabasco orange, he'd touch the contours of his spirit.

He was enriched by three equally important encounters: familiarity with English, with Spanish, and with French. Digging deeply into any one of those small fields, where there was, after all, much to be discovered, would have meant missing many other treasures. So he discovered, in abundance, his Chesterton (whom he translated), his Mallarmé (whose ascetic beauty he admired), his beloved Góngora.

And so he rises, without ambitious leaps. His *Ifigenia cruel*[2] is his best, though close behind that is the stupendous *Visión de Anáhuac*.[3] The *Ifigenia* proceeds by slowly promenading itself with a pleasure that's a kind of water of ineffable depth; those who do not descend with it into the dark well don't know how to enjoy it.

And he's an explainer who explains with an easy elegance, a "professor"

---

1. Rubén Darío (Nicaragua, 1867–1916); the line comes from Darío's poem "Melancolía" (1905): "La poesía / es un camisa férrea de mil puntas cruentas / que llevo sobre el alma. Las espinas sangrientas / dejan caer las gotas de mi melancolía." ["For poetry / is an iron vest with a thousand cruel spikes / that I wear around my soul. The bloody points / let fall the endless drops of my melancholy."] (*Selected Poems of Rubén Darío*, trans. Lysander Kemp, University of Texas Press, 1965).

2. *Cruel Iphigenia*, poem, 1924.

3. *The Vision of Anáhuac*, history, 1917.

on the order of Renan, his teacher:[4] Mexican history, Mexican plants, the Mexican Revolution. He would bring to his teaching, if he chose to move in that direction, sharp judgment and shapely expression. A geographer would envy Reyes's description of the Anáhuac plateau! Reyes's discourse has a sober concentration that lends it all the authority of great learning, though it transcends scholarly irritability because of its consistent gracefulness.

And look how well it serves a diplomat to know how to speak well in stressful situations, and to explicate his country's history, delightedly, in a lecture at the Sorbonne!

One recalls the old dispute, whether it's better for a people to be collectively well-rounded — Switzerland or the United States— or to produce a few select individuals, like small precious pieces of clothing. In the past, Mexico has tended to be individualistic, justifying itself with a few men, squelching the assumption that Mexico's human aggregate might not be homogenous: a Nervo,[5] a Vasconcelos,[6] an Alfonso Reyes, a Caso.[7] And that extraordinary Sor Juana!

What a handsome American plant, more coffee bush than banana tree, coffee bush with fine tiny beans!

Edwards Bello[8] said to me:

"He is the best Hispanic-American diplomat."

And I said:

"He could be the Minister from Mexico and from all of South America as well . . ."

---

4. Joseph Ernest Renan (1823–1892), French historian, philosopher, and scholar of religion.

5. Amado Nervo (1870–1919), Mexican *modernista* poet and essayist.

6. Vasconcelos was the Minister of Education under whose aegis Mistral was invited to Mexico as special educational consultant.

7. Antonio Caso (1883–1946), Mexican philosopher, sociologist, historian, and cultural critic; founded the review *Savia Moderna* with Reyes, Vasconcelos, and others.

8. Joaquín Edwards Bello (1887–1968), Chilean novelist, preeminent journalist, and literary "chronicler" for *La Nación* in Buenos Aires.

Alfonsina Storni

Me habían dicho: "Alfonsina es fea", y yo esperaba una fisonomía menos grata que la voz escuchada por teléfono, una de esas que vienen a ser algo así como el castigo dado a la criatura que trajo excelencia interior. Y cuando abrí la puerta a Alfonsina, me quedé desorientada, y hasta tuve la ingenuidad de la pregunta: "¿Alfonsina?" —"Sí, Alfonsina", y ella se ríe con una buena risa cordial.

Extraordinaria la cabeza, pero no por rasgos ingratos, sino por un cabello enteramente plateado, que hace el marco de un rostro de 25 años. Cabello más hermoso no lo he visto: es extraño como lo fuera la luz de la luna al mediodía. Era dorado y alguna dulzura rubia queda todavía en los gajos blancos. El ojo fiel, la empinada nariz francesa, muy graciosa, y la piel rosada, le dan alguna cosa infantil que desmiente la conversación sagaz de mujer madura. Pequeña de estatura, muy ágil y con el gesto, la manera y toda ella, *jaspeada* (valga la expresión) de inteligencia. No se repite, no decae, mantiene a través de un día entero de compañía su encanto del primer momento.

Esta es nuestra Alfonsina. Muy poco nuestra físicamente, es decir, muy poco americana. Yo, que tengo una fuerte curiosidad de la sangre, empiezo a documentarme . . . Alfonsina me da la sorpresa de haber nacido en Suiza, en la Suiza italiana. A renglón seguido de la declaración, me dice su argentinidad voluntaria y de educación. Digamos, mejor, su bonaerensismo, porque tampoco hay en ella la criolla de la provincia argentina. Es la americana nueva, es decir, la sangre de Europa apacentada debajo de nuestro sol y con el ojo generoso de mirar las generosidades de la pampa; la americana futura, donosa jugadora de tenis, sin la pesadez de la criolla abotagada, e individuo humano espléndido, porque su madre miró el Mediterráneo y ella recibe el Atlántico en su mirada.

Siete días pasamos con ella. Confieso que temía un poco el encuentro, sin dejar de desearlo, porque tengo el anhelo de las cosas mejores de este mundo. Las cartas nos habían acercado poco; tiene Alfonsina, al revés de la americana, que se adorna epistolarmente, un deseo maligno de despistar a sus corresponsales. Acaso sea una defensa de la calamidad que ha llegado a ser la correspondencia entre literatos. Mi Alfonsina de las cartas era egoísta, burlona y alguna vez voluntariamente banal. En mi temor del encuentro había no poco de miedo inconfesado: hay en mí intereses unilaterales; estoy lejos de ser la criatura rica que como la buena tierra posee las cosas más diferentes y puede dar contentamiento a muchos. Naturalmente, temía, como la posadera del camino, que mi huésped no gustara de mi maíz y de mi leche caseros.

El apuro duró poco. Ni yo hablé de las cosas mías, que no interesan a Alfonsina, ni me habló ella de las que pudieran hacérmela extraña. Pocas mujeres he encontrado tan inteligentes en el trato humano: ni me fatigó con la riqueza de lo suyo, ni me dejó tampoco ávida por escondérmela. Es más expansiva que Juana, la cual, buena descendiente de vasco, se defiende.

Toda la fiesta de su amistad la hace su inteligencia. Poco emotiva. Llega esto a ser ventaja, porque de andar en tierras americanas, la efusión acaba por cansar como un paisaje abundante. Profunda, cuando quiere, sin trascendentalismos; profunda porque ha sufrido y lleva como pocas la cavadura de la vida. Alegre, sin esa alegría de tapiz coloreado de las gentes excesivas, con una alegría elegante hecha de juego. Muy atenta a quien está a su lado, con una atención hecha de pura inteligencia, pero que es una forma de afecto. Informada como pocas criaturas de la vida, dando el comentario oportuno de las cosas más diversas; mujer de gran ciudad que ha pasado tocándolo todo e incorporándoselo. Alfonsina es de los que conocen por la mente tanto como por la sensibilidad, cosa muy latina.

Sencilla, y hay que repetir que con una sencillez también elegante, pues andan ahora muchas sencilleces desgarbadas, que empalagan tanto como el preciosismo, su enemigo. Una ausencia igual de la ingenuidad y de la pedantería. Y una seguridad de sí misma que en ningún momento se vuelve alarde, seguridad de quien ha medido sus fuerzas en una vida dura y está contenta de sí misma. Sonriendo me dice, y acentúa este rasgo suyo: —"Alfonsina quiere decir dispuesta a todo."

No hay nada que decir de la poetisa, acaso sea el poeta argentino que se puede poner después de Lugones. Se han hecho de ella los más nobles elogios, por juzgadores lejanos, de aquellos que no alaban para dar un mal rato a otro ni para recibir devolución provechosa. Ella está al lado de Juana, la admirable, con el derecho de su poesía rica, que tiene todos los motivos, variada por humana y por humana piadosa, cruel, amarga y juguetona. La alabanza dilatada sobra con ella.

Tuve con Alfonsina el momento de mayor compenetración cuando me hizo el elogio total que debemos a Delmira Agustini. —"Ella —me dijo— es la mayor de nosotras, y no debemos dejar que se la olvide". Me dio alegría oírla: es cosa desusada en la América dar su valor exacto a los vivos y seguir dando la admiración a los muertos.

—"Sí, Alfonsina, le contesté. Ella fue y sigue siendo la mayor, irrevocablemente la mayor. Se la olvida, porque nuestra raza todavía no comprende eso que podría llamarse la guarda de los grandes muertos: el honrarlos coti-dianamente y el amarlos para que nos perdonen la mano manca que tuvimos al darles la gloria."

Yo he sentido cerca de Alfonsina Storni la profunda complacencia que da el encontrar en nuestros pueblos nuevos una criatura completa, digna por esto de una raza vieja. Pero otra cosa, además: una mujer que se ha peleado con la fealdad de la Vida y que tiene el alma cordial de las que fueron ayudadas o de las que no necesitaron de ayuda.

[1926]

Alfonsina Storni

I'd been told, "Alfonsina is ugly," and so I'd expected to see a face less agree-able than the voice I heard on the phone, a face that could become some-thing of a penance for someone who has her excellence on the inside. When I opened the door and met Alfonsina, I stood there amazed for a moment, and I even had the temerity to ask, "Alfonsina?" "Yes, Alfonsina," she laughed, with a good genial laugh.

Her head is extraordinary, not because of anything unattractive but be-cause of her completely silver hair, which frames a face like that of a twenty-five-year-old. I have never seen a lovelier head of hair: it is extraordinary, like noontime moonlight. It was once golden, and some sweet blond memory still lingers in the white curls. Steady eyes, a high elegant French nose, and a rosy complexion give Alfonsina a somewhat childlike appearance, camouflag-ing the wise conversation of the mature woman. She is small in stature, very lithe, and her gestures and general manner are *jaspered* (the expression fits) with intelligence. Throughout the whole time I spend with her she doesn't repeat herself, doesn't diminish the charm of that first encounter.

This is our Alfonsina. Very little of her physical being is of our creation, that is, very little is "American." I have a strong curiosity about bloodlines, and I begin to make mental notes . . . Alfonsina surprises me when she says that she was born in Switzerland, in Italian Switzerland. After mentioning that, she tells me about her choice to adopt Argentina as her country, for her education. She explains to me, more specifically, her "Buenos Aires" dis-position, as she has nothing of the provincial Argentine Creole about her. Alfonsina is a new American, a product of European blood fostered under our sun, with an outlook made capacious from observing the capaciousness of the pampas; she is the future American, a graceful tennis player with none of the physical bulk of the rather plump Creole. She is a person of splendid individuality, for her mother looked at the Mediterranean and Alfonsina absorbed the Atlantic into her gaze.

We're to spend seven days with her. I confess I had been somewhat apprehensive about meeting her, although I did want to, because I am eager to experience the best of this world. Letters had done very little to bring us closer together. Unlike an American woman, who adorns herself with literary letters, Alfonsina has a perverse wish to derail her correspondents. Perhaps this is a defense against the calamity that correspondence among literary people can become. My Alfonsina of the letters had been self-involved, jocular, and sometimes deliberately banal. There was a fair amount of unspoken trepidation in my fear of the meeting: I have particular interests; I am far from wide-ranging or widely diverse like the bountiful Earth, able to please everyone. By nature, like the wayside innkeeper, I fear that my cornmeal and ordinary milk might not please the guest.

My worry didn't last long. I didn't talk about things of little interest to Alfonsina, and she didn't bring things up that seemed alien to me. I have encountered few women so skilled in human behavior: I never grew tired of her ways, and she didn't make me anxious to go off and hide. She is more expansive than Juana,[1] a good, well-fortressed descendant of the Basques.

The feast of Alfonsina's friendship is created through her intelligence; she displays little emotion. This turns out to be an advantage; the effusion of the American earth I tread can become wearying, like an extravagant countryside. She is profound when she wants to be, without fading into abstraction; she is profound because she has suffered, and she bears as few other women do the deep wound of life. And she is happy, but not happy like the multicolored tapestries of people given to excess. Hers is an elegant joy, transformed into a game. She pays attention to whoever is at her side; it is an attention of pure intelligence, but it is a kind of affection. Like few of life's creatures, she enjoys a wealth of knowledge, and she offers appropriate commentaries about the most diverse matters. She is a cosmopolitan woman passing through life, touching everything and incorporating it into herself.

---

1. Juana de Ibarbourou (Juanita Fernández Morales, 1895–1979), beloved Uruguayan poet, called "Juana of America," whose emotionally direct lyrics were influential for Latin American women writers, especially.

Alfonsina is one of those people who can experience understanding with the mind as well as the emotions, a very Latin trait.

She has a simplicity, and I should repeat, an elegant simplicity; these days many boorish people carry on around us, and their boorishness is just as obnoxious as its opposite, preciousness. She displays an absence of disingenuousness and of pedantry, equally, but rather a sense of inner security that never becomes boastful, the security of someone who has assessed her strengths throughout a life of hardships and who is content with herself. Smiling, with a gesture characteristic of her, she tells me: "Alfonsina means to be prepared for anything."

Words do not do justice to this poet. She may be the best Argentine poet after Lugones.[2] Foreign critics, who don't write reviews to inflict pain or to receive reciprocal compliments, have showered her with great praise. She's right beside Juana (whom we all admire), because of her rich, emotionally comprehensive poetry, diverse in its humanity, its merciful, cruel, bitter, and playful humanity. For her, acknowledgment has been a long time coming.

I experience heightened moments with Alfonsina; our thoughts merge, as when we share the complete esteem we feel for Delmira Agustini.[3] "She's the best of us and we should not forget it," Alfonsina tells me. It makes me happy to hear this: it is rare in America to give the living their due while honoring the dead at the same time.

"Yes, Alfonsina," I answer her. "She was, and continues to be, the best, irrevocably the best. If we forget her, it is because our race still doesn't understand what could be called the guardianship of the dead greats: how to honor them in an everyday way, and to love them so that they could pardon the imperfect means we use to praise them."

In Alfonsina's presence I'm filled with a great pleasure: that of finding among our new people a completely developed soul, worthy of an ancient race. And then there is something even more. She is a woman who has battled life's ugliness, and who has that cordial soul of those women who have received help, or who have never needed help.

---

2. Leopoldo Lugones (1874–1938), Argentine Vanguardist poet, strongly influential on later Modernist and post-Modernist writers, including Jorge Luis Borges.

3. Delmira Agustini (1886–1914), the great Uruguayan poet of female consciousness and autonomous sexuality, "lay saint" of Hispanic poetry (as Juana de Ibarbourou called her) and the "older sister" of later Latin American women writers.

Invitación a la lectura de Rainer María Rilke

Ya se cerró el ojo amante de lo sobrenatural en lo natural de Rainer María Rilke. Su muerte ha desatado su traducción al francés, y mes a mes entregan las editoriales algún libro suyo. Más le hubiera valido darle antes la alegría de esta expansión en la lengua que él amó sobre la suya: la francesa. El no leyó en francés sino una selección de "Les Cahiers de Malte Laurids Brigge".

Aunque le importaba poco a este ultra aristócrata, amador de todas las tierras por donde ambuló, y desdeñador de las camarillas que hacen la fama como un objeto de caucho químico, en cualquier tierra, él no habría mirado con indiferencia su mediana gloria francesa de 1927.

Todavía asoman, de tarde en tarde, en el mundo fétido de la literatura, algunos casos de anistad literaria genuina que se sitúan bajo el signo de las amistades próceres Carlyle-Emerson o Goethe-Eckermann. Su encuentro da un goce de planta rezagada de su estación. Porque eso también se va.

Rilke supo hacer en Francia dos amigos cabales en Edmond Jaloux y Paul Valéry. Jaloux pasa por desdeñador de la literatura francesa, a fuerza de ser el mejor crítico de las literaturas extranjeras; empieza a sufrir ataques de los "imperialistas de la lengua francesa". Lleva diez años de señalar con cita insistente a Rilke como el primer escritor de raza alemana de su tiempo, y acaba de publicar un folleto sobre él. Valéry ha correspondido a Rilke con admiración de sus traducciones al alemán.

Todavía huelen a gases asfixiantes los ambientes literarios francés y alemán, y los nuevos valores del otro lado del Rhin tienen que repechar, caminando hacia Francia, y no digo los franceses, para alcanzar Berlín.

Yo me quedo sin creer en el monopolio latino de la obra maestra, según el canon de Daudet. El Espíritu Santo ha tenido el buen gusto de no levantar residencia visible en ninguna de las capitales intelectuales de la Europa xenófoba, y se muda en brinco desconcertante de Rusia a la India, a Inglaterra, a Francia y . . . a Estados Unidos.

Rilke nació de familia noble en Praga, hacia 1875. Sus retratos y un buen busto suyo, nos dan un hombre enjuto, delgada flecha de la vida, de frente amplia, ceja dura que el párpado bajo suaviza, mejilla casi seca; boca viril, algo gruesa; el bigote mongólico, de no ser rubio. (El ojo, dicen, era claro y muy dulce.)

El quiso dejarnos también, como La Rochefoucauld, su medalla un poco menos complacida, por cierto, que la del francés.

"En el arco de los ojos, la persistencia de la antigua nobleza. En la mirada, todavía, el miedo y el azul de la infancia; la humildad aquí y allá, no la del lacayo, sino la del servidor y la de la mujer. La boca, en la forma grande y precisa de boca, no persuasiva, pero expresando la rectitud. La frente, sin maldad y voluntariosa, en la sombra de una cara inclinada en silencio".

"Como de la mujer", dice Rilke, sin temor de que la comparación le disminuya. Se le ha llamado el poeta del niño y de la mujer. Mejor que los sensuales, nos entendió: ya se dijo que el que mucho se aproxima a un ojecto deja de verlo. Para amar al niño le ayudó la memoria de su infancia. ¿No viene del olvido de ella el endurecimiento en que acabamos? Rilke se recuerda niño con una ternura maravillosa, y esto lo libró de la monstruosidad que es ser adulto entero, hombre o mujer absoluto, sin la franja de oro de ninguna puerilidad, sin una arenilla extraviada de los cinco años, en el corazón viejo.

Los pocos escritores a quienes se acercó y dejó que se le acercaran en París, recuerdan a un hombre de una distinción extraordinaria, con maneras de rey (si los reyes las tuvieran a su medida), con el espíritu verdaderamente derramado en su cuerpo y su gesto. Su amistad fue superior, difícil, como que en ella gastaba él la misma materia preciosa que en un capítulo o en una estrofa.

"Lo que significa una hora pasada con Rilke, como antes una pasada con Proust, no se parece a ninguna hora pasada con otro hombre, ni aun de igual talento", dice Jaloux.

Se cuenta cómo la poesía no fue en él la hora urgente en que el verso (o la prosa tensa como el verso) saltan del hombre como la chispa de la rueda, sino el día, la estación y el año.

Vivió dentro de la nube eléctrica de su poesía: y acercarse a él significaba efectivamente salir de una atmósfera y conocer mudanza evidente de elementos. Sin didáctica, purificaba al amigo, por simple contacto.

Semejante amistad no puede volverse democrática. Rodin, hombre que gozó de muchas dichas, la tuvo también: Jaloux supo merecerla por su mente aseada de envidia y aludirá siempre a esta fortuna como quien voltea un diamante para sacarle luces inéditas cada vez.

Más de diez años vivió en París. Gustaba de la gran ciudad como del lugar del mundo en que es posible encontrar por las calles fisonomías de aquellas que sólo dan los sueños; y la amaba así, a la manera de Baudelaire, como productora de larvas que en otra parte cuesta cuajar. De su paso por España no se sabe nada. En el hombre reservado el sol no fundió nada.

Hombre de casta dirigente, debía optar por almirantazgo, capitanía, magistratura o cardenalato. Lo pusieron, pues, en una escuela de cadetes, de la que dijo palabras que convienen a la imbecilidad de muchas escuelas.

"¡Este sabotaje que se llama educación y que despoja al niño de sus propias riquezas para substituirlas con lugares comunes!"

Dejó un buen día a sus compañeros de uniforme y se fue a hacer estudios más propios de hombre en Alemania. Tuvo la flaqueza del libro de versos prematuro, de los 18 años, que recogió poco después honestamente. Comienza en seguida su pasión de viajar que le gastará la vida. ¿Dónde no estuvo Rilke? En Italia, en España, en Egipto y Marruecos, en Escandinavia, en Rusia, en París. El viaje, que generalmente barbariza, no le interrumpía ni le desordenaba la vida interior, que en cualquier tierra es la única realidad.

Si se queda clavado en la casa de sus mayores, hombre de semejante tortura interna, entregado a las fieras de la imaginación, habría caído en la amargura morbosa de Andreieff, del que algo tiene en la pasión del misterio angustioso. La cretona violenta del mundo, que él cortaba en sus trenes y sus barcos, mudándole imágenes, le libraba siquiera a medias de los demonios del cuarto cerrado.

Italia le dio la amistad con Eleonora Duse; pero Italia no fue el clima de su alma, como él lo creyó en un principio: había traído un alma nórdica y del norte le venía todo; el héroe de su obra maestra, Malte Brigge, sería danés; llamará maestro a Jacobsen; el genio folklórico de Selma Lagerloff será una de sus admiraciones durables, y a Ellen Key dedicará sus "Historias del Buen Dios". Esta dirá en el estudio de Rilke: "La tendencia del temperamento nórdico a la vida interior le atrajo por sobre todo".

Vasconcelos diría que la latinidad echada a perder ya no podía ofrecerle nada. Sin embargo, él escribió una vez que, entre poetas, él quería ser Francis Jammes. Alabanza del opuesto, del opuesto absoluto. El poeta casi botánico, especie de Pomona masculina, cargado de frutos, no tiene agarradero posible para el espíritu de Rilke.

De su obra han hablado y siguen hablando los críticos; Jaloux asegura que su influencia sobre Francia apenas comienza y que durará largo tiempo. Yo sólo he querido decir algo de su vida, y mandar . . . estas páginas de las "Historias del Buen Dios" que aún no han sido traducidas al español. Para invitar a la lectura completa; para buscar amigos entre los nuestros al extraordinario varón que se llamó Rainer María Rilke, se manda esta menuda noticia suya.

[1927]

Editor's Note: In its original newspaper appearance, this "invitation" was followed by a selection of several pages about poetics, from Rilke's *Stories of God.*

An Invitation to Read Rainer Maria Rilke

It's closed now, that eye that loved the supernatural within the natural: the eye of Rainer Maria Rilke. His death has opened the way for the translation of his work into French, and each month publishing houses bring out more of his books. Still, it would have been nice if he'd had the pleasure of seeing for himself this expansion into French, the language he loved even more than his own. During his lifetime he was able to read only one edition in French: *Les Cahiers de Malte Laurids Brigge.*[1]

There was little that could faze this quintessential aristocrat; he loved each land he passed through, and he had only contempt for the cabals that make fame seem like something made of toxic rubber, in every land. But he wouldn't have been so indifferent to his developing reputation in France in 1927.

In the swampy world of literature, from time to time genuine friendships do develop, under the sign of eminent good-will: like Carlyle and Emerson, or Goethe and Eckermann. Their discovering one another is like the joy of a plant that blooms out of season (even though that, too, vanishes).

Rilke had two good friends in France: Edmond Jaloux and Paul Valéry.[2] Because of his position as a prominent critic of foreign writing, Jaloux is sometimes thought to disdain French literature; he has been attacked by the "imperialists of the French language." For ten years Jaloux has maintained, with ample evidence, that Rilke is the premier German writer of his genera-

---

1. Maurice Betz's 1923 translation of Rilke's *Die Aufzeichnungen des Malte Laurids Brigge* (The Notebooks of Malte Laurids Brigge), 1910.

2. Edmond Jaloux (1878–1949), French novelist and essayist, who advocated German writers in *L'esprit des livres* (1923) and *Figures étrangères* (1925). Paul Valéry (1871–1945), preeminent French poet-philosopher and student of Stéphane Mallarmé, whose intellectual, allusive, and musical elegance was a model to a generation of younger writers; his correspondence with Rilke is especially helpful in relation to Rilke's *Duino Elegies* and *Sonnets to Orpheus.*

tion; he's even just published a short book about him. And Valéry first addressed Rilke in writing, expressing admiration for his German translations.

The French and German literary establishments are still strangling in smothering fogs; new values from beyond the Rhine have quite a challenge to move toward France (I don't mean the French people), in order to catch up with Berlin.

I don't believe (in accordance with Daudet's dictum) that there's any Latin monopoly on masterworks.[3] The Holy Spirit has had the good taste not to take up exclusive residence in any of the capital cities of xenophobic Europe; it has moved with astonishing leaps from Russia to India, to England, to France, and even . . . to the United States.

Rilke was born into a noble family in Prague, around 1875. His portraits, and a good bust of him, show a slim man, a lean arrow of vitality, with a broad forehead, stern eyebrows softened by the eyelids, rather holllow cheeks, a masculine mouth (somewhat full), and a Mongolian-looking mustache, even though it was fair. (His eyes, I'm told, were clear and very gentle.)

Like Rouchefoucauld, he wanted to leave us with an image of himself less complacent than what appears on an official medallion, French-style.

"Some vestige of the old aristocracy could be seen in the arc of his eyebrows. The fear and the bluish color of infancy still survived in his face, and humility too, though it was the humility of a serving man or of a woman, not that of a lackey. His mouth, the great firm shape of his mouth, was not commanding, but it expressed a rectitude. His forehead seemed to have no willful malice about it. His face tilted gently toward the shadows."

"Like a woman," Rilke said, with no fear that the comparison would demean him. He has been called the poet of the child and of the woman. He understood us better than the sensualists do; it's a truism that someone too close to an object can't see it. The memory of his own childhood helped him to love children. Doesn't the hardening that damages us happen because we forget this? Rilke remembers his childhood with a marvelous tenderness, which freed him from the monstrousness of being entirely adult, absolute man or absolute woman: that is, without the golden buffer of recognizably childlike

---

3. Alphonse Daudet (1840–1897), who in novels of Provençal life (like *Numa Rumestan*, 1861) and in memoirs of Corsica (*Lettres de mon moulin* [Letters from My Mill], 1862) explored the contradictions and tensions between "northern" and "southern" temperaments.

qualities, without the sprightly ink-blotting sand of a five-year-old explorer sprinkling through the chambers of an old heart.

The few writers he approached, and those in Paris he allowed to get close to him, recall a man of great distinction, with manners like those of a king (if those of kings could measure up to his). Spirit genuinely streamed through his body and his actions. His friendship was austere, even difficult, as though in it he employed the same precious material he used in a chapter or a stanza.

"The meaningfulness of an hour spent with Rilke, like one with Proust in an earlier time, made it like no hour spent with another person, even someone of equal talent," Jaloux said.

For him, poetry was not the one urgent hour when the verse (or prose as tight as verse) leapt from the man like sparks from a wheel: for him, poetry was the day, the season, and the year.

He lived in the electric cloud of his poetry, and getting close to him meant, essentially, leaving the atmosphere and coming to know the manifest motion of the elements. Without didacticism, he purified his friends through simple contact.

A sense of friendship like this could not become democratic. Rodin, a man who enjoyed many gifts, had it too; because he'd cleared his mind of envy, Jaloux knew how to accept it worthily. He always alludes to this good fortune of his like someone who rotates a diamond in order to reveal afresh its unseen lights.

Rilke lived in Paris for more than ten years; he took advantage of this great city as the one place in the world where it is possible to meet on the street faces that simply inspire dreams. Thus he loved it, as Baudelaire did, because it formed pupae that could scarcely take shape anywhere else. Nothing is known of his travels through Spain. He was a reserved man; the sun didn't melt any part of him.

As a member of the ruling class, Rilke could have chosen to be an admiral, a captain, a magistrate, a cardinal. Eventually he was sent to a military school for cadets; what he had to say about it could apply equally to the imbecility of many schools.

"This sabotage called education deprives a child of his own richness and substitutes platitudes instead."

One fine day he left his colleagues in uniform and went on to pursue studies in Germany that suited him better. At eighteen he prematurely published a weak book of poems; somewhat later he tactfully withdrew it. Soon a passion for travel, which would occupy his life, appeared. Where didn't Rilke go? He traveled in Italy, Spain, Egypt and Morocco, Scandinavia, Russia, Paris. Traveling, which so often coarsens the traveler, didn't interrupt or disorder his internal life (which wherever one is, is the only reality).

Boarded up inside his parents' house, someone with such a tortured soul, someone given over to the beast of imagination, might fall into a morbid bitterness like that of Andreyev (from whom Rilke did, in fact, learn something of a passion for the mysteries of suffering).[4] Rilke's trains and ships sliced through the violent, harsh fabric of the world, setting images into motion; his travels set Rilke free from the demons of the sealed room.

Italy offered him the friendship of Eleonora Duse,[5] but Italy was not the climate of his soul, as he'd thought at first. His was a Nordic soul, and according to Rilke, everything about him came from the North. The hero of his masterpiece, Malte Brigge, would be Danish; "Jacobsen" would be the name of the teacher; he admired the folkloric genius of Selma Lagerlöf,[6] and he would dedicate his *Stories of God* to Ellen Key.[7] Her study of Rilke notes, "He was attracted above all else by this turn of the Nordic temperament toward interiority."

Vasconcelos[8] said that Latinity was lost, and that now it has nothing to

---

4. Leonid Nikolayevich Andreyev (1871–1919) began as a realist writer but moved, in the plays he wrote after World War I, toward a spiritualized, allegorical form of expressionism.

5. Eleonora Duse (1858–1924), Italian actress, admired by many of her contemporaries as the essential tragedienne of the modern age.

6. Selma Lagerlöf (1858–1940), Swedish writer known for her imaginative, romantic novels of peasant life of northern Sweden; the first female recipient of the Nobel Prize in literature (1909).

7. Ellen (Helen) Key (1849–1926), Scottish-Swedish writer and educational reformer; her prolific, intense correspondence with Rilke was collected posthumously and published in 1993.

8. José Vasconcelos (1881–1959), Mexican essayist and educator most famous for his five-volume autobiography (1935–1959) in which be braids together personal memoirs and meditations on the Mexican cultural and racially mixed "character." In those volumes and in his philosophical *Todológia* (1959), Vasconcelos insists on the grounding of the Mexican mind in indigenous Indian consciousness and social forms, arguing that the twentieth century had revealed the inadequacies of Western paradigms.

offer. Nevertheless, Rilke once said that of all poets, he would most want to be Francis Jammes.[9] Praise like that for his polar opposite, his complete antithesis! Jammes was almost botanical, a masculine version of the goddess Pomona, heavy with fruit; he didn't, in fact, exert any influence on Rilke's spirit.

Critics have discussed, and continue to discuss, Rilke's work. Jaloux assures us that his influence in France has hardly begun, and that it will last a long time. I want here only to say something about his life, and to include . . . some sections of his *Stories of God*, which has yet to be translated into Spanish. This short essay is simply an invitation, searching for friends among us, to a fuller reading of this extraordinary man called Rainer Maria Rilke.

---

9. Francis Jammes (1868–1938), French poet of pastoral elegy and of the quiddity of "things."

Si Napoleón no hubiese existido

En nuestro hotel de Ajaccio este profesor de historia, que es mi compañero de mesa, me pregunta cada día: "¿Ha ido a visitar la casa de Napoleón?". Y cada vez yo le contesto: "Todavía no".

La primavera corsa vale muchísimos Napoleones. Comienza con los almendros que, desde marzo, bajan en una cauda de blancura y levedad desde Orange hasta Aix, cauda que en las bocas del Ródano se rompe para reaparecer en Córcega. Al mismo tiempo que ellos, la mimosa de Mediterráneo, el árbol corpulento y dorado, que se da en ramos blandos, me regaló con siestas bien suaves en San Rafael. Después de ellos vienen los ciruelos, que casi alucinan en algunas huertas de Bastia. Si Napoleón se hubiese quedado en su isla brava, a una vez rocosa y dulce, poco se habría perdido y . . . habría unos cinco millones más de ojos franceses para gozar su Mediterráneo, porque en el admirable matador de hombres comienza la despoblación francesa. Pero a pesar del perfil fino como de pluma de faisán de sus 22 años, le importaron poco las primaveras corsas o provenzales al marido de Josefina y María Luisa, lo cual fue una lástima . . .

Llegan en estos días los *Mercurios,* que traen en página generosa de cable la información sobre la Conferencia Panamericana de Cuba. Mi compañero me hace traducirle algunos cables. Al final de una de estas lecturas me va diciendo:

"Ud. dirá que le importan más los cerezos de Ajaccio; pero podría ser que la razón de su pereza para llegar hasta la *reliquia* sea otra. Ud. dice que no sabe casi nada del hombre del 18 de Brumario y que eso la tiene sin cuidado. Sin embargo, sabe del modo que las mujeres suelen saber, por un lujo de intuición, que una americana del Sur no debe admirar al querer a Napoleón, a pesar del estilo imperio que en el mueble es tan noble, a pesar de la pasión de Heine y a pesar de los mejores boulevares de París que Haussmann trazó por darle gusto al otro Napoleón.

"Yo pensaba, mientras Ud. iba leyendo esos cables, que casi son réquiem para la raza de Uds., en lo que hubiera pasado, para disminución de Yanquilandia y bien de Uds., si Bonaparte no hubiese existido . . . Francia conservaría la Luisiana. Entre los Estados Unidos ingleses y México, qué desahogado territorio francés se extendería, más que muralla cortafuego un país entero, especie de Bélgica o de Suiza con destino político de primer orden para separar el bisonte del venado, o si Ud. quiere, el cocodrilo, del indio descuidado. Pudo existir esa Francia ultramarina, más próspera que el Canadá que perdimos por su asiento en tierra de clima cálido. No habrían tenido con nosotros el pretexto de desbarbarizar al vecino, que, en buenas cuentas, alega el señor Kellogg respecto de la pobre Nicaragua. El comercio de la América del Sur nos lo hubiéramos repartido, con disputa, ceñida pero con algún éxito, porque la manufactura francesa supera la suya, y la absorción comercial que los Estados Unidos hacen sobre Uds., de modo tan espantosamente absoluto, fuera mucho menor".

"Donde el francés coloniza, véalo Ud. cuando pueda en Argelia, humaniza las relaciones entre el blanco y el hombre de color, asiático o africano, y de la comparación más rápida con el inglés colonizador salimos gananciosos; el francés siempre es el hombre, en Saigón o en el Congo; al inglés yo no puedo verlo, hacia la India o el Egipto, sino como un engendro mitológico, mitad Cecil Rhodes, mitad leopardo".

"¡Lo que hubiese hecho por Uds. una Luisiana francesca!"

"Un destino, o disparatado o atrida, ha dejado que se dividan aquel continente dos razas fundamentalmente opuestas, diferentes desde el meollo a la epidermis: la española desordenada y mística (mística por desordenada, diría d'Ors) y la otra, que no gasta calor ni para abrir en res a Centroamérica. Hace falta entre Uds. el puente francés, que quebró, con una necedad de muchachuelo, Napoleón. Hubiéramos sido entre Uds. lo que seguimos siendo hasta hoy: la razón francesa, que está asistida siempre de sensibilidad, que se diferencia de la razón de Londres o Dublín *en que es emotiva*".

"Cuando yo veo que los Estados Unidos hablan de ser en las reyertas de Uds. el mediador, yo me sonrío; lo que habría que buscar sería un traductor de Mr. Kellogg, para los pueblos del Sur, que le sobajee un poco la sequedad de cuero rijoso que tiene en su expresión, como en su espíritu, cuando hace discursos".

"Ellos supieron bien lo que a Francia le arrancaron; pero Francia no entendió cabalmente lo que abandonaba".

"El Canadá inglés les inquieta poco. Es un mínimum de Europa, muy tolerable como está, metido en sus hielos. Con una Luisiana francesa asomada a ese Golfo de México, que es el Mediterráneo de Uds., aquello cambiaba muchísimo. Europa, a la que los norteamericanos detestan porque la temen, se les atravesaba como un cuchillo en la garganta. Nada de quijadas libres para estropear a México, y un mar Caribe compartido a regañadientes, pero compartido".

"Entre los males materiales, hubiéramos deslizado entre ellos algunos bienes profundos de los que tarde o temprano tendrán hambre: un poco de la educación clásica que ignoran casi por entero; un vago sabor de cultura entre su paladeo ácido de civilización mecánica. Grandes universidades francesas a medio camino entre Chicago y México se hubiesen llenado de estudiantes yanquis y sudamericanos y eso que llaman el *acuerdo* espiritual, que por ningún lado se ve venir allí, podría haberse comenzado, bajo la influencia de Francia".

"Este Bonaparte que *atarantó* a la Francia como *encandiló* durante diez años —los verbos aquí son míos— la imaginación femenina, por desenfrenada, de Víctor Hugo, hizo que no nos diésemos cuenta de lo que entregábamos. Inglaterra, con su sangre fría de serpiente sabia, nunca hubiera firmado semejante renuncia a un océano y a una tierra de caña y de algodón. Pero Napoleón tuvo el triste privilegio de enloquecernos. La razón francesa se fundió debajo de su sable, como una cera, y el paseo fabuloso de nuestros batallones entre Madrid y Moscú, hacía un efecto feérico de fiesta veneciana cumplida en dos mil kilómetros cuadrados . . . Parecíamos niños en una procesión de fuegos de Bengala; él nos hizo echar atrás nuestra madurez lenta y preciosa que se llama, en el pensamiento, Pascal; y en las construcciones, Colbert, este hijo de Leticia Ramolino en el cual el Mediterráneo caliente dejó los pulsos alterados".

"Porque no en vano son tan excesivas estas primaveras de Córcega que Ud. alaba tanto".

—Hay una diferencia de un mes entre cerezos y cerezos floridos de Lyon a Ajaccio —le digo—. Cuando raleen las flores de los guindos, ya sin pérdida de este espectáculo blanco de las flores de los guindos, yo iré a visitar la *gran reliquia* del hombre de la gloriosa tropelía. Pero entre él y Juana, la lorenesa, los dos cuernos dorados de la gloria militar de Uds. (también ésta comida por los ingleses), me quedaré siempre con Juana que mató lo menos posible para limpiar a Francia.

[1928]

If Napoleon Had Never Existed

Each day in our hotel in Ajaccio,[1] a history professor, my tablemate, asks me: "Have you visited Napoleon's house yet?" And each day I answer him: "Not yet."

The Corsican spring is worth many Napoleons. It begins with the almond

---

1. Ajaccio: town in western Corsica, birthplace of Napoleon Bonaparte.

trees, from March onward, arriving in a trail of white and lightness from Orange to Aix, disappearing at the mouth of the Rhône and reappearing in Corsica. At the same time, the Mediterranean mimosa, a plump golden tree with soft yielding branches, pampered me with gentle naps in San Rafael. After them come the plum trees, which almost shine in certain farms in Bastia. If Napoleon had stayed on his fierce island, a place both stony and sweet, little enough would have been lost, and . . . well, there would be about five million more French eyes to enjoy their Mediterranean, because the depopulation of France began with that impressive "matador." But despite his fine demeanor when he was twenty-two (grand as a cock pheasant's plumage!), this man who eventually became husband to Josephine and to Marie-Louise was indifferent to the springtimes in Corsica or in Provence, which was a pity . . .

The *Mercurio* newspaper arrives now, its generous pages bringing cabled information about the Pan-American Conference in Cuba.[2] My colleague has me translate some cables for him. After one of these sessions he says to me:

"You may say that you prefer to see the cherry trees in Ajaccio, but there might be a different reason for your procrastination about visiting the 'shrine.' You say you don't know much about the 'Man of the 18th of Brumaire,' and that you don't care. But in the richly intuitive way that women often have, you know that despite a liking for him, a South American ought not to admire Napoleon: despite the imperial style (so noble in furniture); despite Heine's enthusiasm; despite those excellent Parisian boulevards that Haussmann designed to please the other Napoleon.

"While you were reading those cables, which are almost a kind of requiem for your race, I was thinking what would have happened, to the diminishment of Yankeeland *and* of your land, if Bonaparte had never existed . . . France would still have Louisiana. Between the Anglo United States and Mexico, an insouciant French territory would extend, more a country than a firewall, a sort of Belgium or Switzerland, its primary political destiny to

---

2. The Sixth International Pan-American Conference, in Havana, 1928, did create the Pan-American Institute of Geography and History, establishing comparative cartographic and demographic standards. It's remembered more for what it did not do, however: it failed to include women in the scheduling or representation of policy discussions. Women from all American nations converged on the conference and demonstrated in the streets of Havana, demanding an Equal Rights Treaty.

separate the buffalo from the deer, or if you prefer, the crocodile from the undefended Indian. A transatlantic France could have existed, more prosperous than the Canada we lost, because it would be settled in a warmer climate. With us there, they wouldn't have the excuse that they have to eliminate the barbarism of their neighbors, as Mr. Kellogg argues about poor Nicaragua.[3] After an intense (but ultimately successful) struggle, we'd have a share in all the commerce throughout South America, because French manufacturing is superior to theirs, and thus the United States' saturation of your economy, which is now so horribly absolute, would be less than it is now.

"When France colonizes, as in Algeria for example, it humanizes the relations between whites and people of color, Asian or African; and, briefly to compare British colonialism with ours: ours is superior. In Saigon or the Congo, the Frenchman is always human, but I can't see the British, in India or in Egypt, except as a mythological specimen, half Cecil Rhodes and half leopard.

"And what a French Louisiana would have done for you!

"Some fate, random or predetermined, has allowed two fundamentally opposing races, different from the heart to the skin, to share that continent: one the Spanish, disorderly and mystical (mystical because disorderly, Ors would say),[4] and the other one, which never really expends energy (not even in butchering Central America). Between the two of you the French bridge is necessary, but it crumbled with that childish Napoleon nonsense. Between you we would have been what we are today: French rationalism, always buttressed by sensibility, different from the reason of London or Dublin in that it has emotion.

"When I hear the United States talk about being the mediator in your quarrels, I smile; what is needed is someone to translate Mr. Kellogg for the

---

3. Frank B. Kellogg, U.S. Secretary of State (1925–1928), eventually won the Nobel Peace Prize (1929) for his sponsorship of the Kellogg-Briand Pact outlawing war as an instrument of foreign policy. The pact was effectively rendered ineffective, however, by Kellogg's insistence on preexisting "commitments," like those of the Monroe Doctrine, which also led the United States into sponsoring incursions into Nicaragua. (In 1927, he dispatched U.S. Marines to Nicaragua; they remained a military presence until 1933.)

4. Eugenio d'Ors (1882–1954), Catalan journalist, art critic, and political commentator, best known for his cultural theorizing in *Glosari* (1906).

southern countries, someone to scuff the dryness of war-saddle leather from his expression, as from his spirit, when he talks.

"They knew very well what they were taking from France, but France didn't comprehend exactly what it was relinquishing.

"British Canada doesn't worry them much. It's minimally European, pleasant as it is, deep in its frost. But with a French Louisiana gazing out on the Gulf of Mexico (your Mediterranean), that situation would be changed significantly. Europe, which North Americans mistrust because they fear it, would poke at their throats like a knife. No open jaws to devastate Mexico, and a Caribbean Sea to be shared (albeit reluctantly).

"Besides the material disadvantages, we would have offered some substantive advantages that sooner or later they'd crave: a little bit of classical education (which they ignore almost completely), a faint taste of culture (amidst their bitter-tasting mechanical civilization). Great French universities halfway between Chicago and Mexico would have been crowded with Yankee and South American students, and what they call the spiritual 'contract,' which we don't see developing at all, could have begun under French influence.

"This Bonaparte who for ten years 'made France dazed' as much as he 'dazzled' (the verbs are mine) the female —because of its wild abandon— imagination of Victor Hugo: he made us oblivious to what we were giving up. England, with its cold-blooded wisdom like the wise serpent's, would never have signed such an agreement relinquishing an ocean and a land of sugarcane and cotton. But Napoleon had the ill-fated ability to make us crazy. French rationalism melted under his sword like wax, and the marvelous march of our battalions from Madrid to Moscow had a wonderment effect, like a Venetian feast, across two thousand square kilometers . . . We were like children in a parade, waving sparklers. He made us set aside our esteemed, slow-paced maturity, which in philosophy is called 'Pascal,'[5] and in construction 'Colbert':[6] that son of Letitia Ramolino, that man in whom the hot Mediterranean had produced an entirely different pulse.

---

5. Blaise Pascal (1623–1662), French logician, mathematician, physicist, and religious philosopher.

6. Jean-Baptiste Torcy, marquis de Colbert (1665–1746), French diplomat who negotiated the treaties that were the structure of French foreign policy under Louis XIV.

"So, you see, the exuberance of these Corsican springtimes that you praise so highly would have had some effect."

"There's a month of difference, from Lyon to Ajaccio, in the flowering of all those cherry trees," I tell him. "When the morello cherry starts to blossom, I won't miss the white display of their blooms, but I will go visit the 'grand shrine' of that man of the glorious struggle. Still, between him and Joan of Arc, those two golden peaks of your military glory (both consumed by the British), I'd prefer Joan, who in the cause of purifying France caused the deaths of the fewest possible people."

José Martí

La crítica literaria moderna está empeñada en deslindar la obra del individuo y en reducirse al fajeo de su escritura. Ando con esos dualistas a veces: otras me les aparto.

Muchos escritores hay con los cuales sobra la divulgación de su persona y de su vida; otros que no pueden ser manejados por el comentarista sino en bloque de escritura y de carácter. Martí es de éstos, y hasta tal punto que no sabemos bien si su escritura es su vida puesta en renglones, o si su vida es el rebosamiento de su escritura. Aparte de que Martí pertenece a aquellos escritores que se hacen amar aún más que estimar, y de los cuales queremos saberlo todo, desde cómo ellos rezaban hasta cómo ellos comían. Se tratará siempre de él como de un caso moral y su caso literario lo anotaremos en cuanto a consecuencia.

Es cierto que se puede hablar aquí de "un caso". ¿De dónde sale este hombre tan viril y tan tierno, por ejemplo, cuando en nuestra raza el viril se endurece y también se brutaliza? ¿De dónde viene este hombre teológico tan completo, trayendo el trío de las potencias de "memoria, inteligencia y voluntad"? ¿Y de dónde nos llega este ser difícil de manufactura interior en que los hombres hallan la varonía meridiana, la mujer, su condición de misericordia y el niño su frescura y su puerilidad juguetona? Todavía diremos: ¿Dónde se ha hecho en nuestra raza de probidades dudosas y ensuciada por mucho fraude, este hombre de cuarenta y ocho quilates del que no logramos sacar una sola borra de logro, ni siquiera de condescendencia con la impureza?

A ver si hallamos de contestar, y si erramos, la intención valga.

El viril nos viene de la sangre catalana, resistente y operosa, o, si ustedes lo prefieren, del explorador y el conquistador español, correa de cuero de la historia, campeón magistral cuya resistencia todavía asombra al cronista contador de sus hechos. El tierno le viene del limo y del ambiente antillano, donde el cuero español que dije se suavizó para dejar una raza dulce y más grata que la arribada. Verdad es que el antillano, indio bondadoso, el más benévolo indio americano, al lado del quechua aymará, fue arrasado; pero no sabemos todavía

---

This essay was initially printed for students under the title "José Martí the Man." When reprinted in later collections, it had the title "José Martí"; it is one of several essays Mistral wrote on Martí, his life and style, and his Caribbean identity.

si los muertos en cuanto se entierran se acaban o si se retardan formándole al suelo una especie de halo de sus virtudes que opera sobre los vivos y los gana a su condición. El hecho es que dentro del trópico la vida antillana muestra mucho menos malquerencia armada que la de los países calientes del Sur. Esta tierra insular, aliviada por el mar de su calentura, esta Antilla productora de la caña cordial y del tabaco piadoso del que dice un inglés que templa con su suavidad la dureza del hombre, esta bandeja plana de limo reblandecido en la que la vida se acomoda tan bien, produce fácilmente al hombre tierno y a la mujer tierna, y ha podido dar la cifra más alta de dulzura de nuestra raza en este Martí bueno.

Pero el hombre cubano que según varios comentaristas "contiene a la mujer y al niño, conservando entero al varón", ése no se explica, creo yo, con raza ni con geografía, porque aparece en varios lugares al capricho. Curioso es que el varón pierda tan pronto el regusto de la leche materna y se le barbarice el paladar del alma con rones y especias malas. Posiblemente sea de su educación que insiste tanto en hacerle pronto la varonía, y una grosera varonía, de donde le viene este olvido de su leche primera y este desdén de la blandura que lo nutrió meciéndolo y que lo afirmó acariciándolo. Afortunadamente, hay grandes razas donde la amabilidad se cultiva lado a lado con la resistencia: la italiana y la francesa, de esta parte, la japonesa del otro lado.

La explicación que yo me doy de José Martí es otra, la siguiente: El hombre completo sería aquel que a los veinticinco años conserva listaduras infantiles en la emotividad, y por ella en la costumbre, y que no ha despedido al niño que fue, porque sabe que hay alguna monstruosidad en ser redondamente adulto; este mismo hombre se anticipa en él las piedades del viejo ya sea por una atención humana muy intensa, ya sea por adivinación de lo que viene. Los viejos poseen la piedad perfecta por haber probado en todos los platos de virtud y de culpa; han madurado su pulpa para el perdón; no tienen en agraz ninguna comprensión y de nada se asombran, aunque rechacen muchas cosas. Maravillosa la piedad de los viejos.

Martí me parece esto, el maduro en quien se retarda para su bien un aroma acusado de infancia y que ya se sabe al viejo que él no va alcanzar a vivir, habiendo laceado desde lejos las presas de su experiencia. Podríamos de esta manera llamarlo un hombre de cenit, que desde el punto cenital de los treinta años domina y posee ya los dos lados de cielo: el que remontó y el que va a descender. Por eso es tan humano que se funde de jugo por donde se le toca, y responde al niño en los cuadernos de *La edad de oro* y el *Ismaelillo*, por eso sabe ya tanto del negocio de vivir, de padecer, de caer y levantar, que se le puede contar todo, estando seguro de conmoverlo; o bien no contarle nada, porque con mirar una cara entiende y hace lo que hay que hacer.

Las funciones humanas mejores él las sirvió, una por una: la de camarada, la de confortador, la de consolador, la de corregidor, la de organizador y la de realizador. Muchas veces se ha aplicado en la historia la frase de "amigo de los hombres". A Marco Aurelio, a Carlo Magno, a algunos papas, a San Luis, a Alfonso el Sabio, a Eliseo Reclus, o a Michelet. Cuba también tuvo un amigo de los hombres en este José Martí.

Alabemos todavía al luchador sin odio. El mundo anda muy alborotado con esa novedad de Mahatma Gandhi, combatiente sin odiosidad: pero el fenómeno difícil de combatir sin aborrecer, apareció entre nosotros, en esta Cuba americana, en este santo de pelea que comentamos. Pónganle si quieren un microscopio acusador encima, apliquenselo a arengas, a proclamas o a cartas, y no les ha de saltar una peca de odio. Metido en esa profesión de aborrecer que es el combate, empujado a esa cueva de fieras hediondas que es en la historia la guerra, constreñido a enderezarse, a rechazar, a buscar fusil y a echarse al campo, este extraño combatiente con cara que echa luces de sus planos, va a pelear sin artes, sin lanzar interjecciones feas, sin que se le ponga sanguinoso el lagrimal, sin que tiemble del temor malo de los Gengis-Kanes. Posiblemente hasta los luchadores de *La Ilíada* han dejado escapar algún terno que Homero se guarda, en lo apretado de la angustia; Martí pelea sobrenaturalemente, sintiendo detrás de sí la causa de la independencia cubana, que le quema la espalda, y mirando delante al montón de los enemigos de ella, impersonal, sin cara que detestarles, casi sin nombre, con solo apelativo abstracto de tiranía o de ineptitud.

Esta vez sí, no resulta el sujeto sin amarras con la raza latinoamericana. Mucho ha odiado la casta nuestra, mucha fuerza ha puesto en esta operación de aborrecer desde la cabeza a los pies y de tomar cada país o cada partido, como el toro que es preciso descuartizar para salvarse, haciendo lo mismo con el becerro que le sigue y con el tropel de los que vienen.

Aunque la frase se tiña un poco de cursilería, digamos que Martí vivió embriagado de amor humano (él lo dijo de otros), y hasta tal punto que sus entrañas saturadas de esta mirra, no le pudieron entregar ni en lo negro de la pelea un grito verdadero de destrucción ni un gesto de repugnancia.

Es agradecimiento mi amor de Martí, agradecimiento del escritor que es el maestro americano más ostensible en mi obra, y también agradecimiento del guía de hombres terriblemente puro que la América produjo en él, como un descargo enorme de los guías sucios que hemos padecido, y que padeceremos todavía.

Muy angustiados andamos los que vivimos en la tierra extraña al echar la vista hacia nuestros pueblos soldados por una geografía más importante que la política, y les tocamos lo mismo que se tocan cerros y mesetas en los mapas en relieve, la injusticia social que hace en el continente tanto bulto como la cordillera, las viscosidades acuáticas de la componenda falsa, el odio que lo tijeretea en todo su cuerpo, y la jugarreta trágica de las querellas de barrio a barrio nacionales.

En estas asomadas dolorosas al hecho americano, cuando advertimos torpeza para las realizaciones, y cojeadura de la capacidad, nos traemos de lejos a nuestro Bolívar, para que nos apuntale la confianza en nuestra inteligencia, y de menor distancia en el tiempo nos traemos a nuestro José Martí para que nos lave con su lejía blanca, las borroneaduras de nuestra gente, la impureza larga y persistente de sus acomodos y sus negociados. Refugio me ha sido a mí y me será siempre, uno de esos refugios limpios y enjutos que suelen hallarse en una gruta cuando se anda por el bajío pantanoso de alimañas escurridizas y en el que se entra para poder comer y dormirse sin cuidado.

Esa frente que a los cubanos les es familiar, me tranquiliza con su plano suave y me echa claridades; esos ojos de dulzura pronta, con la miel a flor de la "niña", donde se chupa sin tener que buscar mucho; esa boca cuyo gesto me creo, porque el bigote grueso me lo tapa; ese mentón delgado que desensualiza la cabeza por el segundo extremo, haciendo lo que la frente hace en lo alto, me ha consolado muchas veces tanto rostro desleal, y bestial como da nuestra iconografía americana, la pasada y la de hoy.

["El hombre José Martí," 1932]

José Martí

Modern literary criticism is committed to outlining the shape of an individual's work and to reducing itself to circumscribing the writing. I sometimes spend time with those who work within those two ambitions; at other times I keep my distance.

There are many writers for whom the explication of their personalities and lives is excessive; there are others whom commentators can't address except by treating the writing and the character as a single entity. Martí belongs to this latter group, so much so, indeed, that we can't quite tell whether his writing is his life rendered in lines, or whether his life is the overflow of his writing. In any case, Martí belongs to that group of writers who inspire love rather than esteem, and about whom we want to know everything, from how they prayed to what they ate. He'll always be regarded as a kind of moral "case"; here, consequently, we'll consider his literary "case."

Certainly, we can speak here of a "case." Where does he come from, this man so masculine and tender, for instance, when among our people masculinity turns hard and brutal? Where does this wholly theological man come from, sustaining the powerful trinity of "memory, intelligence, and will"? And from where does he come to us, this difficult being of internal self-creation in whom men recognize the norm of masculinity, and women their own tenderheartedness, and the child recognizes its own freshness and playful childishness? We might add: how did our race of dubious honor and so much fraudulence produce such a forty-eight-karat man, a man whose achievement doesn't seem to reveal a single stain, not even a gesture toward impurity?

Let's see if we can find the answer; if we fail, we hope the effort may still be worthwhile.

The virility comes from the Catalan blood in us, resolute and competent, or, if you prefer, from the explorer and the Spanish conquistador, history's leather strap, the masterful victor whose toughness still amazes the chronicler who reports the facts. The tenderness comes to him from the mud and from the Caribbean climate, where that Spanish leather is made supple, leaving a sweet and more pleasant race than the one that first arrived. It's true that the gentle Caribbean Indian, after the Quechua-Aymara peoples the most benevolent American Indian, was decimated,[1] but we still don't know whether the dead are actually gone when they are buried or whether perhaps they linger, their virtues forming a kind of nimbus on the earth that influences the living to change, to resemble them. The fact is that in the Tropics, Caribbean life seems far less armored in ill will than that in hot southern countries. This insular countryside, its heat tempered by the ocean, this Caribbean source of cordial sugarcane and devout tobacco (about which the Englishman says it tempers men's harshness with its smoothness), this flat tray of softened mud on which life is so well accommodated, easily generates the gentle man and

---

1. Quechua was the language of the Incas and so is a metonymy for the Incas themselves; the Aymara were a valley-dwelling people colonized by the Incas from the fifteenth century.

the gentle woman; the apex of our race's sweetness was reached in this good man Martí.

But this Cuban man who, according to several commentators, "contains both woman and child, while remaining fully a man," can't be explained, I think, by race or by geography, because he appears in several places as if at random. It's curious that a man so quickly loses the aftertaste of his mother's milk, and that his soul's palate turns barbaric with rum and bad spices. The cause might be his education, which insists on forming his masculinity early, a coarse masculinity at that, one that produces a certain forgetfulness of his origins and a disdain for the softness that nourished him in the cradle and affirmed him with caresses. Fortunately, there are great races where kindness grows alongside stamina: the Italian and the French, in the one direction, and the Japanese, on the other.

I maintain that José Martí is different in this regard: the well-integrated man would be the one who at age twenty-five retains certain childlike strands in his emotions and therefore in his habits, who has not lost the boy he was, because he knows that there is something monstrous in being completely adult. Such a man anticipates in himself the virtues of the old, whether in a capacity for human concentration or in an ability to foresee what is to come. The old have a perfect form of virtue that comes from having sampled all the dishes of goodness and of guilt; they have ripened the fruit of forgiveness; they have no bitterness in their perceptions, and nothing surprises them, although they may reject many things. The virtues of the old are marvelous.

Martí seems like that to me, the ripened man in whom, to his betterment, a scent of childhood still remains, and who already experiences himself as older (which he won't necessarily live to be) because he has lassoed and gathered the flocks of his experience from the far distance. We could therefore call him a man of the zenith, who, from the zenith perspective of his thirty years, has mastered and already possesses both sides of heaven: the one that arose and the one that will fall. That's why he is so human that he seems to melt, liquidly, when touched, and why he responds to the child, in the notebooks of *La edad de oro* (The Golden Age; 1889) and in *Ismaelillo* (1882). That's why he knows so much about the business of life, about suffering, about falling and getting back up, so much so that he can be told everything and is certain to be moved by it; or else, if told nothing at all, he can simply look at a face and understand and do what he has to do.

He served in the highest human capacities, one after another: comrade, comforter, consoler, corrector, organizer, producer. Often throughout history, the phrase "friend of man" has been used to describe certain persons: Marcus Aurelius, Charlemagne, several popes, Saint Louis,[2] Alfonso the Wise,[3] Elisée Reclus,[4] Michelet.[5] In José Martí, Cuba also had a "friend of man."

Let us always praise those who struggle without hatred. These days, the world is enthused by the novelty of Mahatma Gandhi, that combatant without hatred, but the difficult achievement of fighting without hatred occurred among us in Cuban America as well, through this fighting saint we're talking about. Fix an interrogating microscope on him or on his speeches and his proclamations; you won't find a drop of hate. Forced into this profession of rancor that combat represents, pushed into the cave of stinking beasts that war has been throughout history, obliged to stand up straight, to say "no," to pick up a rifle and march into the battlefield, this rare combatant, with his face glowing with light, goes out to fight without wiles, without hurling ugly imprecations, without going bloodshot in the eyes, without trembling in terror at the Genghis Khans. Perhaps even the warriors of the *Iliad* in the grip of anguish let loose some oath that Homer withholds; Martí fights supernaturally, feeling the cause of Cuban independence burning behind him, and facing ahead of him the crowd of the enemies of that cause, impersonal, without a face to hate them, almost nameless, having only the abstract name of "tyranny" or "incompetence."

At the same time, certainly, he seems to us like a man without connection to the Latin American race. He very much despises our caste system; he devotes his great strength to the process both of condemning it from head to toe and of resisting it: in every country, every party, like the one specific bull that has to be separated out for the sake of safety, and then its calf too, and so, eventually, the whole herd.

Although the phrase might sound gaudy, we could say that Martí lived intoxicated on human love (he said it of others), so much so that even in the darkness of battle his body, saturated with this myrrh, couldn't let loose a justifiable shriek of destructiveness or a cry of disgust.

My love for Martí is a kind of gratitude, for the writer who is the most clearly American influence on my work, and gratitude, too, for the terribly

2. Louis IX of France (1214–1270).

3. Alfonso the Wise, Alfonso X of Castile and León (1221–1284).

4. Elisée Reclus (1830–1905), French geographer, political theorist, and anarchist.

5. Jules Michelet (1798–1874), French Romantic writer and historian.

pure leader of men that America produced in him, like an enormous relief from the soiled leaders we have endured and will continue to endure.

Those of us who live overseas are very troubled when we turn back to regard our people, connected by a geography that's more important than politics; our contact with them is like contact with the hills and plateaus on a relief map, social injustice swelling on the continent as a mountain chain might, the sticky liquidity of dishonest compromises, the hatred that hacked at it all over its body, the tragic tactics in the petty quarrels from one national neighborhood to another.

In these painful observations of the American condition, when we observe how slow we are to realize these things, and feeble in our abilities, from far off we retrieve our Bolívar, for him to shore up trust in our intelligence, and from a shorter distance in time we retrieve our José Martí, so that he can scrub us clean with his white lye soap, washing the dirt off our people, the long persistent impurity of their manipulations and their shady dealings. He has been, and will always be, a shelter to me, one of those clean, small refuges one finds in a cave while trudging through the shallow swamps of slimy pests: a shelter one enters in order to eat and to sleep in safety.

That face, so familiar to Cubans, soothes me with its gentle angles and casts its clarities over me; those eyes of sudden sweetness, with honey in the pupils, drinking it all in without having to search very much; that mouth in whose motions I believe, as the thick mustache mostly conceals it from me; that narrow chin that desensualizes the head at the bottom end, just as the forehead does above —that face has often comforted me against so many disloyal and brutal countenances that our American iconography offers, in the past and in the present.

Recado sobre Pablo Neruda

Pablo Neruda, a quien llamamos, en el escalafón consular de Chile, Ricardo Reyes, nos nació en la tierra de Parral, a medio Llano Central, en el año 1904, al que siempre contaremos como de Natividades verídicas. La ciudad de Temuco le tiene por suyo y alega el derecho de haberle dado las infancias que "imprimen carácter" en la criatura poética. Estudió Letras en nuestro Instituto Pedagógico de Santiago y no se convenció de la vocación docente, común en los chilenos. Algún Ministro que apenas sospechaba la cosa óptima que hacía, lo mandó en misión consular al Oriente a los veintitrés años, poniendo mucha confianza en esta brava mocedad. Vivió entre la India Holandesa y Ceylán y en el Océano Indico, que es una zona muy especial de los Trópicos, tomó cinco años de su juventud, trabajando su sensibilidad como lo hubiesen hecho veinte años. Posiblemente las influencias mayores caídas sobre su temperamento sean esas tierras oceánicas y supercálidas y la literatura inglesa, que él conoce y traduce con capacidad prócer.

Antes de dejar Chile, su libro "Crepusculario" le había hecho cabeza de su generación. A su llegada de provinciano a la capital, él encontró un grupo alerta, vuelto hacia la liberación de la poesía, por la reforma poética, de anchas consecuencias, de Vicente Huidobro, el inventor del Creacionismo.

La obra de los años siguientes de Neruda acaba de ser reunida con un precioso esmero por la editorial española Cruz y Raya, en dos muy dignos volúmenes que se llaman "Residencia en la Tierra". La obra del capitán de los jóvenes ofrece, desde la cobertura, la gracia no pequeña de un título agudo.

"Residencia en la Tierra" dará todo gusto a los estudiosos, presentándoles una ligazón de documentos donde seguir, anillo por anillo, el desarrollo del formidable poeta. Con una actitud de lealtad a sí mismo y de entrega entera a los extraños, él ofrece, en un orden escrupuloso, desde los poemas —amorfos e iniciales— de su segunda manera hasta la pulpa madura de los temas de la Madera, el Vino y el Apio. Se llega por jalones lentos hasta las tres piezas ancladamente magistrales del trío de las materias. Recompensa cumplida: los poemas mencionados valen no sólo por una obra individual; podrían también cumplir por la poesía entera de un pueblo joven.

Un espíritu de la más subida originalidad hace su camino buscando eso que llamamos "la expresión", y el logro de una lengua poética personal. Rehusa las próximas, es decir, las nacionales: Pablo Neruda de esta obra no tiene relación alguna con la lírica chilena. Rehusa también la mayor parte de los comercios extranjeros: algunos contactos con Blake, Whitman, Milosz, parecen coincidencias temperamentales.

La originalidad del léxico en Neruda, su adopción del vocablo violento y crudo, corresponde en primer lugar a una naturaleza que por ser rica es desbordante y desnuda, y corresponde en segundo lugar a cierta profesión de fe antipreciosista. Neruda suele asegurar que su generación de Chile se ha liberado gracias a él del neogongorismo del tiempo. No sé si la defensa del contagio ha sido un bien o un mal; en todo caso la celebraremos por habernos guardado el magnífico vigor del propio Neruda.

Imaginamos que el lenguaje poético de Neruda debe hacer el escándalo de quienes hacen poesía o crítica a lo "peluquero de señora".

La expresividad contumaz de Neruda es una marca de idiosincrasia chilena genuina. Nuestro pueblo está distante de su grandísimo poeta y sin embargo, él tiene la misma repulsión de su artista respecto a la lengua manida y barbilinda. Es preciso recordar el empalagoso almacén lingüístico de "bulbules", "cendales", y "rosas" en que nos dejó atollados el modernismo segundón, para entender esta ráfaga marina asalmuerada con que Pablo Neruda limpia su atmósfera propia y quiere despejar la general.

Otro costado de la originalidad de Neruda es la de los temas. Ha despedido las empalagosas circunstancias poéticas nuestras: crepúsculos, estaciones, idilios de balcón o de jardín, etc. También eso era un atascamiento en la costumbre empedernida, es decir, en la inercia, y su naturaleza de creador quema cuanto encuentra en estado de leño y cascarones. Sus asuntos deben parecer antipáticos a los trotadores de senderitos familiares: son las ciudades modernas en sus muecas de monstruosas criaturas; es la vida cotidiana en su grotesco o su mísero o su tierno de cosa parada o de cosa usual; son unas elegías en que la muerte, por novedosa, parece un hecho no palpado antes; son las materias, tratadas por unos sentidos inéditos que sacan de ellas resultados asombrosos, y es el acabamiento, por putrefacción, de lo animado y de lo inanimado. La muerte es referencia insistente y casi obsesionante en la obra de Neruda, el cual nos descubre y nos entrega las formas más insospechadas de la ruina, la agonía y la corrupción.

Pocos sabores españoles se sacarán de la obra de Neruda, pero hay en ella esta vena castellanísima de la obsesión morbosa de la muerte. El lector atropellado llamaría a Neruda un antimístico español. Tengamos cuidado con la palabra mística, que sobajeamos demasiado y que nos lleva frecuentemente a juicios primarios. Pudiese ser Neruda un místico de la materia. Aunque se trata del poeta más corporal que pueda darse (por algo es chileno), siguiéndole paso a paso, se sabe de él esta novedad que alegraría a San Juan de la Cruz: la materia en la que se sumerge voluntariamente, le repugna de pronto y de una repugnancia que llega hasta la náusea. Neruda no es un adulador de la materia, aunque tanto se restrega en ella; de pronto la puñetea, y la abre en res como para odiarla mejor . . . Y aquí se desnuda un germen eterno de Castilla.

Su aventura con las Materias me parece un milagro puro. El monje hindú, lo mismo que M. Bergson, quieren que para conocer veamos por instalarnos realmente dentro del objeto. Neruda, el hombre de operaciones poéticas inefables, ha logrado en el canto de la Madera este curioso extrañamiento en la región inhumana y secreta.

El clima donde el poeta vive la mayor parte del tiempo con sus fantasmas habrá que llamarlo caliginoso y también palúdico. El poeta, eterno ángel abortado, busca la fiebre para suplirse su elemento original. Ha de haber también unos espíritus angélicos de la profundidad, como quien dice, unos ángeles de caverna o de fondo marino, porque los planos de la frecuentación de Neruda parecen ser más subterráneos que atmosféricos, a pesar de la pasión oceánica del poeta.

Viva donde viva y lance de la manera que sea su mensaje, el hecho de contemplar y respetar en Pablo Neruda es el de la personalidad. Neruda significa un hombre nuevo en la América, una sensibilidad con la cual abre otro capítulo emocional americano. Su alta categoría arranca de su rotunda diferenciación.

Varias imágenes me levanta la poesía de Neruda cuando dejo de leerla para sedimentarla en mí y verla tomar en el reposo una existencia casi orgánica. Esta es una de esas imágenes: un árbol acosado de líneas y musgos, a la vez quieto y trepidante de vitalidad, dentro de su forro de vidas adscriptas. Algunos poemas suyos me dan un estruendo tumultuoso y un pasmo de nirvana que sirve de extraño sostén a ese hervor.

Las facultades opuestas y los rumbos contrastados en la criatura americana se explican siempre por el mestizaje; aquí anda como en cualquier cosa un hecho de sangre. Neruda se estima blanco puro, al igual del mestizo común que, por su cultura europea, olvida fabulosamente su doble manadero. Los amigos españoles de Neruda sonríen cariñosamente a su convicción ingenua. Aunque su cuerpo no dijese lo suficiente el mestizaje, en ojo y mirada, en la languidez de la manera y especialmente del habla, la poesía suya, llena de dejos orientales, confesaría el conflicto, esta vez bienaventurado, de las sangres. Porque el mestizaje, que tiene varios aspectos de tragedia pura, tal vez sólo en las artes entraña una ventaja y da una seguridad de enriquecimiento. La riqueza que forma el aluvión emotivo y lingüístico de Neruda, la confluencia de un sarcasmo un poco brutal con una gravedad casi religiosa, y muchas cosas más, se las miramos como la consecuencia evidente de su trama de sangres española e indígena. En cualquier poeta el Oriente hubiese echado la garra, pero el Oriente ayuda sólo a medias y más desorienta que favorece al occidental. La arcilla indígena de Neruda se puso a hervir al primer contacto con el Asia. "Residencia en la Tierra" cuenta tácitamente este profundo encuentro. Y revela también el secreto de que cuando el mestizo abre sin miedo su presa de aguas se produce un torrente de originalidad liberada. Nuestra imitación americana es dolorosa; nuestra devolución a nosotros mismos es operación feliz.

Ahora digamos la buena palabra americanidad. Neruda recuerda constantemente a Whitman mucho más que por su verso de vértebras desmedidas por un resuello largo y un desenfado de hombre americano sin trabas ni atajos. La americanidad se resuelve en esta obra en vigor suelto, en audacia dichosa y en ácida fertilidad.

La poesía última (ya no se puede decir ni moderna ni ultraísta) de la América, debe a Neruda cosa tan importante como una justificación de sus hazañas parciales. Neruda viene, detrás de varios oleajes poéticos de ensayo, como una marejada mayor que arroja en la costa la entraña entera del mar que las otras dieron en brazada pequeña o resaca incompleta.

Mi país le debe favor extraordinario: Chile ha sido país fermental y fuerte. Pero su literatura, muchos años regida por una especie de Senado remolón que fue clásico con Bello y seudoclásico después, apenas si en uno u otro trozo ha dejado ver las entrañas ígneas de la raza, por lo que la chilenidad aparece en las Antologías seca, lerda y pesada. Neruda hace estallar en "Residencia" unas tremendas levaduras chilenas que nos aseguran porvenir poético muy ancho y feraz.

[1936]

A Message about Pablo Neruda

Pablo Neruda, who is listed in Chile's consulate directory as Ricardo Reyes, was born in Parral, in Chile's Central Plain, in 1904; we'll always remember his arrival as an authentic "Nativity." The city of Temuco claims him and has the honor of having provided the growing-time that "imprinted the character" of the poetic child. He studied literature at our Teacher's Institute in Santiago, but, unlike many other Chileans, he felt no calling to be a teacher. Placing a lot of confidence in the intrepid young man, a cultural minister who had no idea what an excellent thing he was doing sent Neruda, then aged twenty-three, on a consular mission to the Far East. Neruda lived in the Dutch East Indies, in Ceylon, and in islands of the Indian Ocean, a very special part of the Tropics. This period of his life lasted five years, but it engaged his sensibilities as if he had been there for twenty. Those oceanic overheated lands *and* English literature, which he reads and translates with eminent skill, were perhaps the strongest influences on his character.

Before he left Chile, Neruda's book *Crepusculario*[1] had positioned him as the leader of his generation. Arriving in the capital from the provinces, he'd discovered a lively group of writers eager to liberate poetry through poetic reforms. That group, led by Vicente Huidobro,[2] the founder of Creationism, anticipated sweeping changes.

The work Neruda accomplished during the years that followed has recently been carefully collected by the Spanish publishing house Cruz and Raya, in two rewarding volumes called *Residencia en la tierra* (Residence on Earth). From its opening pieces, this work by the foremost of our young writers offers a grace and an astonishment that live up to its witty title.

Residencia offers studious readers a chain of texts that follow, link by link, the development of this impressive poet. True to himself and generous to strangers, he offers his poems in a careful sequence: from the first (form-resisting) poems to the poems of the second style, arriving eventually at themes of wood and wine and vegetation. With slow deliberate steps, one comes eventually to these three elements, masterfully grounded: a trinity of substances. The reward is that these poems are not only worthwhile as the world of a single individual but also able to fill the poetic needs of a younger generation.

A spirit of inspired originality is gropingly making its way here toward what we call "expression," the achievement of a personal poetic voice. Neruda opposes positions that seem close to his own, specifically those of the nationalists; the Neruda of this period claims no relation to the Chilean lyric. He

---

1. 1923; Neruda's first book.

2. Vicente Huidobro (1893–1948), Argentinian poet and influential writer of manifestoes, including texts credited with the invention of Creationism (a self-reflexive and assertive form of symbolism, 1918) and Ultraism.

also rejects most foreign imports; and some contacts with Blake and Whitman and [Oscar] Milosz seem to be simply coincidences of temperament.

The originality of Neruda's diction, his adoption of a wild and vulgate vocabulary, seems, first, like nature itself, which in order to be richly alive is eruptive and naked, and, second, like the profession of a faith solidly opposed to preciousness. Neruda claims that, because of him, his generation has been freed from the neo-Gongorism of the times. I don't know whether in and of itself a resistance to that contagion would be good or bad; in any case, we celebrate its appearance because it protected the splendid vigor of Neruda himself.

We believe that Neruda's aesthetic certainly must offend those who write poems or criticism in the "beauty-parlor" style.

Neruda's disdainful expressiveness is characteristic of a genuine Chilean idiosyncrasy. Our people feel distanced from their great poet, and he no doubt feels the same distaste for abstruse and dandified language. We need only remember the cloying linguistic horde of "nightingales" and "delicacies" and "roses" that kept us stuck in a second-rate *modernismo* if we want to appreciate this gust of salty sea air with which Neruda cleanses his own sky and makes clear his desire for clarity in general.

Another part of Neruda's originality has to do with his themes. He has moved beyond those sticky-sweet settings of our poems: twilights, the seasons, idylls of the verandah or the garden. Further, that tradition was filled with stubborn habits: full, that is, of inertia. But the creative person's nature ignites when he finds his subject matter in firewood and tree bark, and this subject matter will seem antipathetic to those who amble down more familiar paths. Neruda shows us modern cities with grimacing souls; daily life with its grotesqueness and misery or the delicacy of something poised or of something ordinary. These are elegies in which death, rendered in a new way, seems like an event we couldn't truly grasp before now. These materials are treated with uncensored emotion, yielding astonishing results: the culmination of things, in the putrefaction of animate and inanimate objects. In Neruda's work, death is a constant referent, almost an obsession. He discovers it for us and explores it through the most unsuspected forms of ruin, suffering, and corruption.

Very little deriving from Spanish taste can be adduced in Neruda's work, but it does have one very Castilian attribute: this morbid obsession with mortality. The reader who is discomfited by this might call Neruda an anti-mystic. But we should be careful with that word "mystic," which we so freely abuse and which often leaves us with only superficial impressions. In fact, Neruda might be a "materialist" mystic. Although we are discussing the quintessential poet of the body (he is, after all, Chilean), if we follow him step-by-step, we find in him an originality that would surprise even St. John of the Cross: the material into which he so willingly plunges quickly sickens him, and this repugnance reaches the point of nausea. Neruda doesn't praise materiality; he does scrape against it a lot: he pounds at it, he cracks its skull as if to spite it even more . . . In this process, a recurrent Castilian trace is evident

Neruda's adventure with materiality seems to me a pure miracle. The Hindu mystic (concurring with M. Bergson) believes that to attain knowledge, we must authentically inhabit an object. A man of ineffable poetic strategies, Neruda in his poem about wood achieves this curious exile in that secret space distinct from human experience.

The weather in the place where the poet lives with his phantoms, most of the time, would have to be called dank and dismal. The poet, eternally dislocated angel, searches for some feverish state to re-create his primordial element. He must also harbor some of what one might call angelic spirits of the deep, angels from the cavernous depths or from the bottom of the sea, because the flatlands where Neruda lives seem not so much aerial as subterranean, the poet's oceanic passion notwithstanding.

Regardless of where he lives and how he sends us his messages, Pablo Neruda's acts of contemplation and respect result directly from his character. Neruda represents a "new man" for America, a sensibility that opens new chapters in the book of American emotions. The high regard in which he is held is the result of his three-dimensional individuality.

Various images about Neruda's poetry suggest themselves to me as I finish reading them and let them settle calmly within me, the poem assuming an almost organic existence. This is one of those images: a tree, tangled in vines and mosses, serene and quivering with vitality, within the borders of its appointed life. Some of the poems fill me with thunder and the jolts and shivers of Nirvana, which strangely sustain this excitement.

The contradictory faculties and contrasting paths of the American soul are often explained by its mestizo character: as in other examples, it comes down to a matter of bloodlines. Neruda regards himself as a pure white man, as does the common mestizo, who, because of residual European influences, notoriously forgets his dual origins. Neruda's Spanish friends smile affectionately at this disingenuousness. Although his body doesn't appear to have mestizo blood, his eyes and his face, the languor of his gestures, even his speech, and his poems, so full of Asian vestiges, reveal a conflict of blood-lines, which in this case amounts also to a blessing. Mestizo combinations can encompass some aspects of pure tragedy; perhaps only in art do they create an advantage and offer enrichment with any certainty. In the richness that forms Neruda's emotional and linguistic alluvial depths, the confluence of an almost brutal sarcasm with an almost religious seriousness with many other elements, we see the clearly manifest results of the interweaving of Spanish and Indian blood in him. Any poet could be fascinated by the spell of the East, but the East is only partially of help, and then it begins to perplex the Western disposition. Neruda's Indian clay began to seethe when he first came in contact with Asia; *Residencia* implicitly recounts this deep encounter. It also reveals a secret: when the mestizo opens up, a flood of originality is let loose. Our impersonation of America is pathetic; our devolution back to being ourselves is joyous.

Let us now consider that good word "American." Often Neruda calls on Whitman, in more ways than merely his verse with too many ribs in it, more than the free example of an American man who lived without shackles or impediments. In his work, Americanism is the resolve to set things free, with luck and daring and tangy fertility.

The latest (it can't be classified as either Modernist or Ultraist) poetry of the Americas owes something to Neruda, something as important as a vindication of an uncompleted beginning. Neruda comes after the various waves of the poetic essay, pounding against the shore like a tidal wave full of the internal bounty of the sea. Some have claimed its bounty casually; others have scavenged parts of it.

My country owes extraordinary thanks to Neruda. Chile has been a country of ferment and vigor, but for many years its literature was governed by a kind of boar-toothed Senate. It was classical under Bello,[3] and it was pseudo-classical after him, but it hardly ever exhibited any hint of the indigenous heart of our race. In anthologies, therefore, Chile seems dry, dull, heavy. In *Residencia*, Neruda has allowed a terrific Chilean yeast to rise, guaranteeing us a poetic future that will be both broad and bounteous.

---

3. Andrés Bello (1781–1865), Latin American poet, writer, and politician who was also the "rector" of the University of Chile and who was heavily influenced by classical Latin and Spanish writers.

Como escribo

Las mujeres no escribimos solemnemente como Buffon, que se ponía para el trance su chaqueta de mangas con encajes y se sentaba con toda solemnidad a su mesa de caoba.

Yo escribo sobre mis rodillas y la mesa escritorio nunca me sirvió de nada, ni en Chile, ni en París, ni en Lisboa.

Escribo de mañana o de noche, y la tarde no me ha dado nunca inspiración, sin que yo entienda la razón de su esterilidad o de su mala gana para mí . . .

Creo no haber hecho jamás un verso en cuarto cerrado ni en cuarto cuya ventana diese a un horrible muro de casa; siempre me afirmo en un pedazo de cielo, que Chile me dio azul y Europa me da borroneado. Mejor se ponen mis humores si afirmo mis ojos viejos en una masa de árboles.

Mientras fui criatura estable de mi raza y mi país, escribí lo que veía o tenía muy inmediato, sobre la carne caliente del asunto. Desde que soy criatura vagabunda, desterrada voluntaria, parece que no escribo sino en medio de un vaho de fantasmas. La tierra de América y la gente mía, viva o muerta, se me han vuelto un cortejo melancólico pero muy fiel, que más que envolverme, me forra y me oprime y rara vez me deja ver el paisaje y la gente extranjeros. Escribo sin prisa, generalmente, y otras veces con una rapidez vertical de rodado de piedras en la Cordillera. Me irrita, en todo caso, pararme, y tengo siempre al lado, cuatro o seis lápices con punta porque soy bastante perezosa, y tengo el hábito regalón de que me den todo hecho, excepto los versos . . .

En el tiempo en que yo me peleaba con la lengua, exigiéndole intensidad, me solía oír, mientras escribía, un crujido de dientes bastante colérico, el rechinar de la lija sobre el filo romo del idioma.

Ahora ya no me peleo con las palabras sino con otra cosa . . . He cobrado el disgusto y el desapego de mis poesías cuyo tono no es el mío por ser demasiado enfático. No me excuso sino aquellos poemas donde reconozco mi lengua hablada, eso que llamaba Don Miguel el vasco, la "lengua conversacional".

Corrijo bastante más de lo que la gente puede creer, leyendo unos versos que aún así se me quedan bárbaros. Salí de un laberinto de cerros y algo de ese nudo sin desatadura posible, queda en lo que hago, sea verso or sea prosa.

Escribir me suele alegrar; siempre me suaviza el ánimo y me regala un día ingenuo, tierno, infantil. Es la sensación de haber estado por unas horas en mi patria real, en mi costumbre, en mi suelto antojo, en mi libertad total.

Me gusta escribir en cuarto pulcro, aunque soy persona harto desordenada. El orden parece regalarme *espacio,* y este apetito de espacio lo tienen mi vista y mi alma.

En algunas ocasiones he escrito siguiendo un ritmo recogido en un caño que iba por la calle lado a lado conmigo, o siguiendo los ruidos de la naturaleza, que todos ellos se me funden en una especie de canción de cuna.

Por otra parte, tengo aún la poesía anecdótica que tanto desprecian los poetas mozos.

La poesía me conforta los sentidos y eso que llaman el alma; pero la ajena mucho más que la mía. Ambas me hacen correr mejor la sangre; me defienden la infantilidad del carácter, me aniñan y me dan una especie de asepsia respecto del mundo.

La poesía es en mí, sencillamente, un rezago, un sedimento de la infancia sumergida. Aunque resulte amarga y dura, la poesía que hago me lava de los polvos del mundo y hasta de no sé qué vileza esencial parecida a lo que llamamos el pecado original, que llevo conmigo y que llevo con aflicción. Tal vez el pecado original no sea sino nuestra caída en la expresión racional y antirrítmica a la cual bajó el género humano y que más nos duele a las mujeres por el gozo que perdimos en la gracia de una lengua de intuición y de música que iba a ser la lengua del género humano.

Es todo cuanto sé decir de mí y no me pongáis vosotros a averiguar más . . .

[1938]

How I Write

We women don't write solemnly, like Buffon,[1] who for the crucial moment would dress up in a jacket with lacy sleeves and arrange himself, with all solemnity, at his mahogany desk.

I write across my knees. The writing desk has never been useful to me, not in Chile, or Paris, or Lisbon.

---

1. George Louis Lafitte, comte de Buffon (1707–1788), French author and naturalist.

I write at morning or at night. The afternoon has never inspired me; I don't understand why it seems sterile or passionless to me . . .

I believe I've never written a poem in a closed room, or in a room with windows facing the blank wall of a house. A piece of the sky always steadies me; what Chile offered me in all its blueness, Europe offers scribbled-over with clouds. My mood improves if I voluntarily focus my old eyes toward a grove of trees.

As long as I was a settled creature, living among my people and my country, I wrote about what I saw or about what I had at hand. Ever since I have become a vagabond, in voluntary exile, I seem to write only amid phantoms. The landscape of America and my people, alive or dead, come back to me in a wistful but loyal procession, which rather than surrounding me, contains and presses in on me; it only rarely allows me to observe the new terrain, the foreign peoples. I'm usually in no hurry when I write; at times, though, I write with the vertical momentum of stones rolling down the Andes. Either way, it annoys me when I have to stop. Because I'm lazy, I always have four or five sharpened pencils at hand; I've developed the spoiled habit of having everything ready at the same time, except the lines . . .

When I used to do battle with the language, demanding intensity from it, I tended to hear within myself an angry gnashing of teeth: a furious, sandy whetting across the blunt blade of words.

Now I don't fight against words, but rather with something else . . . I've grown dissatisfied with and distant from those poems of mine whose tone isn't my own because it's too emphatic. The only things that justify me are those poems where I recognize my ordinary speech, what Don Miguel ("The Basque")[2] called "conversational language."

I revise more than people would believe, revisiting some poems that even in their published versions still feel unpolished to me. I left a labyrinth of hills behind me, and something of that untangleable knot survives in whatever I create, be it poems or prose.

Writing tends to make me happy; it always soothes my spirit and bestows on me an innocent, gentle, childlike day. It is the feeling of having spent a few hours in my true homeland, in my habits, in my unfettered impulses, in full freedom.

---

2. Miguel de Unamuno (1864–1936), Spanish poet, philosopher, novelist, and essayist.

I like to write in a neat room, although I'm very disorganized. The order seems to give me *space;* my eyes and my soul crave space.

Sometimes I've written following the rhythm I've absorbed from a rill of water running down the road beside my house, or I've followed natural sounds. It all melts within me and forms a kind of lullaby.

On the other hand, I still do admit the poetry of anecdote, which younger poets disdain these days.

Poetry comforts both my senses and what is called "the soul," although other people's poems do this more than my own do. Both make my blood flow better; they protect the childlike elements of my character; they renew me and make me feel a kind of aseptic purity toward the world.

Poetry lives simply within me as a remnant, as the vestige of a submerged childhood. Although it may turn out bitter and hard, the poetry I make washes the world's dirt from me, and even the inscrutable, essential impurity that resembles what we call "original sin." I do carry that with me; I carry it grievously. Perhaps original sin is nothing more than our fall into that rational, anti-rhythmic mode of expression into which the human race has descended, and that hurts us women more because of the bliss we've lost, the grace of a musical intuitive language that was intended to be the language of the human race.

This is all I know how to say about my experience. Don't pressure me to reveal more . . .

Sobre cuatro sorbos de agua

Vuestro poeta Walt Whitman miraba el mundo como un torbellino de imágenes, y el gran intuitivo no erraba. ¿Qué otra cosa es el mundo sino eso: un torrente ininterrumpido de gestos, hechos y formas huyentes? Todo escapa, pero dejando su imagen, cogida o desperdiciada por nosotros. La catarata de formas y colores no cesa ni a la noche cerrada. Siempre hay alguna luz que nos deja atraparla o hay un ojo abierto de búho que la toma. Pero, además, el rayo de luz que, según los astrónomos, después de rasar la Tierra se lleva consigo, abismo abajo, cuanto rasó o vio, ese rayo sería un Whitman celeste, arreador de todos nuestros actos por la eternidad.

En esta familia inmensa de imágenes, las más valorizadas por las gentes son las extraordinarias: una costa brava, una batalla, un oficio religioso, un vuelo de aviones. Los sentidos populares, pese al tiempo, siguen siendo espesos y necesitan de la remecida para recibir y gozar.

Bajo el romanticismo la imagen despampanante reinó y gobernó. Ella sería el plato fuerte del período o el poema; o sea, el terremoto que saca a todos a la calle . . . Los más populares entre los románticos fueron precisamente los que apuraron la brocha para dar las imágenes más sanguinosas y azafranadas que fuese dable. El lector —pueblo y éste suele ser magnate o señorona— recibe de esta especie tribal de imágenes el efecto de la "bouillabeise" provenzal o del alcohol: la truculencia y la borrachera de los sentidos. Lado a lado con el color, andaba la resonancia verbal: el estampido.

Pero tanto se abusó del trueno y el rayo, que vino la reacción: en Francia ésta se llama Verlaine, versus Hugo; en la América del Sur el degollador de gallos alharaquientos se llamó Rubén Darío; en Chile, Magallanes Moure —alma la más pudorosa entre las nuestras—. Estos refrenadores del zafarrancho verbal se pusieron a reeducar el ojo, adelgazando la retina o, sencillamente, volviéndola a su estado natural. Un francés dice que, cuando lo natural se expulsa, regresa, y "al galope" y cierto es. También el futurismo volverá a cauces normales cuando haya cumplido su bien y renunciado su "Terror dos Mares."

Yo me confieso humildemente como una violenta; pero creo no ser una embadurnadora de cartones; cuando menos, no querría ser eso . . .

Originally a talk (1947) given in California to introduce a reading of the poem that follows, this essay has often been reprinted without the poem. The version of the poem appended here first appeared in Mistral's book *Tala* (1938).

La imagen me fascina, como a todos, niño, mozo, viejo. Porque, imagen somos nosotros mismos, una pajuela que dura menos que el respiro en el foco visual de un pueblo y no digamos en la sabana de la luz cósmica. Vamos rodando, atropellados por la imagen siguiente; mucho es si nuestro bulto dura la pizca de unos años en la pupila de un alma fiel: la del amante, la del amigo.

El poeta lírico es un defensor de las imágenes en fuga; es el adolescente eterno de ojo vago, que se queda volteando la imagen que pasó al galope y resobándola con ese resobo dulce que el alma se sabe más que el cuerpo. El toma al vuelo un ademán que ya se borró y queda a solas haciendo con ese garabato un juego de posturas que resultará maroma o drama. Dando y dando savias de su alma, él guardará verde la hoja otoñal, días y años, y no lo hace por regusto de la muerte, que es por la porfía de la resurrección.

Egotista como es, resucitará a otros y a sí mismo, peleando contra su propia muerte a fuerza de memoria empecinada y a veces, como en los grandes saudadosos, llega a lograrlo en la porción de cosas que más le importaron. Leyendo Antologías universales suelo seguir las diferentes mañas y magias de esta pelea de mis hermanos contra la disolución, la suya y la universal. Y encuentro vivos unos vejestorios de mujeres que andan y hablan; y huelo unos bosques ya arrasados que siguen alentando y hasta bestezuelas que sólo un momento fueron del terco animador. Son esas Antologías unos Valles de Josafat enriquecidos por paisajes, plantas y animales, donde parece que se intenta salvar el río de la Creación tal como Dios lo quiso, ancho y perdurable. (Acuérdense ustedes de la cinta de héroes en Homero, que, por ciego, defendía, en sus ojos azulencos, lo visto y lo oído, con mira a sí mismo y al pobre género humano, vengándose de la muerte a medias que es la ceguera, él recalentaba a sus yertos a pura fiebre, y los contaba y cantaba para que la resurrección continuase en quienes lo recitasen.) O bien, remontando menos el tiempo, reléanse ustedes el mujerío en que se complació Tennyson, el feliz.

Con regodeo, y de una a la otra, el enamorado las cuenta en un saboreo dichoso de la memoria, a la vez por vivir de ellas y con ellas y defenderlas de su desgajamiento de acacias, en el aire infiel que llamamos Tiempo.

A veces las imágenes caen adentro de nosotros en la misma revoltura que tienen sobre el mundo; otras veces ellas se ordenan por especies o parentescos, convocadas y metidas en orden, como la fila escolar o las familias botánicas. Las mujeres del poeta inglés tienen la manera regular e irregular a la vez de algunas constelaciones: la de Casiopea, por ejemplo.

Voy a leer un poema sin trascendencia de tono ni de forma: es un poco de mi vida puesta en cuatro ademanes que son uno solo: el de beber.

El día en que hice este poema, así me llegarían las cuatro imágenes que se juntaron.

Fueron muchas más las manos carnales y líquidas que en los cuatro puntos cardinales han dado de beber a la errante y no se las puede contar, porque eso pararía en una ración de la carta geográfica. Tal vez un día cuento a algunos de los que me dieron de comer, en mesas y al descampado, a las que me adentraron sin recelo en sus casas por servirme los primores de la Tierra y a los otros que dieron sólo la bocarada de agua.

Cuando la vejez plena ya me cancele rejas y me clave en un rincón, entonces tal vez diga las muchas cosas que he vivido y que no tengo dichas.

Gracias al regreso de la poesía desde el romanticismo al cotidianismo, al cual aludí, y al repudio consiguiente de las grandes paradas verbales, es posible que alguien escriba sobre cuatro sorbos de agua, sin que se le rían a todo trapo . . . Siempre estuve cierta de que si las mujeres nos atreviésemos a contar todas nuestras naderías, si devanásemos en la escritura lo que vivimos de puertas adentro, sentadas en medio de la constelación viviente de nuestros objetos, y diciendo lo que sabemos de "nourritures", terrestres y cordiales, haciendo ver la mesa de todos los días, tal vez humanizaríamos este mundo, puesto a arder por atarantamientos, cegueras y locuras. En rasas domesticidades anduvieron traveseando los pintores flamencos de interiores y mana de sus lienzos la dulzura de vivir y la maravilla de estar juntos y acordados en dichas y melancolías.

Desgraciadamente, lo que voy a leer, no es todo de puertas adentro, porque hay en mí mucho vagabundaje, o sea intemperie, y el amor de la tierra todavía me lanza por rutas largas, tan largas que llegan hasta vuestra California.

Fui una vagabunda y sólo la dolencia me tiene ahora en quietud. Mudar de país no es malo; pero a veces representa una empresa tan seria como el casamiento; nos casamos con otra costumbre, lo cual es cosa muy seria. La lengua forastera nos toma y literalmente nos inunda. En esta especie de catástrofe, existen muchos bienes, sin embargo, la acción vulgar y cotidiana, se nos trueca en novedad con sólo mudar de sitio. Suele cambiar en nosotros aun el respirar, según la altura de la serranía o el bajo de la costa y se avivan o se relajan el ritmo de la marcha y el del habla también. Ciertos paisajes vuelven búdico al más desasosegado: las ciudades locas ponen a hervir. Nos azoran cosas que creíamos inmutables: el pan es más denso o más ligero; el agua se hace aguda o gruesa, en todo caso novedosa. El propio cuerpo se vuelve otro, zarandeado por el más o el menos de la electricidad atmosférica, y por los alimentos novedosos para la lengua.

Pero quien no goce la placidez o las alacridades de la atmósfera y la gesticulación de las montañas en el horizonte nuevo y el que se atolondre por el sismo que resulta la raza extranjera, y el que se asuste de la casa extraña por estar hecha en cemento y hierro y no en ladrillo o adobe, ése bien pudo quedarse en casa o puede regresar, pues no sirve para el oficio de vagabundo . . .

Cierto es que hay una especie de conjuración del país en contra del cuerpo intruso: cae sobre nosotros una serie de bautismos que quieren borrar el "agua bendita" de la pila bautismal. Rara vez lo extranjero resulta "confirmación"; lo que parece es conspiración, una prueba a fuego de cuerpo y alma. El suceso es un trueque brusco del ritmo: la danza es otra, la tapicería también, los bailadores y . . . la orquesta entera.

Confieso que, por voluntad mía o por temperamento, las tierras extrañas no me arrasan la costumbre, que apenas me la remecen, de que la tengo añeja y tenaz. Errante y todo, soy una tradicionalista risible que sigue viviendo en el Valle de Elqui de su infancia.

Pero me sacuden, esto sí, el paisaje nuevo, los frutos desconocidos del paladar, el habla opuesta y circundante, el bulto corporal, y los rostros, esto sobre todo: el semblante.

El agua me sorprende en varios lugares, por suavidad o crudeza, levedad o pesadez. Mi propia agua aconcagüina yo me la sabía en la ciudad de Los Andes, pero ignoraba la próxima, la de nieves, o sea el manadero virgen, cuya virtud acérrima castiga al bebedor.

Me intriga el zumo de los frutos, que tengo por el alma del árbol, y me avine tanto con el coco antillano como para volverlo mi agua cotidiana. Y me embriaga el jugo de la piña, al que, sin respeto para los dioses griegos, me tengo por la ambrosía.

El poema que voy a leer cuenta, primero, la novedad de mi cuerpo bebiendo en una nevera andina; luego viene el sorbo primerizo en un coco de agua, que yo recibí en la Isla vuestra y nuestra de Puerto Rico, de manos de una niña, sobre la costa claveteada de palmas. El tercer sorbo arrastra más tema.

De caminata por el campo, ocurre a veces que nos damos de beber a nosotros mismos sin aguardar más, y lo hacemos de bruces, en un "ojo de agua" o en un pozo indio. Como no hay tiesto que nos valga, la sedienta bebe según la Eva Madre, ayuna de toda alfarería . . . Y como el indio de México es el varón más cortés del mundo (incluso el francés o el turco), un zapoteca acude a sostener la cabeza de la tirada al suelo. Lo que se bebía no era ni cidra rubia ni limonada química, sino el elemento alabado de San Francisco, aquello que desaltera, pero, además, refleja, es decir, lo que os regala a la melliza de vos misma, sin mudarla, porque ella no hace trucos . . .

Pero, además, en aquella cara india cruzada con la mía, había algo, "un no sé qué" de mi padre muerto. Entonces la bebedora supo de golpe que aquellas dos carnes, la caxaqueña y la diaguita eran casi la misma cosa. Desde ese día ya no me sentí huésped pegadizo de México, sino pariente, y las demás andanzas ya no tuvieron el mal dejo de la extranjería . . .

Los poetas, amigos míos, somos unos coleccionadores, no sólo de imágenes anchas sino de gestos menudillos. Y por esa brizna solemos conocer a las razas. Las aprendemos en ellos tanto o más que en sus ciudades, casas y templos.

El gesto, de mínimo, es casi imponderable; no pasa de un estremecimiento, una arruguilla, una firmeza o un temblor de la mano. Gesto y ademán son el pájaro mosca de nuestro cuerpo; menos: una plumilla que vuela y cae. ¡Pero cuánto sentido confesador hay en cada uno de ellos! Los pintores saben de esto, pero también los llamados pueblos primitivos, que son grandes atentos a rictus y DEJOS. Ven bien, mucho, hasta de más, como el chino y el mexicano. Salvajes no son, sino espectadores alertas e inmóviles que escultan y atrapan.

Sobra decir que entre los gestos de beber cazados aquí, el que guardo más límpido y el que llega sin ser llamado es el último. Mi madre está delante de mí todavía, con su mínimo cuerpo, y me dice donaires para mudarme la cara seria y soltarme la risa, porque ella fue reidora, y feliz, sin razón de felicidad, por eso que llaman "gracia de Dios". Los tradicionalistas empiezan y acaban cada cosa con lo suyo, como quien declara el nacimiento y rubrica el final, y yo según ellos remato el poema con la jarra que ella me allegaba cuando yo volvía de trotar los cerros. La autora de mi cuerpo dio también gestos y los modos de comer y beber, linda mujer que reía mis torpezas, en turnos de reprendedora y de cómplice.

Mucho dice el cómo nos dan de beber, o de comer, o de convivir. Dan algunos con bonito ademán, con sonrisa sobre el agua, sabiendo que "ofrecen";

y otros dan la copa con desgarbo, prisa o fastidio; otros la alargan mecánicamente, como quien pasa un boleto de tren. Y estas maneras de dar casi resultan "test" . . . Todo está dicho allí en dos manos que estiran un vaso o sujetan una cabeza sobre el vertedero.

Aunque para los más sea poco el dar agua porque valoricen sólo el dar alimento, la verdad es que, a la siesta, en ruta polvorosa, y al sol vertical, llevar el agua a una boca cuenta tanto como servir una comida "de mantel largo", ya que la sed es peor que el hambre.

(¡Cuánta habladuría, pacientes compañeros, para leer un solo poema!)
Dice algún clásico, que la lengua sobrada fue siempre cosa de mujeres . . .
La poesía será corta y el comento fue de leguas.

[1947]

Beber

Al doctor Pedro de Alba

Recuerdo gestos de criaturas
y son gestos de darme el agua.

En el valle de Río Blanco,
en donde nace el Aconcagua,
llegué a beber, salté a beber
en el fuete de una cascada,
que caía crinada y dura
y se rompía yerta y blanca.
Pegué mi boca al hervidero,
y me quemaba el agua santa,
y tres días sangró mi boca
de aquel sorbo del Aconcagua.

En el campo de Mitla, un día
de cigarras, de sol, de marcha,
me doblé a un pozo y vino un indio
a sostenerme sobre el agua,
y mi cabeza, como un fruto,
estaba dentro de sus palmas.

214

Bebía yo lo que bebía,
que era su cara con mi cara,
y en un relámpago yo supe
carne de Mitla ser mi casta.

En la isla de Puerto Rico,
a la siesta de azul colmada,
mi cuerpo quieto, las olas locas,
y como cien madres las palmas,
rompió una niña por donaire
junto a mi boca un coco de agua,
y yo bebí, como una hija,
agua de madre, agua de palma.
Y más dulzura no he bebido
con el cuerpo ni con el alma.

A la casa de mis niñeces
mi madre me llevaba el agua.
Entre un sorbo y el otro sorbo
la veía sobre la jarra.
La cabeza más se subía
y la jarra más se abajaba.
Todavía yo tengo el valle,
tengo mi sed y su mirada.
Será esto la eternidad
que aún estamos como estábamos.

Recuerdo gestos de criaturas
y son gestos de darme el agua.

On Four Sips of Water

Your poet Walt Whitman regarded the world as a whirlwind of images, and that great intuitive man was right. What else is the world but an uninterrupted torrent of expressions, actions, and fleeting forms? Everything flies off but leaves its image, which we seize or squander. The waterfall of forms and colors never stops, not even when night closes in. There is always some light that lets us trap it, or the open eye of an owl takes it in. But there is also the ray of light that, according to astronomers, after running parallel to the earth takes with it into the abyss below what it was capable of or what it had seen: that ray would be celestial Whitman, shepherd of all our acts for all eternity.

In this immense family of images, people value most the extraordinary ones: a wild coast, a battle, a religious service, a flight of planes. Despite the passage of time, popular judgment continues to be dull: it needs some remedy to open it up, to feel pleasure.

Under Romanticism, the astonishing image reigned and governed. The image was the main course of the period and the poem; or rather, it was the earthquake that shook everyone into the streets . . . The most popular Romantics were precisely those who fluttered the painter's brush in order to produce the most bloody, saffron-colored images possible. Readers, those accustomed to being the elect, experienced from this tribal mode of image the effect of a Provençal "bouillabaisse" or of alcohol, ruthless and intoxicating to the senses. Along with color came verbal resonance, a regular stampede.

But thunder and lightning were eventually so abused that a reaction set in. In France, the reaction was called Verlaine contra Hugo; in South America the one who beheaded the clamorous roosters was Rubén Darío; in Chile, Magallanes Moure, the most modest soul among us.[1] These restrainers of verbal clamor addressed the challenge of reeducating the eye, tightening the retina, or simply returning it to its natural state. A Frenchman once said that when Nature is expelled, it returns at a gallop: that's true. Futurism, too, will return to its natural course when it has realized its responsibility and renounced its "Terror of the Two Seas."[2]

I humbly confess I am a vehement woman, but I don't believe I am a woman who smears violent colors on pasteboard . . . no, at least I don't want to be that . . .

Images fascinate me, as they do everyone else: children, young people, old people. Because we ourselves are an image, a sulfur match that lasts less than a breath in the visual focus of a people, not to mention in the savanna of cosmic light. We wander about, assaulted by that image to come: it matters

---

1. Rubén Darío (1867–1916), Nicaraguan poet and diplomat, the presiding spirit of Latin American *modernismo*. Manuel Magallanes Moure (1878–1924), Chilean poet.

2. Like the humble fishing boat in the Chilean legend that believed it was an armored ship.

a great deal to us whether our shadow lasts even a few years in the eye of a loyal soul: a lover or a friend.

The lyric poet protects images in flight: an eternal adolescent with vacant eyes that turn the quickly passing image over and over, saturated with the sweet truism that the soul knows better than the body. The poet lifts into flight a gesture that has already been erased, and the poet remains alone, turning this posturing game into an acrobatic performance or a drama. Offering and offering his soul's vital fluids, the poet will keep the autumn leaf green, for days and years; he does so not because he has a taste for death but because resurrection keeps recurring.

Egotist that he is, he will revivify himself and others, fighting against his own death with the strength of stubborn memory. At times, like the grand singers of Iberian songs, he achieves this by gathering together those things that matter most to him. Reading comprehensive anthologies, I have gotten used to following my fellow poets' different talents and methods in their fight against their own dissolution and the universal dissolution. And I meet ancient old men still walking and talking; I encounter forests, already leveled, that keep growing, and even little animals who only a moment ago were intensely alive. These anthologies are Valleys of Jehoshaphat enriched by landscapes, plants, and animals, where it seems that one tries to save the River of Creation as God had wanted it, broad and eternal. (Remember the procession of heroes in Homer who, because he was blind, sheltered in his bluish eyes what he had seen and heard, looking into himself and the poor human race: taking revenge on blindness, which is halfway toward death, he warmed his empty eyes with a pure fever; he explained and sang, so that the resurrection would continue in those who would recite the song.) Or rather, without retreating quite so far back in time, reread the gentleness of Tennyson, that lucky man.

Delightedly, passing from one image to another, the lover of images articulates them with the festive joy of memory, so that he lives simultaneously in them and from them, and protects their acacia branches from being broken in the treacherous wind we call Time.

At times, images drop within us in the same way they cascade into the world; at other times, they order themselves in species and generations, gathered and set in order like children in elementary school or as in a botanical family chart. The English women poets also have that simultaneously regular and irregular form that certain constellations have, Cassiopeia, for instance.

I am going to read a poem with no transcendence of tone or form; it is a little bit of my life located in four gestures that are actually all the same: the act of drinking.

On the day I wrote the poem, the four images came together for me in this way.

In all four corners of the earth, many physical and fluent hands have offered my wandering hand something to drink, so many that it would be impossible to count them all; the sum would become part of the map itself. Maybe one day I will count up all those who have given me something to eat, on a table or in the fields; or all the hands that fearlessly have let me enter their houses to serve me the first fruits of the earth; or the others who simply offered a mouthful of water.

When plain old age opens doors for me and sets me in a corner, then perhaps I will describe the many things I have lived through and have left unsaid.

Thanks to poetry's return from Romanticism to daily life (to which I referred earlier), and thanks to the consequent repudiation of grand verbal displays, it's now possible for someone to write about four sips of water without everyone's immediately laughing . . . I've always been certain that if we women dared to tell one another all of our "inconsequential" things, if we'd spin out in writing what we've lived behind closed doors, sitting in the middle of the living constellation of our objects and telling what we know about things that nourish, things of the earth and things of the heart, making the everyday table visible, then maybe we could humanize this world, now ablaze with overwork, blindness, and insanity. Flemish painters would move into plain domestic scenes, and the sweetness of life and the marvel of togetherness, evocative joys and sorrows, would stream through the pictures.

Unfortunately, what I am going to read does not all come from behind closed doors, because there is a lot —too much— of the vagabond, of the open air, in me. The love of the land still sends me off down long roads, long enough to reach here to your California.

I've been a vagabond, and at present it's only illness that keeps me stationary. It's not hard to move from one country to another, but at times it represents an endeavor as serious as that of marriage: we marry ourselves to another set of customs, which is a very serious enterprise. The new language takes over and literally inundates us. In this kind of catastrophe, there can be many advantages, yet common everyday action does get confused with novelty when we simply move from one place to another. It changes even our breathing, according to the altitude of the mountains or the descent to the coast; the rhythms of walking and even of talking also relax or quicken. Certain landscapes turn the most restless of us into Buddhists; crazy cities make people boil. The things we believed were unchangeable astonish us: the bread is denser or lighter, the water harder or softer, and always full of novelty. Even the body changes, jostled by the positive or negative atmospheric electricity, or by new food on the tongue.

But someone who doesn't enjoy the calm or the bustle of the air, or the motions of the mountains on the new horizon; he who is stunned by the shock that foreign people come to represent; he who is frightened by the strange house made of cement and iron and not of brick or adobe: he should stay at home or he can go back, for he is not really suited to the profession of vagabond.

And of course there is a kind of exorcism that the new country performs on the intruding body. A series of baptisms befalls us, which try to replace the "blessed water" of the baptismal font. Sometimes, though rarely, what is foreign results in a "confirmation," but what it really resembles is an exorcism, a trial by fire of the body and the soul. The result is an abrupt transformation of rhythm: the dance is different, the carpeting as well, the dancers, and . . . the entire orchestra.

I confess that, because of my own will or temperament, strange lands don't dislodge my habits; they hardly move them at all, because my habits are old and tenacious. For all that I'm a wanderer, I am a ludicrous traditionalist who still inhabits the Elqui Valley of her childhood.

But yes, they affect me: the new landscape, the unknown fruits on the palate, the antithetical enveloping language, the physical mass, and the faces —more than anything else, the aspect of the face.

Water surprises me in various places: its smoothness or roughness, its levity or weight. I came to know my own *aconcagüina* mother-water in the city of Los Andes,[3] but I overlooked the nearest water, the water of the snows: or call it, rather, the Virgin Spring, the steadfast virtue of which shames anyone who drinks it.

I've been intrigued by fruit juice, which I take to be the soul of the tree,

---

3. The Aconcagua River, in the mountainous Aconcagua Province of Chile (see lines 4 and 12 of the poem). The name means "Mother of Water."

and I became so familiar with the Caribbean coconut that I made it my every-day drink. Pineapple juice intoxicates me so much that, without respect for the Greek gods, I take it for nectar.

The poem I am going to read tells, first, the novelty of my physically drinking from an Andean glacier; the second sip, from a water coconut I received on the island of Puerto Rico (both yours and ours) from the hands of a little girl on that palm-studded coast. The third sip deserves more explanation.

Walking in the country, it sometimes happens that we let ourselves drink without waiting; we do so face downward, in the spring's "eye of water," or in an Indian well. With no vessel to help us, the thirsty hands drink as Mother Eve did, wholly ignorant of pottery . . . And because the Mexican Indian is the most courteous person in the world (even more than the French and the Turk), a Zapotec man moved to help me as I bent my head so close to the ground. What I drank was not fine cider or blended lemonade, but the blessed element of Saint Francis, the kind of water that leaves you unchanged but affects you —that is to say, that offers as a gift a twin of yourself, without alteration, because this water doesn't play tricks . . .

But furthermore, in that Indian face superimposed with my own there was something, an "I don't know what" of my dead father. Then the woman who was drinking suddenly knew that those two fleshes, the Oaxacan and the Diaguita, were almost the same. From that day on, I did not feel like a dependent guest in Mexico, but rather a relative, and the rest of my peregrinations didn't have that bad aftertaste of foreignness in them.

We poets, my friends, are collectors, not only of broad images but also of minute expressions. And by this thin thread we begin to understand races. We learn about them from their expressions just as much as from their cities, houses, and temples.

Expressions, at base, are almost unfathomable: they do not pass as a vibration, a wrinkling, a firmness, or a tremor of the hand. Gesture and expression are the hummingbirds of our bodies —even less: a little feather that flies and falls. But so much feeling is expressed in them! Painters know this, but also those people known as "primitive" peoples, who are extremely attentive to vacancies and departures. They see very well, much, almost too much, like the Chinese and the Mexican. They are not savages; rather they are alert and motionless spectators who sculpt and trap.

It is more than enough to say that amongst the gestures of drinking I've tracked here, the one I behold most clearly, the one that comes without being called, is the last one. My mother is before me again, with her slight body, telling me jokes to change my serious face and to let out a laugh, because she loved to laugh and was herself happy without cause for happiness, happy with what they call the "grace of God." It's traditional to begin and end with something personal, as in birth and death announcements, and accordingly I end the poem with the jug that she lifted for me when I came back from walking in the hills. The author of my body also gave me expressions and customs for eating and drinking, a beautiful woman who laughed at my clumsiness: my reprimand and my accomplice.

How we offer to drink together, or to eat together, or to live together says a great deal. Some people offer with beautiful expressions, like a smile above the water, knowing that it's "offered"; others, hurried or bored, offer without elegance; still others mechanically proffer it, like someone handing over a train ticket. And these manners of giving are almost a test . . . Everything is expressed there, in two hands holding out a glass or helping a head bend above a bubbling spring . . .

While for most people giving water may not mean much, because they value only giving food, the truth is that during siesta time, on a dusty road with a vertical sun, bringing water to the mouth counts as much as serving a feast with a long tablecloth, because thirst is worse than hunger.

(So much talk, my patient companions, just to read a single poem!)
Some classic says that talkativeness has always been a female thing . . .
The poetry will be short; the commentary has been miles long.

To Drink

To Doctor Pedro de Alba

I remember gestures of living people,
gestures of offering me water.

In the valley of the Rio Blanco,
where the Aconcagua rises,
I came to drink, I jumped up to drink
in the whiplash of a waterfall
that dropped down long-haired and hard
and broke up stiff and white.
I fastened my mouth to the hot stream,
and the blessed water burned me,

and my mouth bled for three days
from that sip of the Aconcagua.

    In the Mitla countryside, on a day
of cicadas, of sun, of walking,
I turned to a well and an Indian man came
to hold me above the water,
and my head, like a fruit,
was in his palms.
I drank what I drank,
face to face with him,
and in a flash I realized
that flesh of Mitla was my race.

    On the island of Puerto Rico,
during a siesta brimming with blue,
my body quiet, the waves wild,
and the palm trees like a hundred mothers,
charmingly a girl cracked
open a watery coconut beside my mouth,
and like a daughter I drank,
mother's water, the palm tree's water.
And I've never drunk more sweetness
with my body or my soul.

    In my childhood home
my mother used to bring me water.
Between one sip and another sip,
I'd see her above the water jug.
The more the head rose,
the more the water jug sank.
I still have the valley,
I have my thirst and her gaze.
Isn't this eternity,
still to be as we used to be?

    I remember gestures of living people,
gestures of offering me water.

La palabra maldita

Después de la carnicería del año 14, la palabra "paz" saltaba de las bocas con un gozo casi eufórico: se había ido del aire el olor más nauseabundo que se conozca: el de la sangre, sea ella de vacuno, sea de insecto pisoteado o sea la llamada, "noble sangre del hombre".

La humanidad es una gran amnésica y ya olvidó eso, aunque los muertos cubran hectáreas en el sobrehaz de la desgraciada Europa, la que ha dado casi todo y va en camino, si no de renegar, de comprometer cuanto dio.

No se trabaja y crea sino en la paz; es una verdad de perogrullo, pero que se desvanece apenas la tierra pardea de uniformes y hiede a quemados infernales.

Cuatro cartas llegaron este mes diciendo casi lo mismo:

La primera: "Gabriela, me ha hecho mucho daño un solo artículo, uno solo, que escribí sobre la paz. Cobré en momentos cara sospechosa de agente a sueldo, de hombre alquilado".

Le contesto:

"Yo me conozco ya, amigo mío, eso de la 'echada'. Yo también la he sufrido después de veinte años de escribir en un diario, y de haber escrito allí por mantener la 'cuerdecilla de la voz' que nos une con la tierra en que nacimos y que es el segundo cordón umbilical que nos ata a la madre. Lo que hacen es crear mudos y por allí desesperados. Una empresa subterránea de sofocación trabaja día a día. Y no sólo el periodista honrado debe comerse su lengua delatora o consejera; también el que hace libros ha de tirarlos en un rincón como un objeto vergonzoso si es que el libro no es mera entretención para los que se aburren, si él se enfrenta a la carnicería fabulosa del Nordeste".

Otra carta más:

"Ahora hay un tema maldito, señora; es el de la paz. Puede escribirse sobre cualquier asunto vergonzoso: defender el agio, los toros, la 'fiesta brava' que nos exportó la Madre España, y el mercado electoral doblado por la miseria. Pero no se debe escribir sobre la paz: la palabra es corta pero fulmina o tira de bruces, y hay que apartarse del tema vedado como del cortocircuito eléctrico . . ."

Y otra carta aún dice:

"No tengo ganas de escribir de nada. La paz del mundo era 'la niña' de mis ojos. Ahora es la guerra el único suelo que nos consienten abonar. Ella es, además, el 'santo y seña' del patriotismo. Pero no se apure usted; lo único que quiere el llamado 'pueblo bruto' es que lo dejen trabajar en paz para la mujer y los hijos. Tienen ojos y ven, los pobres. Sólo que de nada les sirve el ojo claro que les está naciendo y hay que oírlos cuando las radios buscan calentar su sangre para llevarlos hacia el matadero fenomenal".

Y esta última carta:

"Desgraciados los que todavía quieren hablar y escribir de eso. Cuídense del mote que cualquier día cae encima de ustedes. Es un mote que si no mata estropea la reputación del llenador de cuartilla y a lo menos marca a fuego. A su amigo ya lo miran con 'ojo bizco', como diría usted.

"La palabra 'paz' es un vocablo maldito. Usted se acordará de aquello de 'La paz os dejo, mi paz os doy'. Pero no está de moda Jesucristo, *ya no se lleva.* Usted puede llorar. Usted es mujer. Yo no lloro; tengo una vergüenza que me quema la cara. Hemos tenido una 'Sociedad de las Naciones' y después unas 'Naciones Unidas' para acabar en esta quiebra del hombre.

"¿Querrán *ésos*, cerrándonos diarios y revistas, que hablemos como sonámbulos en los rincones o las esquinas? Yo suelo sorprenderme diciendo como un desvariado el dato con seis cifras de los muertos".

(Ninguno de mis cuatro corresponsales es comunista.)

Yo tengo poco que agregar a esto. Mandarlo en un "Recado", eso sí. Está muy bien dicho todo lo anterior; se trata de hombres cultos de clase media y estas palabras que no llevan el sesgo de las opiniones acomodaticias o ladinas, estas palabras que arden, son las que comienzan a volar sobre nuestra América. ¡Basta! —decimos— ¡basta de carnicerías!

Lúcidos están muchos en el Uruguay fiel, en el Chile realista, en la Costa Rica donde mucho se lee. El "error" se va volviendo "horror".

Hay palabras que, sofocadas, hablan más, precisamente por el sofoco y el exilio; y la de "paz" está saltando hasta de las gentes sordas o distraídas. Porque, al fin y al cabo, los cristianos extraviados de todas las ramas, desde la católica hasta la cuáquera, tienen que acordarse de pronto, como los desvariados, de que la palabra más insistente en los Evangelios es ella precisamente, este vocablo tachado en los periódicos, este vocablo metido en un rincón, este monosílabo que nos está vedado como si fuera un palabrota obscena. Es la palabra por excelencia y la que, repetida, hace presencia en las escrituras sacras como una obsesión.

Hay que seguir voceándola día a día, para que algo del encargo divino flota aunque sea como un pobre corcho sobre la paganía reinante.

Tengan ustedes coraje, amigos míos. El pacifismo no es la jalea dulzona que algunos creen; el coraje lo pone en nosotros una convicción impetuosa que no puede quedársenos estática. Digámosla cada día en donde estemos, por donde vayamos, hasta que tome cuerpo y cree una "militancia de la paz", la cual llene el aire denso y sucio y vaya purificándolo.

Sigan ustedes nombrándola contra viento y marea, aunque se queden unos tres años sin amigos. El repudio es duro, la soledad suele producir algo así como el zumbido de oídos que se siente en bajando a las grutas . . . o a las catabumbas. No importa, amigos, ¡hay que seguir!

[published as a newspaper editorial in Costa Rica, 1951; reprinted in a Chilean journal, 1957]

The Forbidden Word

After the massacre of 1914–1918, the word "peace" leaped from mouths in an almost euphoric joy. The most nauseating smell ever known had dissipated from the air: the smell of blood, whether of cattle, of crushed insects, or of so-called "noble human blood."

Humankind is largely amnesic and has already forgotten, though the dead bodies cover hectares on the surface of unlucky Europe, which sacrificed almost everything and is now headed, if not toward taking it back, at least toward compromising what it gave.

One can work and create only in peace: this truth is patently obvious, but it dissolves when the ground turns brown with uniforms and reeks of the stench of infernal flames.

This month, four letters arrived saying almost the same thing.

The first: "Gabriela, I suffered much damage because of an article, only one article, that I'd written about peace. I very quickly acquired the shady reputation of an agent-for-pay, a man for sale."

I answer:

"My friend, I well know what 'getting thrown out' means. I've suffered it after writing for a newspaper for twenty years, of having written there to keep alive the 'little thread of the voice,' the second umbilical cord that ties us to the mother, linking us to the land where we were born. The 'big lie' creates silenced and therefore desperate people. An enterprise of covert suffocation works day by day. It's not only the honest journalist who has to bite his own (wise or incriminating) tongue; if he addresses the incredible massacre of the Northeast, the writer of books also has to toss the books in a corner as something shameful, unless it is merely entertainment for bored readers."

Another letter:

"There is one topic that is forbidden, señora: peace. One may write about any shameful subject: about defending corruption; about bullfighting (the "fine fiesta" that Mother Spain exported to us); about the electoral "market" system of buying votes, which is distorting because of poverty. But one must not write about peace: the word is short, but it packs a punch or makes one fall flat on one's face; one has to avoid that forbidden topic as one would avoid an electrical live wire . . ."

And still another says:

"I don't feel like writing about anything. World peace was my beloved object, my heart's desire. Now war is the only ground we are allowed to cultivate; it's also the code word for patriotism. But not to worry: the main thing that so-called 'common' people want is to be allowed to work, undisturbed, for their spouses and children. They have eyes; they can see. But their growing clear-sightedness doesn't seem to matter much, and you should hear them when the radios try to heat their blood, to coax them toward the great slaughter."

And this last letter:

"Unlucky are those who still want to write or talk about that subject. And beware of the epithets that will eventually attach to you: accusations which, though they don't actually kill, spoil a writer's reputation and leave a stain forever. Your friends watch you from the corner of their eyes, so to speak.

"The word 'peace' is a forbidden term. You probably remember how the quotation goes: 'My peace I leave you, my peace I give unto you.' But Jesus Christ is out of fashion now, not something you carry with you. You are permitted to cry; you are a woman. I don't cry; I feel a shame that burns my face. We have had a 'League of Nations,' and then a 'United Nations' to put an end to this human failure.

"Will *they* want us, closing our newspapers and our magazines, to talk like sleepwalkers out in the distance, over in the corner? Sometimes I shock myself, distractedly repeating the numbers of the corpses, six digits long."

(None of my four correspondents is a Communist.)

I have little to add to this. Certainly, sending such a message constitutes a . . . "Message." Everything said above is well said: we are educated, middle-class people, and these words have about them none of the biases of self-accommodating or evil opinions — these passionate words, which are spreading all across our America. "Enough," we say. "Enough slaughter."

It's wonderful that there are so many: in faithful Uruguay, in realist Chile, in literate Costa Rica. The "error" is becoming a "horror."

There are some words that, when smothered, speak all the more, precisely because of suffocation and exile; and the word "peace" is surging even from people who have been deaf or indifferent. Because, after all, Christians distributed through all the branches of Christianity, from Catholic through Quaker, must remember all of a sudden, like an ecstatic, that the most insistent word in the Gospels is precisely this word: this word excised from the newspapers, this word hidden in a corner, this monosyllable forbidden to us as if it were a dirty curse. It is the word *par excellence* that is present and repeated throughout the Holy Scripture as an obsession.

We must keep calling it out every day, so that something from the holy obligation may float up, even if it be only like a meager cork on the stream of the prevailing paganism.

Have courage, my friends. Pacifism isn't the sweet confection that some might think it; vital conviction impresses a courage on us, so that we can't stay still. Let us say it wherever we are, wherever we go, until it generates a body and creates a "militancy for peace" to fill the filthy, crowded air and starts to purify it.

Keep saying it out loud, against the wind and the tide, even if you go friendless for three years. Rejection is difficult; loneliness often produces something like the buzz in your ears when you descend into a cave . . . or a catacomb. It doesn't matter, my friends: we must go on!

Mis ideas sociales

Mi posición en favor de la paz no dimana de partido político, pues no pertenezco a ninguno. Mi posición moral de pacifista es la reacción normal que la guerra levanta en una mujer, y particularmente, en una ex maestra y en una hispano-americana que sabe la estrechez de nuestros recursos y sabe también que las aspiraciones de nuestro gobierno son las de aminorar, con una política de salarios suficientes, de habitación popular y de cuido de la salud pública, las deficiencias de nuestra democracia, que por ser un hecho de ayer, no puede estar madura. (Tengo una conciencia muy viva de cada una de estas finalidades, que son las del gobierno actual y que son también la aspiración cívica de cada chileno consciente.)

Yo no ignoro, Señor Ministro, que hay algunos individuos que aprovechan de mi ausencia de Chile y del desconocimiento de mis ideas sociales para atribuirme maliciosamente cualquier color político, sea reaccionario, sea futurista. Soy para muchos una mujer que, por mero egoísmo, comodonería o conveniencia, no se interesa en la vida civil y política de su Patria. Ahora, y dando el salto temperamental del criollo, esa leyenda se vuelve de revés y paso a ser una líder más o menos comunistoide. S. E. el Señor Presidente González Videla, sabe más y mejor que cualquier otra pesona que yo soy "el fenómeno de una mujer sin partido político", por cuanto él me conoció suficientemente en Brasil y vio allí, precisamente, mi alejamiento de esa gente. Mi índole refractaria al extremismo político no ha mudado y, por el contrario, se aferra más a su viejo concepto de que la política de los dos superlativos, el ultra-tradicionalista y el futurista, dañan a nuestra América criolla de Norte a Sur y le consumen los años o en una especie de calentura ecuatorial o en una inercia mortal.

Las leyendas presentes y futuras que allá adentro se confeccionen sobre mí, tal vez se basen en este hecho: es mi hábito recibir a quien llega a Consulado o a mi casa, a tirios y a troyanos, a honestos y a ladinos y también a los que me destestan de un odio que es gratuito, pues apenas me han visto alguna vez. El conservador y el comunista son para mí lisa y llanamente "ciudadanos chilenos" que vienen a pedir información sobre el país en que trabajo. No me cuesta mucho darme cuenta de que a más de uno, o de una, no los trae sino la curiosidad de recoger mi "ficha política", que no existe. Frecuentemente veo en estos averiguadores o bien la chispa maliciosa o bien . . . la cólera del empleo que sirvo. Esto es humano y especialmente criollo. Más de alguno me ha enrostrado mi prescindencia "egoísta y comodona" en lo político. Les digo: "Siento mucho no poder darles gusto; tengo una falta real de temperamento político".

Es frecuente el que las visitas, sin cortesía alguna, me den largas informaciones sobre "el odio general que existe hacia mí en Chile". Les respondo que trabajo para Chile desde la edad de quince años, que jubilé como profesora y que volví al servicio fiscal, porque esa jubilación no alcanzaba para costearme vida, médicos y medicinas, que mi carrera comenzó a los quince años, que estuve jubilada seis años y que tengo cincuenta y seis años de servicio. No estoy invalidada ni cosa parecida. Si el gobierno me manda jubilar, lo haré enseguida, pero no es cosa de obedecer el antojo de cualquier deseoso de vivir en Europa, que me acarrea miserias vulgares salidas de los circulitos literarios o partidaristas.

Yo me hago leer bastante prensa, Señor Ministro, porque es mi obligación el informarme del continente europeo en cuanto a Cónsul y en cuanto . . . a habitante que vive sobre la costa misma. Ha estado aquí, en Nápoles, anclada frente a mi casa, una escuadrilla de diez y seis o más barcos de guerra americanos. La población parece haberse quedado más tranquila cuando ellos viraron . . . hacia Sorrento. Es una pena el que en toda Europa exista este mismo "recelo" hacia la única nación que está dispuesta a hacer, en caso dado, algo serio y costoso por los europeos libres. Esta reacción es la popular y la de un sector de la clase media también. Los dirigentes europeos, en cambio, se dan clara cuenta de que sus naciones no pueden por sí solas ganarle una guerra a Rusia, nación ultra-militarizada, y que ahora suma a sus tropas el enorme contingente chino.

Los chilenos alarmistas me aconsejan dejar a Italia. Les contesto que tengo ya visto para el caso de invasión un refugio de tierra adentro, en la provincia de Nápoles, que es mi radio.

Yo no hago vínculos aún con el elemento poplar de mi provincia de Nápoles y no puedo todavía palpar su conciencia un poco. Pero me alivia darme cuenta de que este pueblo, y no digamos el de Roma, ha ganado mucho en sensatez, en una prudencia fría que poco o nada tiene de la famosa "locura napolitana" de antes. Ha mejorado su tren de vida y los obreros pesan mucho sus conquistas de salario y su dignificación como clase. El problema de la habitación, o sea el de la "casa propia", sigue siendo duro y pide largo plazo. Nadie desconoce la labor y la honestidad de los gobernantes de Italia y la crítica de la prensa, aunque dura y constante, no es venenosa como la de nuestros países tropicales, porque no puedo dar pruebas ni de torpeza ni de indolencia en los gobernantes. Por otra parte, el catolicismo, hasta hoy, refrena muchísmo los ánimos y sus fuerzas son anchas y respetables.

En todo caso, entre la Italia que me viví durante seis años bajo el fascismo y la de hoy, corre un espacio muy ancho: esto es realmente, hoy, aquí, realmente, una "democracia cristiana". Pero los recursos para hacer lo que falta, para crear la justicia social a lo suizo o a lo americano, son fatalmente inferiores, a causa del exceso fenomenal de población que vive sobre un territorio mínimo.

Hoy yo leo en la prensa la primera noticia internacional alarmante sobre la situación europea: es la del estado de sitio en Egipto y el dato desnudo de que Rusia tendría ya puestas las manos, es decir, su influencia, en la enorme masa popular de ese pueblo hambreado por siglos y ayuno de cultura primaria. No es precisamente Italia el foco mayor de descontento popular: son esos puntos norteafricanos y coloniales, donde los líderes, tal vez más comunistoides que nacionalistas, cuentan o creen contar con Rusia en el momento dado.

Todo esto, Señor Ministro, es todavía confuso de ver, porque el alma norteafricana, pariente de la oriental, resulta bastante secreta. La xenofobia norte y centroafricana, eso sí, es una tragedia viva. Los ingleses perdieron a la India principalmente por su complejo jerárquico y racial, que los hizo apoyarse allí siempre sobre la casta superior, la cual es muy pequeña. Nunca ensayó el inglés, en sus colonias, vencer la miseria rasa de ciudades y campos.

Durante mi estada en Francia —seis años— oí hablar del colonialismo democrático, que era el de Francia en Asia y África; pero los delegados hindúes y egipcios que acudían a las reuniones de nuestro Instituto de Cooperación Intelectual nada tenían de eufóricos al tratar de su vida colonial . . .

[1951 (published as an open-letter "Official Envoy" from Lucila Godoy [G.M.] in her capacity as Chilean Consul in Naples, to the Ministry of External Affairs in Santiago)]

My Social Beliefs

My position in favor of peace does not derive from a political party, because I don't belong to any. My moral position as a pacifist is the normal reaction that war provokes in a woman: particularly in a former teacher and a Spanish-American woman who knows about the paucity of our resources, and who knows as well that our government aspires (through policies of livable wages, public housing, and health care) to reduce the deficiencies of our democracy, which, because it was created only yesterday, cannot be mature. (I have a very clear consciousness of each of these policy goals, which are those of the current government and are also the civic aspiration of every conscientious Chilean.)

Mr. Secretary, I'm aware that there are certain individuals who maliciously take advantage of my absence from Chile (and take advantage of their unfamiliarity with my social beliefs) to ascribe to me almost any political tendency, be it reactionary or futurist. To many people I'm a woman who, because of simple selfishness, laziness, or convenience, is not interested in the political and civil life of her Motherland. And then, with the temperamental reversal of the Creole, that fabrication gets reversed and I turn out to be a more-or-less Communistic leader. His Excellency President González Videla knows well, and knows better than anyone else, that I am "the phenomenon of a woman without a political party"; he knew me well in Brazil and saw there, in particular, my distance from such groups. My natural resistance to political extremism hasn't changed; on the contrary, I hold even more strongly to the old concept that the politics of the two absolutes, the ultra-traditionalist and the futurist, damage our Creole America from North to South and waste our time in a sort of equatorial fever or in a deadly apathy.

The present and future fabrications about me are based, perhaps, on this fact: it is my custom to receive people who come to the Consulate or to my house, "Tirians and Trojans,"[1] honest people and dishonest, and those who hate me with a gratuitous loathing (because they have hardly ever seen me). To me, the Conservative and the Communist are "Chilean citizens" plain and simple, who come to me to ask for information about the country where I work. It is not hard for me to realize that a few, or more than a few, come because of curiosity, to pick up my "political card," even though it doesn't exist. In these inquirers I often detect either a spark of malice or even . . . a kind of rage about the job in which I serve. This response is human, and especially Creole. More than one person has reproached me for my "selfish and lazy" withdrawal from politics. I tell them: "I am very sorry I can't please you; I really have no political temperament."

Usually, with a complete lack of courtesy, these visitors offer me grand reports about "the general hatred felt for me in Chile." I answer them that I have worked for Chile since the age of fifteen, that I retired as a teacher and went into this form of governmental employment because my pension

---

1. "Tirians and Trojans": any pair of incompatible or irreconcilable factions.

wasn't enough to cover living expenses, doctor bills, and medical bills, that my career began when I was fifteen, that I was retired for six years, and that I have fifty-six years of service. I'm not on disability or anything of that sort. If the government asked me to retire, I'd do so immediately, but my job is not just a matter of simply obeying the whim of anyone who wants to live in Europe, which brings me crude distress from partisan and literary circles.

I make myself read a lot of newspapers, Mr. Secretary, because I have a duty to be informed about the European continent, as a Consul and as a resident (who in fact lives on the coast). Here in Naples, a squadron of sixteen or more North American warships has been anchored within view of my house. The population seems to be calmer since the ships turned . . . toward Sorrento. It's a shame that all over Europe there is a "suspicion" toward the only nation that is willing, if necessary, to do something serious and difficult for a free Europe. This reaction is the populist response, and also that of one sector of the middle class. European leaders recognize, however, that their countries cannot win a war with Russia, an ultra-militarized nation, which now adds the enormous Chinese contingent to its numbers.

Alarmist Chileans advise me to leave Italy. I answer them that against the threat of invasion I have already rehearsed in my mind a retreat further inland, within my radius, the province of Naples.

I still don't have many connections with the Neapolitan people, and I still can't quite feel their consciousness. But it makes me feel better that these people, and also those of Rome, have grown in sensibility, with a cooler cautiousness that has little to do with the traditional "Neapolitan madness" of earlier days. Their standard of living has improved, and the blue-collar workers put a lot of emphasis on raises in wage rates and on their dignity as a class. The problem of housing —that is, of home ownership— is still difficult and will take a long time to resolve. No one ignores the effort and honesty of the Italian governing class, and criticism from the press, though rigorous and constant, is not poisonous (as it can be in our tropical countries); I can offer no evidence of ineptness or laziness in the ruling class. Furthermore, Catholicism has thus far helped much in terms of repression; the powers of Catholicism are both broad and respectable.

In any case, there is a big difference between the Italy where I lived for six years under Fascism and the one where I live today: today this really is a "Christian democracy." But the resources to do what remains to be done, to create social justice in the Swiss mode or the American, are dangerously limited, because a great number of people live here in a very small territory.

Today I read in the paper the first alarming international news about the European situation: the condition of a state of siege in Egypt and the stark fact that Russia will effectively have an active influence on that enormous crowded population of people who have been hungry for centuries and starving for a primary culture. Italy is not a major arena of general dissatisfaction. However, those North African and colonial territories are, at this given moment: there where the leaders, perhaps Communists more than nationalists, vote with the Russians or hold the same beliefs.

All of this, Mr. Secretary, is difficult to recognize, because the North African soul, related to the Asian soul, can be quite secretive. North and Central African xenophobia is a living tragedy. The British lost India chiefly because of their hierarchical and racial complex, which made them always rely, there, on a very small upper class. In their colonies, the British never tried to eradicate the plain misery of the cities and the countryside.

During my stay in France, six years, I heard about democratic colonialism, which was the French way in Asia and Africa, but the Indian and Egyptian delegates who attended the meetings of our Intellectual Cooperation Institute were hardly so euphoric when discussing their colonial experiences ...

TRANSLATOR'S REMARKS

Readers in Latin America often call her "Gabriela."

I can't.

First, we just don't do that in English, call Emily Dickinson "Emily" or HD "Hilda." Usage and literal translation are at stake. For us the first-name informality —especially in the absence of an outline of a public personality— sounds condescending, even patronizing in an egregiously gender-based way. Second, it's a question of cultural translation: to call Mistral "Gabriela" would suggest familiarity, affection, and admiration for work that we Anglophones factually don't share. We don't adequately know Mistral's passionate poems or their prose and prose-poem compass, or the life-myth, or her social and literary and political contexts, or the voice in which she makes her emotional and political interventions. Feminism and pacifism, for which she speaks eloquently, have faced a different set of determining conditions in a culture of machismo, in a Catholic culture, in a culture that experienced nation formation and Modernism differently. We tend to read her through the paradigm of our own gender issues, for instance, but in the process we distort. To call her "Gabriela" would reinforce that distortion. Third is what one might call a question of "historical" translation: because we don't share the myth with its posthumous dynamic, nor the reasons why the icon satisfies some felt need we don't share, we comprehend neither the need nor the satisfaction. To call this outspoken, committed, integral writer iconically, by her first name, suggests that we can identify her influence and her positions with the speaker of her text or with the icon. Such representativeness participates in the recurrent Latin American traditions of manifesto essays and personally popular poets, traditions that (since Whitman) we adumbrate but don't fully share. Our poets don't speak for us quite so publicly, or, at least, since Modernism, we don't so directly assume that unacknowledged legislation.

For English-language readers, it's a question of knowledge. If we know Mistral at all, we think we know a voice of personal witness and tenderness: through the anguish and anger and "fatal knot" of her first book, *Desolación* (Desolation, 1922; though it's not been consistently edited and translated with its poems and prose together); through the fuller pedagogical interests of *Ternura* (Tenderness, 1924); through the wide representativeness of *Tala* (Felling, 1938); through the tragic personalism in her last book, *Lagar* (Wine

Press, 1954); through (much less) the collectivity of the narrative *Poema de Chile* (published posthumously, 1967). Perhaps we recognize her as the first Latin American to win the Nobel Prize (in literature, 1945), which she accepted as "the candidate of women and children." Our familiarity with Mistral's reputation as a vast "maternal" force does accurately register the history of her reception in Spanish and in English, the latter mediated by Doris Dana's important and generous *Selected Poems* of 1971; anticipated by Langston Hughes's *Selected Poems* (1937) and complemented by later specific translations, including Christine Jacox Kyle's elegantly musical, biblically inflected *Poems of the Mothers* (1996) and Maria Giachetti's helpful *Gabriela Mistral: A Reader* (1993; edited by Marjorie Agosín); and mythologized in many essays that claim her on behalf of various sociopolitical positions.

The table of biographical facts at the front of this book should give a sense of the data on which the icon of the Spanish-American "Gabriela" is built. She is the serene, somewhat austere, sculptural figure on stamps and on plaques and statues in many public buildings and schools in South America and Mexico (where she served with José Vasconcelos as advisor to post-Revolution programs of literacy and education in the 1920s). She is identified with the inviting intimacies of her (often female-identified) poems, sometimes in a sentimental mode. In an important sense, she won the Nobel Prize in 1945 because after the Spanish War and World War II, the world seemed to need an icon of healing, devout, even oddly virginal "maternity." She speaks "universally" by speaking "personally" (the paradox partly explains why readers sense that austere first-name familiarity), and her tone generalizes by speaking on behalf of specific subjects and to specific audiences: women, indigenous peoples, the disenfranchised, children, the rural poor.

As even this brief account should suggest, the icon of "Gabriela" represents a complicated, contested combination of qualities. At first, it was this set of apparent paradoxes that interested me about her poems and prose, especially her prose-poems. She is a rural middle-class professional woman who becomes the voice of the disempowered. She is the female-identified writer whom we read as "universalizing," shifting the gender norm. (Yet she uses the male pronoun to refer to the "artist," in writings about aesthetics.) She is the professor of "messianic purity" (Elizabeth Horan's powerful phrase), with its cultural complications, who writes eloquently of desire; some of the intensities of her pieces about motherhood seem to explore the erotic charge between mother and child, for example. Identified by her grandmother as "mentally deficient," she stammered as a child and was not allowed to continue her formal education, yet she became a teacher and an internationally renowned educational consultant. A prize-winning young female poet in Chile, she had her first book published in North America, through the mediation of advocates in New York. She never married (the life-myth, which Mistral herself helped to promulgate in various versions, cloudily suggests youthful disappointments and an early male suitor who killed himself), and yet she raised a child, and she vividly registers the nuances of heterosexual womanhood, even the psychological and somatic intensities of pregnancy and maternity. She is a "unifier" of her essentially mestizo pueblo who is obsessively interested in "bloodlines," race, and inherited characteristics. (Alert readers might note that in this book the translations of Mistral's noun "raza" float. At times she uses the term to mean ethnic "race," at other times, "the [Chilean] people" and "society" in the sense of the cohesive population of a modern nation-state.) Rightfully acknowledged as a "healer" and a pacifist, after her adoptive son's death by apparent suicide, she was outspokenly bitter on racial (and political) terms about the children who had tormented the boy at school (and about others . . . she was talented at remembering grudges); she was also eloquent in the public, religious terms of her grief, which informed much of *Lagar*. She was a lay member of the Franciscan order who did not attend Mass regularly. She was a cosmopolitan writer who identified herself with her "raza," who repeatedly claimed the enduring influences of Chilean landscapes and of Chilean material/maternal realities on her style, and yet who lived much of her adult life as a "self-imposed vagabond" or "exile" ("auto-exilio perpetuo" is her description), serving as Chilean cultural attaché and as U.N. representative. A social critic who spoke on behalf of the transnational, often class-identified category of women, she tended to resist internationalizing political movements. In her poems an accomplished, elegant formalist, she self-consciously addresses an audience that was not completely literate. Though she consistently defined herself as an "outsider" in relation to dominant Latin American literary powers, intrigues, and communities, she conducted, with many major literary figures, a remarkably rich correspondence (much of which has yet to be completely edited or translated), and in her later years in North America she gathered around her a vital community of female artists, translators, and scholars.

We might add that the myth itself is a kind of paradox, both in its internal configurations and in its application. The first-name familiarity suggests an intimate figure of remote advocacy, and in its conflicted model of female "messianic purity," it does sometimes tend to serve an "official" discourse, in the social conservatism of contemporary Chile, for instance. I suspect some of that complexity is at stake in Neruda's two affectionate sonnets to Mistral (in his *Cien sonetos de amor*, 1959). In one (# LIX), apparently on the occasion of Mistral's funeral in 1957, he protests the fate of the "pobres poetas" (poor poets) whose reputations, even at their own funerals, can't protect them from being co-opted by "impasible pompa" and formulaic self-serving "entregados al rito" (mindless pomp and rituals). And yet in the other sonnet (# LXVIII), Neruda wryly alludes to the figurehead of a ship, which seems to resemble Mistral herself or her image, and from which Neruda did have to discourage pious local women in Isla Negra from kneeling and offering flowers as if to the icon of the "niña de madera" (girl made of wood).

Not all of these complications in the professional life-myth are insoluble paradoxes, of course. And yet these complications were what intrigued me, at first. Only gradually did I come to see some of these apparent incongruities as embodying a remarkable integrity, one of vitality and motion, not the autonomous, slightly pious integrations of the iconic myth. This book exists to show something of that remarkable "integrity within diversity" of Gabriela Mistral's career.

In different modes, biographical, literary, and textual critics have converged on these issues and have helped me to see the work more systemically. In his intellectual/biographical study of Mistral (*La desterrada en su patria: Gabriela Mistral en Magallanes, 1918–1920*, 1977), Roque Esteban Scarpa richly details the political and historical contexts of her early-adult development. Popular biographies like Volodia Teitelboim's *Gabriela Mistral, secreta pública* (1991) have mined Mistral's observation "vivo dos vidas" (I live two lives, that of the "world" and "the other") and so have explored the complications and tensions among Mistral's public/lyrical and private selves.

In another mode of address, critical studies have drawn a portrait of a focused artist alert to her craft and to her audience, its conformation, and even its creation. In this context, I have benefited from Elizabeth Horan's masterful study (available in Spanish and in English, viz., *Gabriela Mistral: An Artist and Her People*, 1994), which reads Mistral in a critical "female" light (focused on questions of audience and readership) different from that of our (North American) political assumptions; also from Luis de Arrigoitia's *Pensamiento y forma en la prosa de Gabriela Mistral* (1989, which contains a first-rate bibliography), and from *Tierra, indio, mujer: Pensamiento social de Gabriela Mistral*, by Lorena Figueroa, Keiko Silva, and Patricia Vargas (2000). Fernando Alegría has helped me to understand how, despite the "official version" of the icon and despite her consular position, Mistral's politics were often outspokenly anti-bureaucratic and anti-militaristic ("Aspectos ideológicos de los recados de Gabriela Mistral," in *Gabriela Mistral*, ed. Díaz-Casanueva et al., 1980). (For instance, Mistral refused to obey governmental policy banning Pablo Neruda from consular attentions when he left Chile.)

In still another mode, editors and anthologists of Mistral's work have contributed increasingly more accurate texts and fuller bibliographical evidence of Mistral's scope, her range of interests, and integrity of purpose. Spanish-language editors have patiently been collecting scattered pieces from journals in Europe and Latin America. She published many journalistic observations, editorials, feuilletons, and *recados*, or "messages," early-on in verse and later in prose, often introducing and commenting on places, ideas, and other writers. Notable among these textual contributors have been Roque Esteban Scarpa (*Gabriela anda por el mundo*, 1978; *Gabriela piensa en . . .* , 1978; *Elogio de las cosas de la tierra*, 1979; *Grandeza de los oficios*, 1979); Jaime Quezada (*Gabriela Mistral: Escritos políticos*, 1994); Alfonso Calderón (*Materias: Prosa inédita*, 1978); Gastón Von dem Busche (*Reino*, 1983, which includes prose-poems); Luis Vargas Saavedra (*Prosa religiosa*, 1978; *Recados para hoy y mañana*, 1999); and Alfonso Escudero (*La prosa de Gabriela Mistral: Fichas de contribución a su inventario*, 1957, helpful for the study of some textual variants). The standard *Poesías completas* was edited by Margaret Bates in 1962 (4th ed., 1976). This editorial work is especially useful because Mistral collected her poems in complete books infrequently, and her prose even less often.

As I say, these complications or catachreses in the icon of "Gabriela" were what first attracted me to her poems, prose, and prose-poems. Many of the questions, of course, proved to be simply twists of sociology, of biographical speculation, or of cultural translation. Others, proving to be more rewarding questions, have informed some of the choices of texts in this collection. Recent readings of Mistral in Latin America have also moved decisively beyond the received myth as well; interesting compendia of encounters by contemporary Hispanic writers and critics with Mistral and with the icon are available in *Una palabra cómplice*, edited by Raquel Olea and Soledad Fariña (1990/1997), and in *Re-leer hoy a Gabriela Mistral*, edited by Gastón Lillo and J. Guillermo Renart (1997). As those encounters signal, another set of complications arises from within the texts themselves, raising questions that a translation also needs to address. Let me highlight several.

At points where one might expect a mid-twentieth-century writer to reach toward Marxist or existentialist or other systematic consolidations, Mistral surprises me with her insistence on Franciscan simplicities, subjectivities, domestic truths, and landscapes. (I suspect that this is one of the reasons why she is not "canonized" in the way that other Modernist or Vanguardist experimental writers are. Her work is often defined in counterrelation to the Modernist model of Rubén Darío.) One example: during her years in France, Mistral resisted engagement with questions about social policies, especially suffrage. Because in English she is most often read (and taught) through the lens of our version of feminism, positions like these can seem problematic. (Once again, I suspect that's one reason that pieces like the complex, passionate prose-poem sequences of *Desolación* are not much read or taught in our culture, though the more emotionally traditional lyrics from that book are.) On first glance, the apparent female "masochism" of the passionate *Desolación* prose pieces can seem mildly embarrassing, not quite fitting the critical paradigm. And yet the more I read those pieces, the more they seemed consistent, however I might try to "translate" their politics. Mistral argues from a different set of cultural assumptions, though apparently using the same vocabulary, and the cognates cause us problems. Mistral's "feminism" assumed the constructive nature of gender roles; she saw suffrage as a problem less urgent than the challenge to honor, defend, and reward "female" work in "female" spheres, from which influence can expand outward. What could seem an inconsistency —her resistance to "public" (viz., male) questions of polity— proves to be consistent with her commitment to the mandates, as she saw them, of female identity and realities: the essential formation of human bodies through childbirth and maternity, and the necessary extension of those roles in education as the formation of the child's consciousness and spirituality. By these standards, the status of mothers and teachers, in questions for instance about the education of women and children and about the preparation and working conditions of (usually female) teachers —as in her work in Mexico and Chile and in writing texts for schools and for adult students— was a more pressing, because more primary, concern: what was at stake was female identity, influence, and artistry. Or more precisely, as a member of a rural middle class, Mistral placed a higher priority on problems of female vulnerability in the face of male power in its various modes — domestic, social, and economic— and her public and literary commitments reflected that hierarchy of concerns.

Similarly, it's possible to read Mistral's later pacifism as part of her commitment to the "maternal" mode, and to the unapologetically socially constructed "feminine." And it's rewarding to read her interest in "race" as related to place and landscape (in a trope familiar to Chileans, and related to Chilean national identity, ever since the Spanish poet/chronicler Alfonso Ercilla y Zúñiga praised the brave resistance of the indigenous Araucanians, in the sixteenth century). Sometimes such landscapes are gendered, confounding "matria" and "patria," and sometimes they are *paysages moralisés*. In this context, I'm interested in the landscape sketches that frame the prose-poems on St. Francis and Sor Juana, and in the Mexican landscapes of the "Indian Woman" essay. The landscapes of tropical Asia help her to understand the "surrealist" connections between metaphors in the early poems of Pablo Neruda, "Northern" landscapes help her to explain Rilke's solitudes, and her sketches "Chile" and "Four Sips of Water" relish their catalogues of different terrains, characters, and cultural types. Such connections within these Mistral texts point to an integrity deeper than the apparent paradoxes of the biography and of the iconic "Gabriela."

Another surprise has been the nuanced changes of form that Mistral effects in her prose pieces. In the sequences from *Desolación,* for instance, the discontinuities of the serial form allow her a stop-and-go rhythm of presentation that enacts a rich sense of obsessiveness, of return to smoldering issues by lateral metaphorical moves. She reinforces this structural and emotional effect with smaller local effects: the indistinctness of her pronoun reference, for instance, and even the length of her sentences. (Sometimes, to the dismay of the translator, Spanish sentence structure allows for significantly more continuity and subordination than English does. What sounds elegant in Spanish can sound rattlingly loquacious when one translates the syntax directly. I've tried to minimize the occasions when I've actually departed from Mistral's constructions, but in some cases not to do so would be to import suggestions of garrulousness.)

These structural formations run parallel to other local nuances of style in Mistral's prose. She is a cosmopolitan writer whose literary influences range from "Golden Age" flourishes to the "Caribbean" vigor of José Martí to touches of Indian mysticism (through the examples of Tagore and Krishnamurti), to folklore, the Song of Songs, biblical fables, letters, prayers, and cradle-songs. Her use of those latter models (more in the first book than in *Tala,* for instance) is not exactly ironic, in a cultural critique or in a postcolonial mode of individuation, as with some other Modernist, *modernista,* and Vanguardist writers. I'm intrigued by the changes she rings on those models.

Her folklore has as much "sobriety" (her word) and strangeness as it has tra-
ditional wry charm (as in the "Stories for Schools," texts written especially
for classroom use). Though the passionate prose-poem sequences of *Deso-
lación* use personae, their address to an unidentified "you" derives some of
its power from her indistinct pronouns. In the cradle-songs, for example, the
gender of the lover (or child) is consistently, sometimes surprisingly, unde-
clared, and even the reference for some of the pronouns is indefinite: an ap-
propriate effect in poems of love and despair that question the I-ness and
thou-ness of the separate lovers, or in maternal pieces in which the preg-
nant woman doesn't yet know the gender of her child (though she sometimes
seems to expect a son). Similarly, the "folkloric" or domestic element of the
cradle-songs is both honored as vital tradition and used tendentiously. I find
it remarkable that we hear the anxiety and vulnerability and affectionate con-
cern of the mothers in both sets of poems as the grounding tones of works
that adopt lullabies as their form. We might have expected reassurance; in-
stead, we get a fierce clarity like that of the Brothers Grimm, or of Alfonsina
Storni's famous poem "Voy a dormir" (I'm Going to Sleep), or of the rocking
motion of the murmuring mother who sings both to the child and to her-
self (as also in English: "When the wind blows, the cradle will fall . . ."). As a
reader and translator, let me here seize the occasion to declare my admiration
for earlier translations of these "mother" poems and cradle-song lyrics (the
latter of which Mistral subsequently published as lineated poems in books
that came out after their first appearance, as prose-poems, in the 1922 edition
of *Desolación; Ternura*, in 1924, already contains the poems in quatrain form).
These pieces are some of the most famous of Mistral's work, and their tonal
polyvalence, it seems to me, has legitimately made them a rich field for vari-
ous interpretative translations. I have studied, read, and learned from Doris
Dana's clarities, from Langston Hughes's tendernesses, from Christine Jacox
Kyle's dynamic musicality. I eagerly recommend those other versions, both
to praise them on their own terms and to emphasize the pentimento effect
of subsequent translations of good poems and prose-poems. I include my
versions of both sequences as prose-poems in part because the cradle-songs
speak differently as prose, and, in this context, they are part of the holistic
argument of the prose sections of the book *Desolación* (of which all the prose,
except for the final disclamatory "Voto," is given here). As part of that prose
sequence's continuum of passion and verbalization of solitude and social cri-
tique of gender injustices, the prose-poems function somewhat differently,

I think, than they do as independent lyric-poem sequences, and I offer that rationale as explanation for why another translation is "necessary." Mistral revised poems and prose-poems repeatedly, often through different editions of the same book, and in this case, too, the pieces change slightly in revision (the 1922 version compared, for instance, with the 1950 edition; Mistral also reprinted some cradle-songs in *Lecturas para mujeres* and in *Ternura*). Mistral's note explaining the occasion of the "saddest mother" pieces, when she saw an indigent pregnant woman and was moved by compassion to speak on her behalf and that of others, appears as prefatory material in some editions; in the 1922 prose version, it had appeared later in the series, significantly, after the woman has sung her own tremulous, passionate cradle-songs in her own voice. (I trust Christine Kyle's argument about the appropriateness of moving the explanatory note to the front when the sequence is published autonomously, as in 1950, but in the 1922 edition, such a framing device would have seemed like ventriloquism. I respect the tact with which Mistral defers that information when the sequences are part of the larger whole.) Because of such textual differences, and because I hear the pressure of folklore elements used fiercely here and in the cradle-songs, I translate the title of the sequence "Canciones de cuna" as "Lullabies." Of course, it literally and culturally means cradle-songs, as others have rendered the phrase (and Mistral could have used the Spanish nouns *arrullos* or *nanas,* which more literally translate as "lullabies"). And yet, in the context of reading them as prose-poems continuous with the full book's fierce arguments about power, female sexuality, vulnerability, female artistry, and the authority of desire, that title rendered as "Lullabies" seems to me also to indicate their reach back toward their lyrical roots as "ordinary" lullabies (the more common word in English) and seems also to highlight a tonal complexity in Mistral's use of those folkloric, domestic elements. As in the "Mothers" poems, she conveys here the vulnerability, anxious tenderness, power, and desperation of these mothers, in the form readily available to them: the common lullabies mothers sing. The poems are, after all, the songs of mothers, plural ("Poemas de las madres"): though they use the rhetoric and somatic experience of individuals (one pregnant woman with a male partner; the other, pregnant and abandoned), the pieces generalize, and "Lullabies" seems a plausibly common, familiar idiom to register that plurality.

Another stylistic complication is that Mistral —an intensely autobiographical writer, despite her tendencies toward modesty, tact, and pseudonym— offers some of her most powerful prose work as verbally displaced. Throughout Mistral's poems, stringencies of form —subtle modulations of rhythms, patterned repetitions, the use of "historical" first-person present-tense verbs— account for some of the "distancing" effect, the sense that the poem is assuming the position of a representative "I" who speaks metonymically through her experience on behalf of others, and yet who sometimes seems to go out of her way to avoid using the first-person pronoun and self-reference. Prose and prose-poems have to rely on other subtleties: on personae or externalized subjects, for example (in the "lyrical biographies" of St. Francis and Sor Juana Inés de la Cruz). And yet the formal challenges of those prose pieces occasion some wonderful responses. The biography of St. Francis, for instance, turns into a meditation on the quiddity of Francis, the mystery of Franciscan transparency and purposiveness. What seems at first an associative account of the facts of Francis's life (what would his hair have been like?) becomes a Modernist meditation on the nature of otherness, will, holiness, and unimaginable simplicity, pressing against the capacity of language to make the mystery known through projection, embodiment, and displacement. Francis represents the unspeakable, the unknowable but historically located fact. We know he was, and yet how can he have been? How could the fact of him be re-presented? How is such luminous simplicity possible in the world, the poem wonders, and what would it be like? Would it be "like" anything else, and if not, how can we talk about it? That is, the question of his mysticism abuts questions of metaphor and of language as *via negativa*. Is it possible in language to speak the unspeakable, the unimaginable, of historical fact? Related questions are familiar to our contemporaries through issues raised by Theodore Adorno and Tzvetan Todorov. Mistral's lyrical responses to such questions (beginning with an address to the saint's mother, his material and spiritual "origin") offer projective lyricism as a completion while remaining frank about the provisional nature of our understanding and of our articulations. Formal verbal imagination is inadequate, but it is what we have.

On parallel grounds, the biography of Sor Juana portrays an intellectual woman in a (Latin) context in which such female accomplishment is suspect, patronized, and potentially silenced by both external and internal forces. The issue is, at root, autobiographical for Mistral, but —despite the icon of personalism and autobiography— Mistral's praxis here is analytical, not "personal," making possible a social critique of the self's position that the self-dramatizing, representative gesture of the lyric could not. Where St. Francis's deflected narrative had begun with his mother, Sor Juana's begins with a landscape and a society that form her: in the shaping of the female intellectual, the maternal is displaced by the material and the social. Mistral's relentless clarity pursues the questions of Sor Juana's experience beyond projective self-revelation and beyond immediate social politics as she moves toward a realization of the price that such tensions exact from the woman herself. In early adulthood, Juana finds ambiguous harbor in the female community of the convent; she concludes as an "authentic" but suffering nun, and sharing the suffering of others, as she kisses her "Cristo." Is this iconic object of suffering a crucifix, or is it something abstract, her Christ? The Spanish word allows both, in a material and abstract address that honors the material and the abstract nature of suffering. Sor Juana acquiesces at the end of the poem, but she is still aspiring to know both. The translation, however, apparently must choose —crucifix or Christ— choose, that is, between material suffering and abstract understanding as the vehicle of Sor Juana's authenticity: the very nature of the saint's dilemma. The question (about the "Cristo") is, appropriately, one of iconicity. In Spanish, both meanings are at stake; she's likely embracing the abstraction through the mediating object, the icon. In this case, in English, a footnote has to supply the important double meaning that Mistral's Spanish embodies.

In this context, let me mention also some difficult judgment calls I had to make in the editorial choices for this book. I reluctantly decided that for reasons of space this collection could not include Mistral's lovely essay on the Brontë family ("Emilia Brontë: La familia del Reverendo Brontë," 1930). Its excellence as a study of the female artist and the dynamics of female consciousness and male dominance would recommend that essay on its own terms, were it not for the presence, in the same book, of essays and lyrical biographies that look sideways at some of the same concerns. I'd like the reader to follow up this collection by reading Mistral's essays on feminism (especially from the 1920s and 1930s), her "recados" (messages), her essays on contemporary political and spiritual questions, her travelogues and landscape sketches (collected for instance in *Gabriela anda por el mundo*, ed. Roque Esteban Scarpa, 1978). Again for reasons of book length, this collection could not include examples of Mistral's rich correspondence. I encourage readers to consult individual volumes of letters (e.g., correspondence with Jacques Maritain, 1989; Alfonso Reyes, 1990; Pedro Prado, 1993; and, more familiarly, with the Errázuriz family, 1995) and Mistral's correspondence with Victoria Ocampo, forthcoming from the University of Texas Press.

The Spanish texts reproduced here are the latest revised versions available, according to the sequence in which they first appeared. (The exceptions are several prose pieces in *Desolación*, which had appeared elsewhere earlier.) Most are available in books mentioned above, others can be found in special periodical collections in New York, Buenos Aires, and Washington, D.C. In the infrequent cases in which Mistral revised journalistic pieces, I have for the most part chosen the fullest revised book or journal appearance of pieces that remained journalistic. (The revisions in those cases are chiefly stylistic refinements, not conceptual or generic reconsiderations. Similarly, Mistral published sketches of St. Francis in the 1920s and, late in her life, prose pieces that work as pieces of the biography.) The exception is the prose section of *Desolación*, given here in full as it appeared in the first (1922) edition, including the "Canciones de cuna" series (where it first appeared as prose in 1922, then was relineated as verse in *Ternura*, 1924) and the "unrevised" version of the "Poemas de las madres."

Let me thank those who helped:

Adam Román, Nico Wey Gómez, Krzysztof Rybak, Moana Minton, the Balliol College (Oxford) library, Biblioteca Nacional de Chile (Santiago), the M.I.T. library system and reference staff, the Mistral Collection of the Barnard College Library (New York), the Cornell University library system, the Hispanic Reading Room at the Library of Congress (Washington, D.C.), Kathy Eisenhower, Guillermo Urquiza, Christopher Perry, John Biesiadecki, Christopher Dafonseca, Cristian Besleaga, Vincent Ricciardi, and special thanks to Michael Bergren and the UROP program at M.I.T., a unique research opportunity that offers research experience to talented undergraduates (and therefore research help to research professors). Thanks also to the external readers; to the editorial, permissions, and production staff of the University of Texas Press; and to the Press's editor-in-chief, Theresa May.

INDEX OF TITLES

(Spanish titles are italicized.)